# 기독교와 사회문화

## Christianity and Culture

JEONJU UNIVERSITY PRESS
전주대학교 출판부

# 기독교와 사회문화

Christianity and Culture

# 기독교와 사회문화

## 머 리 말

인간은 사회적 동물이다. 인간은 인간을 만나 사회를 만들고 사회적 관계 안에서 삶을 영위하며 인류를 지속시켜 간다. 교회는 보이는 건물이 아니라 그리스도인들이 모인 신앙공동체라는 의미에서 역시 사회 안에 존재하며 사회와 밀접한 관련을 맺는다. 즉 교회는 종교적 의미와 동시에 사회적 의미를 가진다는 뜻이다. 교회는 그리스도를 믿고 그의 말씀을 따름으로써 이 사회에 선한 영향력을 끼치며 그 존재가치를 드러내게 된다. 예수님은 우리가 이 세상의 빛과 소금이 되어야 한다고 말씀하셨다. 이에 기독교학과 교수들은 대학의 젊은이들이 기독교적인 가치관을 가지고 이 사회의 문제들을 바르게 인식하고 행동할 수 있도록 도와야 할 필요성을 느끼게 되었다. 이 책의 1부는 이러한 사회의 주요 이슈들을 기독교적인 시각에서 서술한 것이다.

문화란 인간이 지니고 있는 가치관과 세계관을 공동체에 의해 규칙화하고 조직화하여 삶의 자리에서 오랜 세월 동안 함께 공유하며 만들어 온 인간 행위와 생각의 총체적 결과라고 할 수 있다. 그러므로 우리 사회의 여러 문화에 대해 선(善)하거나 악(惡)하다고 쉽게 판단하기 보다는 이해하려고 노력할 필요가 있다. 그리스도인들의 가장 중요한 선교의 사명은 복음을 문화에 뿌리내리는 것이다. 초월적인 하나님의 말씀도 반드시 인간의 문화를 통해 전달되기 때문에 문화 속에 뿌리를 내릴 때 살아있는 생명의 말씀이 된다. 이 책의 2부는 이러한 한국 문화의 주요 주제들을 기독교적으로 이해하도록 기술하였다.

이 책은 대학생들이 한 학기(기말고사 기간을 제외한 14주)동안 공부하기에 알맞도록 구성하였고, 각 장의 주제들은 기독교학과 교수들이 공동으로 선정하였다. 그러나 주제에 대한 시각은 신학적인 어느 한 방향으로 통제하거나 조절하기 보다는 각 교수들에게 맡김으로써 다양하고 풍부한 배움이 되도록 기획하였다. 즉 각 주제에 대한 내용은 전적으로 각 장을 기술한 교수들의 책임이며 몫이다. 이신형교수는 2, 8, 12장, 현경식교수는 1, 3, 5장, 신명숙교수는 9, 13, 14장, 김형길교수는 4, 6, 7장, 김은수교수는 10, 11장과 책 전체의 기획과 출판, 최종교정을 맡았다. 그리고 기독교학과 근로학생은 원고의 오타교정과 심부름으로 수고하였다.

한권의 책을 낸다는 것은 언제나 출산의 고통이 따른다. 더구나 여러 교수들이 한 마음으로 한권의 교재를 출간한다는 것은 책 이상의 의미가 있다. 지난해부터 함께 모여 의논하고 서로 이해하는 가운데 드디어 그 결실을 보게 되어 기쁨과 아울러 감사를 드린다. 무엇보다 우리들의 강의를 통해 변화해가는 기독교학과 제자들과 기독교대학에 들어왔다는 이유만으로 기독교과목을 수강하며 함께 해준 전주대 학생들에게 고마움을 전한다. 끝으로 이 교재의 출간을 위해 수고해주신 전주대학교출판부와 전주칼라인쇄사에 감사드린다.

2011. 12.

**기독교학과 교수일동**

# 목차

## 1부 기독교와 사회



## 2부 기독교와 문화

# 기독교와 과학 - 물리학을 중심으로

현 경 식

## 1. 들어가면서

우리가 만일 완벽한 지식을 가지고 있다면 기독교 신앙과 과학 사이의 갈등을 갖지 않을 것이다. 기독교 신앙에서 하나님은 하나님 자신과 어떤 갈등이나 모순이 없다. 창세기에 나타난 하나님과 창조의 세계 사이에도 갈등은 없다. 그러므로 우리가 신앙과 과학 사이에서 갖는 갈등은 우리의 지식이 결여되어 있음을 전제하고 있는 것이다. 지식의 결여란 성경에 나타난 하나님에 대한 이해의 부족이며 동시에 이 세계와 자연에 대한 이해의 부족이다. 이것이 우리에게 신앙과 과학 사이에서 약간의 조화와 일치뿐만 아니라 동시에 부조화, 갈등, 불일치를 가져온다.

기독교의 신앙에 대해서 합리적인 체계를 갖춘 것을 신학이라고 한다. 기독교의 신학 역시 완전한 것이 아니다. 신학이 다루는 주제와 과학이 연구, 실험하는 주제는 전혀 다르다고 할 수 있다. 신학은 2천년 동안 논의된 내용들이 신앙의 공동체 안에서 계속해서 수용되고 검증되는 과정을 거치지만, 과학은 현재의 판단과 실험적 결론이 중요하다. 이러한 차이에도 불구하고 신학과 과학은 연결의 고리가 있다. 서로 공통점이 없을지라도 대화가 필요하다. 아인슈타인이 말하기를 "종교가 없는 과학은 절름발이고, 과학이 없는 종교는 소경이다"라고 했다.[1] 다시 말해서 과학은 항상 의미의 문제를 추구하는 종교를 향하여 바라 볼 필요가 있고, 종교 역시 과학의 세계를 무시해서는 안 된다. 기독교와 과학이라는 주제를 부분적으로 다루기 전에 우리는 먼저 신학과 신앙의 불완전함, 과학의 불완

1) Albert Einstein, "Science and Religion," in *Ideas and Opinions*, 3rd ed. (New York: Three Rivers Press, 1995), 46.

전성이라는 전제를 받아 들여야 한다.

## 2. 기독교와 빅뱅이론

기독교와 과학이 공유하는 주제 중의 하나가 우주의 기원에 관한 것이다. 과학의 빅뱅이론은 성경이 증거 하는 창조의 하나님이 계시다는 것을 증명하는 이론이 아니다. 또한 무신론을 대표하는 이론도 아니다. 단지 우주의 시작이 있었다는 이론이다. 현재 관측되는 우주는 약 150억 광년의 거리이다.[2] 이 우주는 은하단이라 불리 운다. 은하단은 6개의 은하군으로 이루어져 있고, 은하군은 천억 개의 은하계로 형성되어 있다. 하나의 은하계는 천억 개의 성운과 성단의 별로 이루어져 있다. 지구가 속해 있는 태양계는 천억 개 은하계 중에서 하나의 은하계 안에서 조차 점에 불과하다. 이것이 현재 과학자들이 알아낸 우주의 한계이다. 하나의 은하계가 약 10만 광년의 거리라면 현재의 우주는 인간의 생각으로는 끝이 없다고 할 수 있다.

더 놀라운 것은 끝이 없는 우주가 팽창하고 있다는 것이다. "허블의 법칙"으로 알려져 있는 우주 팽창론은 먼 곳의 은하일수록 더 빠르게 지구로부터 멀어진다는 사실이다.[3] 끝을 알 수 없는 우주가 팽창을 한다면 어디론가 팽창하는 우주의 실체는 가늠하기가 어렵다. 우주가 팽창하는 이유에 대해서도 여러 가지 설이 있다. 러시아의 안드레이 린데는 우주의 진공이 팽창의 원리라고 주장하기도 한다.[4] 우주의 진공에너지가 열에너

2) 광년은 진공 상태에서 빛의 속도로 1년간 거리를 의미한다. 빛의 속도는 초속 30만km이므로 1광년은 약 9조 4670억 7782만 Km이다.

3) 1929년 에드윈 허블(Edwin Hubble)은 모든 은하가 지구로부터 멀어진다는 사실을 발견하였으며 먼 곳의 은하일수록 더 빠르게 멀어진다는 관측을 분석하였다.

4) 스탠포드 대학의 안드레이 린데(Andrei Linde)의 이론에 따르면 우주의 작은 부분이 어느 순간 갑자기 팽창해 봉오리를 이루고, 그로부터 아기우주(baby universe)가 태어나 다시 봉오리로 성장하여 아기우주를 재생산하는 과정이 영원히 반복된다. 마치 죽지 않는 꽃나무와 같이 우주가 새로운 우주를 낳으면서 영원히 번식을 계속할 수 있다는 것이다. 이 시나리오에 의하면 현재에도 우주 도처에서 빅뱅이 꾸준히 발생하고 있는 것이다.

지로 변화하는 과정에서 팽창이 생긴다는 것이다. 솔 펄뮤트의 초신성 연구를 통해 얻은 우주 가속 팽창론을 통해서는 단지 끌어당기는 중력보다 밀어내는 힘이 우주의 팽창이 존재한다는 원리를 추측할 뿐이다. 우주의 엔트로피가 지속적으로 팽창한다는 사실이다.[5] 현대 물리학은 끝도 없이 팽창하는 우주의 크기가 얼마가 될 것인지, 우주의 밖과 중심이 어디인지, 그리고 그 끝을 파악할 수도 없고 온전히 설명하는 것도 불가능하다. 과학자들은 이러한 우주의 세계 앞에 무릎을 꿇을 수밖에 없다. 과학의 한계, 즉 불완전성을 보여 주는 실례인 것이다.

빅뱅이론이란 이러한 우주의 기원, 즉 우주의 탄생을 설명하는 이론이다. 현 상태의 우주도 온전히 분석하지 못한 상태에서 우주의 기원을 설명하는 것이 가능한가라는 질문이 들 수 있다. 또한 빅뱅이론을 반대하는 과학자들도 많이 존재한다. 하지만 과학은 끊임없이 우주의 기원과 관련된 우주의 수수께끼를 풀려고 노력하고 있다. 빅뱅이론의 기초는 우주가 하나의 점에서 시작했다는 것이다. 이 점을 죠지 가모브는 질량이 큰 원자핵이라 했고 불안정한 원자핵의 분열을 통해서 빅뱅이 일어났을 것이라고 주장했다. 호킹은 이 점을 특이점이라 했지만 어떤 물리학자도 우주의 출발점, 즉 초기 우주의 조건에 대해서 명확하게 설명하지는 못한다. 단지 빅뱅을 통해서 우주의 구성 원소인 수소와 헬륨의 원자핵을 생성했다는 모델을 랄프 앨퍼가 실험을 통해 밝혀냈다. 과학자들은 이러한 빅뱅 이후에 우주에 비로소 공간이 생기고, 시간과 에너지가 생겼다고 믿고 있다.

원자핵 물리학의 노력으로 2011년 현재 우주의 기원을 밝히는 빅뱅의 상황을 재현하는 실험에까지 이르게 되었다. 2011년 6월 5일 스위스 제네바에 위치한 유럽입자물리연구소(CERN)의 알파 연구팀은 대형입자가속기(LHC: Large Hardon Collider)를 통해서 빅뱅이후에 생기는 반물질인 반수소(antihydrogen)를 약 16분간 잡아두는 데 성공했다고 발표했다. 이

5) 엔트로피(entropy)란 무질서도를 의미한다. 엔트로피 법칙이란 물리학의 열역학 제2법칙으로서 모든 물질은 자연의 상태에서 무질서도가 증가하는 방향으로 변해간다는 법칙이다.

실험의 중요성은 현재 우주를 구성하는 힉스(Higgs) 입자라고 불리는 16개의 입자의 존재를 밝히는 것이다. 현재의 물질은 원자로 구성되어 있고 원자는 입자로 구성되고, 입자는 양성자, 중성자, 전자로 구성되어 있다. 반물질이라 함은 입자의 성질과 질량은 같지만 전하(+, -)만 반대인 것을 의미한다. 과학자들은 빅뱅 직후에 입자와 반입자가 생성되고, 둘이 만나면 소멸하는데, 반입자가 사라지고 입자만 남은 원인을 찾아내면 우주 생성의 원리를 찾을 수 있다고 믿는다. 이런 의미에서 CERN의 연구는 앞으로 힉스 입자의 존재를 밝히는 데 집중될 것이다. 그들의 연구가 중요성을 갖는 것은 우주의 기원과 더불어 물질의 기원까지 밝혀내는, 그야말로 현대 물리학의 미래를 결정할 수 있기 때문이다.

빅뱅우주론은 우주의 수수께끼를 과학적으로 풀어가는 일과 더불어 가설과 함께 여러 가지 의문을 던져 주기도 한다. 빅뱅에 의해서 공간과 시간이 시작된다면 이 둘은 서로 연결되어 있는 것이며, 지금도 우주 어딘가에서 빅뱅이 일어나고 있다면 수없이 많은 우주가 존재하게 된다. 이러한 빅뱅우주론에 의해서 평행우주론, 즉 다중우주론이 등장했다. 다른 우주로의 공간 이동은 시간 여행이 가능한 것으로 판단되고 이는 블랙홀 이론으로 제시된다. 우주의 시간과 공간 안에서 일어나는 블랙홀에는 중력도, 시간도, 빛도 특이점으로 끌려 들어가 정지한다는 것은 우리가 이해할 수 없는 4차원의 세계임이 틀림없다. 블랙홀이 있다면 모든 것을 뱉어 내는 화이트홀의 가설이 나오는 것도 당연한 일이다. 아인슈타인에 의해서 이미 절대적 시간이 존재할 수 없음을 밝혔지만 인간이 빛의 속도를 내는 물건을 만들어 내기 전에는 우주의 시간과 공간의 비밀을 밝히기는 힘들 것이다. 과학은 이렇듯 스스로 세운 가설들의 비밀을 해결하기 위해서 끊임없이 노력할 것이다.

빅뱅이론 안에서 조차 인간이 이해할 수 없는 부분이 있기 때문에 과학과 신학의 만남이 이루어 질 수 있다고 본다. 이제 기독교 안에서, 즉 신학의 입장에서 빅뱅이론과의 대화의 가능성을 짚어 보려고 한다. 먼저, 우주가 하나의 특이점에서 출발한다는 것은 기독교의 창조 신학과 일맥

상통한다고 할 수 있다. 구약의 창세기는 태초에 하나님이 천지를 창조하셨다고 증거 한다(창 1:1). 신약에서는 그리스도가 창조자이며 하나님은 창조주이시다: "이 모든 날 마지막에 아들로 우리에게 말씀하셨으니 이 아들을 만유의 후사로 세우시고 또 저로 말미암아 모든 세계를 지으셨느니라."(히 1:2) 만물은 그리스도에 의해서 시작되었으며, 그러므로 그리스도는 생명의 근원이 된다(요 1:1-2, 골 1:15-17). 기독교와 과학이 서로 우주의 기원에 대해서 서로 다른 방법으로 공유하고 있는 것이다.

우주를 연구하면 연구할수록 신비한 것의 하나는 그것의 끝을 상상할 수 없다는 것이고, 다른 하나는 끝이 없는 우주가 계속 팽창하는 것이다. 현재 관찰할 수 있는 우주의 공간도 가늠하기 힘든데 이 우주가 매우 빠른 속도로 팽창한다면 도대체 우주의 속성이 무엇인가에 대한 의구심이 들기도 한다. 우주가 팽창한다면 팽창하는 우주의 밖은 무엇이며, 팽창하는 우주의 공간은 앞으로 어떤 식으로 변화되는지에 대한 상상을 할 수 있다. 이런 인간의 상상에 대해서 과학은 부분적으로나마 대답해야 할 것이며, 대답할 수 있다고 확신한다. 신약 성경에서도 우주의 팽창의 속성과 비슷하게 하나님 나라의 팽창, 즉 성장의 특성을 증거하고 있다. 특별히 이 땅에 존재하는 하나님의 나라는 성장해야 한다. 씨 뿌리는 비유(막 4:2-20), 자라는 씨의 비유(막 4:26-29), 겨자씨의 비유(막 4:30-32) 등이 모두 하나님 나라의 비유로써 성장의 주제를 다루고 있다. 우주의 팽창과 하나님 나라의 성장, 이 주제는 기독교와 과학의 매우 흥미로운 공통의 관심사가 될 수 있다.

어떤 과학자는 우주의 실재로부터 영원의 개념을 설명하려고 한다. 영원함, 영생 등은 분명히 신학의 주제임에도 불구하고 영원의 실재를 우주로부터 발견하게 된다. 어떤 과학자는 빅뱅우주론으로부터 사후의 세계를 추측하기도 하고, 현재와 미래 과거의 대화가 가능하다고 제시하기도 한다. 시간의 초월 역시 신학의 주제 중의 하나이다. 예수 그리스도의 구원의 사건인 십자가의 효력은 시간을 초월한다. 그가 세상에 다시 오실 때 모든 사람이 그를 바라볼 수 있도록 오신다(마 24:30). 이것은 공간의 초월이다. 신학의 영역 안에서만 이천년간 다루어진 시간과 공간의 초월의 문제를 과학이 다루고 있고, 영원의 문제를 지금 과학이 다루고 있다. 이는 과학이 기독교 혹은 신학과의 대화가 얼마든지 가능하다는 것을 보여준다.

## 3. 기독교와 양자 물리학

과학에서 아직 대답하지 못하는 물음들이 있다. 예를 들어, 빛이란 무엇인가에 대한 대답이다. 입자설과 파동설이 있지만 이것으로 빛을 온전히 설명하지 못한다. 우주에 대해서 밝혀진 것보다 불확실한 것들이 더 많듯이 일반인들은 단지 양자 물리학자들의 실험 결과를 받아들일 뿐이다. 원래 고전 물리학에서는 빛은 파동(wave)과 입자(particle)중 하나여야 했다. 왜냐하면 둘의 속성은 공유될 수 없는 대조적인 속성이기 때문이다. 뉴턴의 방정식에 의해서 입자의 특정 위치와 운동량이 측정되지만 파동은 파동 방정식의 확률함수에 의해 측정된다. 다시 말해서 입자의 위치는 시간의 독립변수 함수이지만 파동의 크기는 시간과 위치라는 두 개의 독립변수 함수로 다루어진다.

19세기 초 토마스 영(Thomas Young 1773-1829)이 빛의 간섭 실험을 통하여 빛의 파동설을 주장한 이후 19세기 말까지 빛을 파동으로 보는 견해가 지배적이었다. 그 후에 독일의 물리학자 플랑크(Max Planck 1858-1947)의 양자가설은 빛이 마치 입자처럼 움직인다는 이론을 지지하게 되었다. 플랑크는 1900년에 빛의 파동이 일정한 정수 배의 에너지로 방출됨을 발견했다. 이때의 이산적인 에너지양을 양자(quantum)라고 불렀다. 그는 양자 개념을 도입함으로써 고온 물체로부터 복사 문제를 해결하여 1918년에 노벨상을 수상하였다. 그리고 이것은 아인슈타인의 광전효과 실험에 의해서 지지를 받았다. 그는 빛의 입자성을 강조하여 광자(photon)라고 불렀으며 광전효과를 광자에 담긴 빛 에너지 덩어리에 의해서 전자가 금속 밖으로 내보내지는 것으로 설명하였다. 이 업적으로 아인슈타인은 노벨상을 수상하였다. 그의 특수상대성 이론은 절대적인 시간과 공간의 개념을 바꾸어 놓았다. 절대적 시간이란 존재하지 않으며 공간과 관련된 시간만이 있어서 결국 질량과 에너지에 의해 시간의 흐름이 결정된다. 그러므로 서로 다른 관찰자들이 절대적으로 동의할 수 있는 시간은 사라진 것이다. 그러나 어떤 경우에도 빛의 속도는 모든 운동을 측정할 수 있는 근거가 된다. 이로써 빛의 파동설과 입자설의 논쟁은 다시 가속화 되었다.

20세기 초에 닐스 보어(Niels Bohr)는 원자에 대한 양자 모델을 만들었고 1923년 프랑스의 루이스 드 브로이(Louis de Broglie)는 빛의 경우와 같이 입자로 여겨지는 물질도 파동의 속성을 지닐 수 있다고 보고 물질파의 개념을 도입했다. 1926년 오스트리아의 슈뢰딩거(E. Schrödinger)는 파동방정식을 통해서 빛에 대하여 우리가 오직 가능성을 예측할 수 있을 뿐이며, 측정의 순간에 일어나는 파동함의 붕괴를 통해서 확률적인 지식을 얻을 뿐임을 증명해 주었다. 결국 양자론은 우리가 아무리 이상적인 실험을 가정한다고 해도 정확한 예견을 할 수 없음을 가르쳐 준 것이다. 1928년 영국의 물리학자 디렉(Paul Dirac 1902-1984)에 의해 특수 상대성 이론과 양자론이 결합된 양자장이론이 성립되면서 빛의 본성은 과학의 역사상 처음으로 명확하게 정리될 수 있었다. 즉 빛은 파동처럼 움직일 수 있고 입자처럼 움직일 수 있다는 것이 과학적 이론 간의 모순이 없이 설명된 것이다. 빛에서 시작된 연구는 양자론에서 일반화 되어 물질이 입자와 파동의 이중성을 갖는 것으로 정리 되었다.[6)]

기독교는 빛의 종교로 불리 운다. 왜냐하면 그리스도가 빛으로 증거되기 때문이다(요 9:5, 12:46). 물리학에서 빛의 양자론이 있다면 기독교의 신학에서는 양성론이 있다. 빛이 무엇인가라는 이론이 양자론인 것과 같이 그리스도는 누구인가에 대한 이론이 양성론(兩性論)이다. 그리스도가 신(神)인 동시에 인간(人間)이라는 양성론은 초대 교회부터 완전한 이론이 아니었다. 예수 그리스도의 신성을 강조하는 학파(알렉산드리아 학파)가

---

6) 현우식, 『과학으로 기독교 새로 보기』 (서울: 연세대학교 출판부, 2006), 78-80.

있는가 하면, 인성을 더 강조하는 학파(안디옥 학파)가 있었다. 니케아 신조를 바탕으로 칼케돈에서 결정된 예수 그리스도의 정체가 양성론이다. 양성론이란 그리스도의 본성이 완전한 하나님인 동시에 완전한 인간임을 의미한다. 이러한 이론이 300년 이상 걸렸다는 것은 온전히 결정할 수 없었음을 시사하고 있다. 오늘날에는 이러한 양성론이 모든 정통한 그리스도 교회에 무리 없이 받아들여지고 있다.

그리스도에 대한 다양한 이론이 많은 교파와 교리를 만들어 낸 것과 같이 빛의 이론이 다양한 과학 이론을 만들어 낸 것은 역사적으로 매우 흥미로운 일이라 할 수 있다. 이런 점에서 신학과 과학은 끊임없이 발전해야 한다. 완전한 이론이 아니기 때문이다. 양자 물리학에서 빛의 본질이 입자설에 머물러 있지 않고 파동설의 이론은 받아들인 것처럼, 신학도 아직 성경 안에서 발견하지 못한 이론을 찾아내 지속적으로 발전시킬 필요가 있다. 노벨상 수상자들의 모임인 아시아 사이언스 캠프의 7명의 과학자들도 모든 과학 이론은 맹신하지 말고 의심하고 질문하므로 더 발전시켜야 한다고 말하고 있다.[7]

## 4. 기독교와 불확정성의 원리

물리학자들이 양자론을 정립하는 과정에서 가장 주목할 만한 결과는 하이젠베르크의 불확정성의 원리(Uncertainty Principle)라고 할 수 있다. 불확정성 원리란 어떤 물체의 운동량을 측정할 때, 한 시점에 위치의 불확정 정도와 운동량의 불확정 정도를 곱한 값은 항상 플랑크 상수보다 크다는 원리이다. 이것은 입자의 운동량 정보와 입자의 위치 정보를 동시에 정확하게 가질 수 없다는 것을 말한다. 입자의 위치를 정확하게 측정하고자 하면 그 속도를 정확히 알 수 없고, 속도를 정확히 측정하고자 하면 그 위치를 정확히 알 수 없게 된다. 그러므로 관찰자와 관찰은 관찰의

7) 아시아 사이언스 캠프에 속해 있는 노벨상 수상자들은 다음과 같다: 조레스 알표로프(물리학), 고바야시 마코토(물리학), 더글라스 오쇼로프(물리학), 고시바 마사토시(물리학), 리위안저(화학), 아론 치에하노베르(생물학), 로저 콘버그(진핵생물).

대상과 분리될 수 없는 관계임이 설정되었다.

이러한 불확정성의 원리에 의해서 물리 시스템에서의 인과론과 결정론이 갖는 한계가 증명 되었다. 물리학에서의 결정론은 어느 한 시점에서 우주에 존재하는 모든 입자들의 위치와 운동을 알 수 있다면 어떠한 시간에서도 그 입자들의 움직임을 계산할 수 있다는 것이다. 그러나 불확정성의 원리에 의하면 현재 상태에 대한 정확한 정보를 가질 수 없으므로 결정론은 유지될 수 없다. 물리시스템에 불확정성이 있다는 것은 물리적 대상들이 내재적으로 비결정성을 지니고 있음을 보여 준다. 불확정성을 분류해 보면 먼저, 관찰의 주체인 인간 지식의 한계로부터 유래되거나, 다음으로 관찰자와 관찰 대상 사이의 상호작용으로부터 유래될 수 있다. 또한 관찰의 대상인 물리세계의 본질에서 유래된다고 해석할 수 있다. 이러한 불확정성의 원리와 기독교 신앙을 연계해 볼 수 있다.

먼저, 아인슈타인이나 플랑크의 견해를 지지하는 과학자들은 물리세계가 실재한다고 믿는 실재론자(realist)이다. 또한 우주의 질서가 이미 결정되어 있다고 본다는 점에서 결정론자에 속한다. 이들에게 불확정성은 인간 지식의 한계로부터 유래되는 것이지 물리세계가 불확정성을 가지고 있다고 생각하지 않는다. 이 입장에서 보면 미래는 결정되어 있으나 알려지지 않은 것일 뿐이다. 기독교인이 이런 이론을 수용한다면 하나님은 이 세계의 모든 질서를 결정하여 창조하신 것을 주장한다. 따라서 미래는 모두 결정되어 있고 그대로 실현된다고 하는 예정론을 주장한다. 이 경우 개인의 자유의지나 악과 악행의 책임을 적절하게 설명하기 어렵게 된다. 불확정성이나 비결정성은 오히려 제거의 대상이 된다.

다음으로 원자구조 연구의 선구자인 보어(Niels Bohr 1885-1962)의 견해를 지지하는 과학자는 관찰 주체와 관찰 대상 사이의 상호작용을 과학적 도구로 보는 도구주의자(instrumentalist)에 속한다. 이들은 불확정성과 비결정성을 관찰이라는 상호작용의 한계로 해석한다. 이들에게 과학적 진리는 실재에 대한 진리이기 보다는 관찰자와 관찰 대상의 상호작용 속에서 구성되는 것을 의미한다. 이런 점에서 이들은 구성주의적 진리관을 가졌다고 할 수 있다. 이 입장에서 보면 미래라는 것을 결코 알 수 없는 것이다. 이 이론을 받아들이는 기독교인에게 하나님은 창조한 이 세계 질서의 실정성은 보장 될 수 없음을 의미한다. 따라서 세계의 결정이나 세계의 비결정은 의미가 없다. 세계는 인간이 관찰하기 전까지 결코 결정될 수 없으며 관찰한다 해도 어떤 실재를 아는 것이 아니다. 여기서 개인의 지적 활동은 세계에 대한 이해를 구성하는 하나의 도구이다. 미래의 결정은 중요하지 않으며 불확실성이나 비결정성은 관찰과 관련된 문제일 뿐이다.

반면에 영국의 물리학자인 폴킹혼(John Polkinghorne)의 견해를 지지하는 과학자는 비판적 실재론(critical realism)에 속한다. 비판적 실재론은 물리적 실재를 인정한다는 점에서 존재론적으로 실재론이지만 모든 질서가 결정되어 있다는 주장에 동의하지 않는다는 점에서 고전적 실재론과는 분명히 다르다고 할 수 있다. 이들은 보어가 주장하는 인식론적 한계의 문제를 충분히 이해한다. 그러나 비판적 실재론자들은 불확정성과 비결정성이 단지 실재성이 없이 관찰자나 관찰이라는 상호작용 영역 내의 한계로서 부정적으로만 이해될 수 없고, 이 물리세계의 한 질서로 인정되어야 한다고 보았다. 이 입장에서 보면 미래의 실재는 알려지지 않은 것이 아니라 결정되지 않은 것이지만 미래는 이해 가능한 대상이다. 이 이론을 수용하는 기독교인에게 하나님은 결정되지 않은 질서의 세계를 창조하신 것을 의미한다. 그러므로 미래는 실현되기 전까지는 결정되지 않은 가능성의 상태로 유지되며, 그것으로부터 언제나 전혀 새로운 사건이 가능하게 된다. 물리세계의 불확정성이나 비결정성은 제거의 대상이 아니라 하나님의 깊은 뜻이 담긴 창조품이 된다.

이와 같이 과학의 이론이 신학적 이론에 영향을 미칠 수 있음을 보았다. 역사적으로 보아도 물리세계에 대한 기독교의 견해는 기독교 고유의 지식이라기보다는 일정 시대의 과학의 지식을 반영하거나 고수한 것으로 보인다. 이런 점에서 신학은 불확실성이 있다 하더라도 과학의 결과를 존중해야 한다. 과학의 이론은 진리를 향하여 가까워 가는 과정이기 때문이다. 엄밀히 말해서 과학의 이론은 신학의 이론에 거의 영향을 미치지 않는다. 갈릴레오 시대 이후에 신학이 발견한 것은 태양이 지구 주위를 돌든, 지구가 태양 주위를 돌든 신학이 추구하는 진리를 변경할 만큼 결정적인 영향을 받지 않는다는 것이다. 또한 신학의 이론을 훼손하지도 않는다. 다만 어느 경우에는 성경 안에 있는 어떤 서술에 대한 재해석이 필요할 때가 있으며,[8] 다른 경우는 성경의 서술들을 확증해 줄 때도 있다.

## 5. 나오면서

신앙과 과학의 불일치가 있다 할지라도 두 분야가 절대로 화합할 수 없는 분야임을 나타내는 것은 아니다. 다만 견강부회 식으로 신앙과 과학의 일치성을 주장하려고 할 때 더 많이 대답하지 못하는 물음들을 양산하게 될 것이라는 것이다. 신학과 과학은 어느 하나가 이겨야 하고, 어느 하나가 져야 하는 분야가 아니다. 신학은 삼위 일체 하나님을 온전히 이해하지 못하는 인간의 불완전함을 보여 주고 있다. 뿐만 아니라 시간과 공간을 초월하는 그리스도의 부활의 몸은 여전히 인간이 이해할 수 없는 부분으로 남아 있다. 또한 과학 역시 세계와 자연을 향하여 온전한 이해에 도달하지 못함을 보여 주는 것뿐이다. 이런 점에서 기독교와 과학의 만남은 절대 쉬운 것이 아니다. 다만 두 분야가 더 나은 이해를 위해서 서로 노력해야 한다는 사실이다. 자연은 하나님의 창조의 결과이기 때문이다. 19세기 물리학의 대표적인 이론이었던 전자기장 이론(electromagnetic field theory)의 맥스웰(James C. Maxwell)은 매우 신실한 기독교인이었다. 그는 삼위일체의 역동적인 관계성이 자기 이론을 개발하는데 큰 도움을 주었다고 했다. 그러나 특별한 신학적 이론이 사용된 것은 아니고 다만 비유적인 관계성(analogical relationship)을 강조하고

---

8) 예를 들어 여호수아가 태양을 서게 한 사건 등이 여기에 속한다: "여호와께서 아모리 사람을 이스라엘 자손에게 붙이시던 날에 여호수아가 여호와께 고하되 이스라엘 목전에서 가로되 태양아 너는 기브온 위에 머무르라 달아 너도 아얄론 골짜기에 그리할지어다 하매"(여호수아 10:12).

있다.[9)]

그럼에도 불구하고 신학과 과학이 추구하는 목표를 서로 훼손해서는 안 된다. 예를 들어 신학에서 언급하는 속죄에 대해서 과학은 대답할 길이 없을 뿐 아니라 설명할 방법이 없다. 과학의 입장에서 죄의 기원을 설명하는 것이 불가능 하며, 죄 사함의 효력에 대해서 왜 예수 그리스도의 고난과 죽음이 필요한지 설명할 방법이 없다. 그러나 인간과 세상은 구원을 열망하며 죄의 문제를 해결하기를 원한다. 신학 연구나 과학 연구 모두 겸손이 필요하다. 설명할 수 없는 것에 대하여 그리고 연구 결과의 불완전성에 대하여 모두 겸손이 필요하다.

** 토론거리

1. 기독교 신앙과 과학의 관계를 자신의 경험과 더불어 이야기해 보자.
2. 기독교가 말하는 우주의 종말과 과학이 말하는 우주의 종말에 대해서 논의해 보자.

** 주요 읽을거리

- 테드 피터스, 『과학과 종교』, 김흡영 외 옮김, 서울: 동연, 2002.
- 현우식, 『과학으로 기독교 새로 보기』, 서울: 연세대학교출판부, 2006.
- Polkinghorne, John, Quantum Physics and Theology: An Unexpected Kinship, New Haven: Yale University Press, 2007.
- Torrance, Thomas F., Theological and Natural Science, Eugene: Wipf and Stock, 2002.

9) Thomas F. Torrance, *Theological and Natural Science* (Eugene: Wipf and Stock, 2002), 483-484.

# 기독교와 창조과학

이 신 형

## I. 앎의 인식과 창조과학

기독교와 과학은 친구인가? 적인가? 코페르니쿠스의 지동설이 카톨릭 교회에 의해서 이단으로 규정되었던 과거의 역사를 기억한다면 기독교와 과학은 양립할 수 없는 것처럼 보인다. 다윈의 진화론이 미국에서 불러일으켰던 논쟁을 상기한다면 기독교와 과학은 하나만 선택할 사항처럼 보인다. 기독교와 과학이 양립할 수 없는 사항이라면 어떠한 면에서 양립할 수 없는 것인가? 일반적인 사람들은 종교와 과학의 충돌과 갈등을 경험하지 못하고 있지 않는가? 실지로 사람들은 종교와 과학이 충돌하는 것을 경험하지 못한다. 대다수의 기독교인은 성경의 기술과 과학이 서술하는 것 사이에 아무런 갈등을 느끼지 못한다. 성경에서 기술된 창조이야기와 과학의 서술이 아무리 달라도 사람들은 서로 다른 서술 방식을 큰 문제없이 받아들인다.

성경의 서술과 과학의 서술의 다름에서 어떤 정신적인 합일을 발견했기에 갈등을 경험하지 않는 것일까? 아니면 성경의 진술과 과학의 진술의 두 양태를 분리하기에 갈등을 겪지 않는 것일까? 전자는 세상이 하나님에 의해서 창조된 것을 선언하는 종교적인 것이기에 실존적인 의미에만 관계하고 후자는 세상이 창조된 과정을 설명하는 객관적인 앎에 관계하기에 정신적인 갈등 없이 양자를 받아들이는 것일까? 사람들은 종교는 삶에 대한 태도와 가치에 관계하고 과학은 사실에 대한 객관적인 앎과 이해에 관계하기에 종교와 과학의 앎에 대한 인식이 충돌하지 않는다고 생각한다. 사람들의 생각처럼 종교와 과학은 앎에 대해서 관계한다. 앎에 대한 일반적인 인식은 종교는 앎의 주체인 인간의 자기인식에 관계하는 실존적인 앎이고 과학은 인식의 주체인 인간의 물질적인 구조와 내용 및 자연의 실체에 대한 객관적인 앎이다.

종교의 앎은 주관적인 것이고 과학의 앎은 객관적인 것일까? 종교의 앎은 의미에 관계하고 과학의 앎은 사실에 관계하는 것일까? 종교의 앎은 해석이고 과학의 앎은 설명일까? 해석과 설명에 대한 일반적인 생각은 상호간에 구별되는 개념이다. 해석은 어떤 사실이나 현상을 바라보는 인식자의 존재의 의미와 관계된 앎이기에 인식자의 가치와 세계관이 주요하다. 설명은 인식자의 가치관과 세계관과 무관한 객관적인 것을 설명하는 것이다. 따라서 설명은 사실과 현상이 그것을 인식하는 사람에게 앎의 내용을 전달하는 것이고 해석은 인식자가 사실이나 현상에 앎의 의미를 부여하는 것이다. 즉 설명은 사실의 객체에 관계하고 해석은 인식자의 주체에 관계한다.

하지만 설명에서 인식된 앎이 인식자의 정신에 관계한다는 면에서 설명되어야할 사실이나 현상이 인식자의 가치관 및 세계관과 엄밀한 의미에서 분리될 수 없다. 해석과 설명을 인식자의 주관적인 앎과 사실에 대한 객관적인 앎으로 분리하는 것은 해석과 설명 모두가 인식자의 정신적인 참여에 의해서 재구성된 이차적인 산물이라는 것을 인식하지 못한 결과에 기인한다. 인식자의 정신과 무관한 객관적인 사실이나 현상은 없다. 물론 인간의 정신과 아무런 관련이 없는 사실과 현상은 실재한다. 하지만 그러한 사실이나 현상이 해석되고 설명되는 한에는 인식자의 정신이 참여해서 만들어낸 이차적인 산물이다. 따라서 해석과 설명은 주관적인 앎과 객관적인 앎으로 나누어지지 않으며 인식자의 가치관과 세계관에 의해서 영향을 받는다.

해석과 설명에 대한 인식자의 능동적인 역할은 칸트에 의해서 주창되었다. 칸트에 의하면 지식, 즉 앎은 인식자의 정신적인 범주에 의해서 해석된 것이다. 따라서 인식자의 해석을 넘어선 순수객관적인 지식은 획득 불가능한 것이다. 그렇다고 해서 앎, 즉 지식이 전적으로 주관적이라는 것은 아니다. 인식의 저편에는 인식을 촉발시킨 존재 혹은 사실이 전제되어 있기 때문이다. 즉 앎은 인식자의 능동적인 역할에 의해서 획득하지만 인식 저편에 있는 존재에 의해서 촉발되는 것이다. 따라서 인식된 앎에는 인식을 촉발시키는 존재가 관여되어 있다는 면에서 앎의 객관적인 차원이 확보된다. 하지만 순수객관적인 지식의 획득이 불가능하다. 왜냐하면 인식을 촉발시키는 존재는 전제되는 것이지 증명되는 것이 아니기 때문이다. 인식의 저편에 있는 사실 혹은 존재는 인식자의 인식의 능력을 촉발시키는 것에 관여할 뿐 인식자의 앎의 내용까지 관여하는 것이 아니다. 따라서 해석된 앎에는 객관적인 사실이 개입되어 있지만 그것에 대한 지식까지 제공하지 않는다.

칸트에 의하면 순수 객관적인 지식은 계시의 영역에 속한다. 이성을 초월해 있기에 증명될 사항이 아니다. 계시는 인식의 전제이다. 인식은 계시에 대한 반향에서 발생한다. 앎은 계시와 인식의 어우러짐에 의해서 도달한다. 따라서 앎에서 계시와 인식의 분리는 엄밀한 의미에서 불가능하다. 계시와 인식의 분리가 불가능하다고 해서 앎이 이성의 검증대상에서 제외되는 것은 아니다. 계시는 인식의 전제로서만 작동하기 때문이다. 즉 칸트의 관점에 의하면 이성의 범주 안에 들어온 지식은 순수객관적인 지식으로 환원될 수 없기에 검증의 과정을 거쳐서 진리의 여부가 확인된다. 해석이든 설명이든 지식은 이성의 검증대상이다. 인식의 너머에 있는 사실이나 존재가 믿음의 영역에 속하는 것이지 그것에 대한 지식이 믿음의 영역에 속하는 것이 아니기 때문이다.

종교와 과학의 앎에 있어서 인식자의 가치관과 세계관이 주요한 역할을 한다. 따라서 종교의 앎은 주관적이고 과학의 앎은 객관적이라는 등식은 성립하지 않는다. 종교의 앎이 주관적인 것처럼 과학의 앎도 주관적이다. 과학의 앎이 객관적인 것에 관계하는 것처럼 종교의 앎도 객관적인 것에 관계한다. 과학의 앎이 인식자의 세계관과 가치관에 의해서 구성되는 것만큼 종교의 앎도 인식자에 의해서 구성된다. 따라서 과학의 앎이 검증대상인 것처럼 종교의 앎 역시 검증대상이 된다. 그렇다고 해서 과학의 앎이 검증되는 방식과 종교의 앎이 검증되는 방식이 같은 것은 아니다. 전자는 실험을 통해서 검증되고 후자는 삶의 태도에 의해서 검증되기 때문이다. 전자에서 검증은 같은 조건을 상정했을 때 동일한 결과가 발생하는 여부에 의해서 검증이 이루어지고 후자는 인식자의 내면의 확신과 외연의 삶의 일치성 여부에 의해서 검증이 이루어진다.

종교의 검증과 과학의 검증의 방식이 다른 것은 종교와 과학이 진리에 대한 인식이 다르기 때문이다. 인식자의 조건이 배재된 실험에 근거한 객관적인 정확성이 과학에서 인증하는 진리라면 인식자의 조건이 관여된 실존적인 의미가 종교에서 인증하는 진리다. 과학의 실험에서 인식자의 조건이 배제된다고 해서 인식자의 가치관과 세계관이 배제되는 것이 아니다. 과학은 실험을 통해서 가설을 증명하려는 인식자의 정신적인 작업이기 때문이다. 과학에서 데이터보다 중요한 것은 가설이다. 데이터는 가설을 통해서 이해되고 해석된다. 과학이 실증적인 학문처럼 인식되는 것은 데이터를 갖고 있기 때문이다. 그러나 가설 없는 데이터는 무의미하고 데이터 없는 가설은 맹목적이기 때문에 과학은 생각만큼 객관적이지 않다. 검증하려는 가설에 대한 신념에는 인식자의 가치관이 내제되어 있기 때문이다. "창조는 진화만큼 과학적이며, 진화는 창조만큼 종교적이다"[10]는 듀에인 기쉬의 말은 과학이 신념과 가치에 의해서 수행되는 매우 주관적인 작업임을 말해준다.

종교가 신념에 근거한 삶의 모습으로 표현된다고 해서 종교적 진리가 주관성에 국한되는 것이 아니다. 과학의 진리가 가설에 대한 주관적인 신념과 객관적인 데이터에 대한 해석의 관계에 의해서 입증되는 것처럼 종교의 진리도 개인의 주관적인 신념과 객관적인 사실의 관계성에 의해서 입증된다. 종교에서 진리의 승인은 주관성과 객관성의 바탕에 근거한다. 다시 말해서 진리의 주관성은 개인적 믿음의 진실성 즉, 믿음의 인격적 삶의 모습에서 승인되고 종교의 객관성은 역사과학의 검증을 통해서 승인된다. 종교적 진리의 주관성은 지금 여기의 삶의 현실에서 인격적인 성

---

10) 듀에인 기쉬, *Teaching creation science in public schools* (CA: Institution for Creation Research, 1995), 조남일, "우리는 왜 창조과학을 지지하는가?" 『기독교사상』 (대한기독교서회, 2007년 5월), p.181에서 재인용.

숙의 모습에서 실체를 드러내지만, 종교적 진리의 객관성은 종교의 기원의 역사성에 근거한다. 종교가 역사과학의 검증의 대상이 되는 것이다. 종교의 역사성이 검증의 대상이 되기에 종교는 과학만큼 실증적이다.

종교와 과학은 적일까? 친구일까? 창조과학에게 물어본다면 대답은 예스와 노다. 진화론과 갈등한다는 면에서 적이다. 그러나 창조과학이 진화론을 배제한 다른 과학적 이론을 장착하는 한 예스다. 창조과학은 진화론과 갈등한다. 창조과학이 진화론과 갈등하는 이유는 두 가지이다. 첫째는 진화론이 확립된 사실이 아니라 추론에 의한 가설이라는 것이며 둘째는 성서에 기술된 창조이야기가 객관적인 사실이라는 신념에 근거한다. 창조과학에 따르면 현대과학의 인식론적 준거틀인 진화론은 가설임에도 불구하고 과학적으로 확립된 불변의 진리처럼 인식되며 성서에 기록된 하나님의 창조이야기는 객관적인 사실임에도 불구하고 설화처럼 취급된다는 것이다. 창조과학은 과학은 과학의 인식론적 세계관인 진화론에 근거해서 데이터를 해석하는 것이기에 검증을 거쳐야 한다는 것이다. 그러나 성서의 창조이야기는 자체로서 진리이기 때문에 검증을 받을 필요가 없다고 주장한다.

창조과학이 과학을 대하는 태도는 실증적이다. 하지만 성서를 대하는 태도는 실증적이지 않다. 창조과학은 과학과 성서에 대해서 이중적인 잣대를 사용한다. 이중적인 잣대를 가진 창조과학은 과학적일까? 과학에 대한 창조과학자들의 지식은 과학적이다. 그러나 성서에 대한 그들의 태도는 그렇지 않다. 창조과학자들의 대다수는 이공계에서 석 박사학위를 취득한 과학자들이기에 진화론에 대한 그들의 갈등은 설득력이 있다. 그러나 성서에 대한 그들의 모습은 그렇지 못하다. 성서에 대한 그들의 인식은 교조적이며 수구적이다. 창조과학의 성서이해는 설득력이 없다. 그들의 성서관은 문자영감설에 근거한다. 성서가 하나님의 말씀이기에 정확무오 하다는 신념은 바른 것이 아니다. 문자적으로 성서가 오류가 없다는 믿음은 하나님을 성서의 문자와 동일시하는 것이기에 주류신학계에서는 오래전부터 폐기처분한 것이다. 창조과학은 과학계에서 배격된다. 창조과학이 과학자에 의해서 수행되는 과학적 작업임에도 불구하고 과학계는 사이비 과학 또는 과학의 옷을 입은 종교라고 인식한다.

## II. 창조과학의 논리와 주장

1961년 위트콤과 모리스가 『창세기홍수』(The Genesis flood: The Biblical Records and Its Scientific Implications)를 출간하면서부터 창조과학은 태동했다. 그 책에서 위트콤과 모리스는 성서의 기록과 과학을 결합시켰다. 그들의 주장에 의하면 지구는 6일이라는 짧은 시간에 창조 되었으며 열역학 제 2법칙의 원인으로서 인류의 타락, 약 1년의 시간에 걸쳐서 만들어진 지구지층형성의 원인으로서 노아의 홍수사건을 열거했다. 이후 모리스를 중심으로 1974년에 창조연구회 (Creation Research Society)가 설립되고 고등학교 교사들을 대상으로 과학적 창조론 (Scientific Creationism)이라는 핸드북이 제작 배포되었다. 이들의 주장은 창조과학 또는 과학적 창조론이라는 이름으로 불리게 되었으며 이후 창조과학은 창조과학연구소 (Institute for Creation Research)를 중심으로 활동하게 된다.

한국의 창조과학운동은 80년대 초반에 미국에서 이공계 석 박사 학위를 취득한 과학자들이 귀국해서 서울대와 한국과학기술원을 중심으로 창조과학회를 결성함으로 시작된다. 미국에서 창조과학회의 결성이 70년대 초반인 것을 감안하면 한국의 창조과학운동이 비교적 빠르게 결성된 것이다. 한국의 창조과학회는 미국의 창조과학회의 영향을 받아 결성한 단체이다. 따라서 한국의 창조과학회는 미국의 창조과학회와 유사한 활동을 한다. 미국의 창조과학회처럼 진화론의 문제를 제기하고 창조론의 정당성을 주장하는 학술적인 활동이 주된 활동이다. 하지만 한국의 창조과학회와 미국의 창조과학회의 활동은 동일하지 않다. 미국의 창조과학회의 활동은 다분히 정치적이다. 그들의 주된 활동의 목적은 공립학교에서 창조론을 진화론과 대등한 생명현상에 대한 설명이론으로 가르치게 하는 것이다.

그러나 한국의 창조과학회의 활동은 미국의 창조과학회처럼 정치적이지 않다. 미국의 창조과학회처럼 창조론을 진화론과 동등한 이론으로 교과서에 삽입시키려는 정치적인 행동을 하지 않는다. 한국의 창조과학회가 미국의 창조과학회만큼 정치적인 목적을 갖고 있지 않아서가 아니다. 한국의 창조과학회와 미국의 창조과학회의 기본 목적은 같다. 미국과 한국의 창조과학회의 정치적인 활동이 다른 것은 기독교가 처해있는 사회적 환경이 다르기 때문이다. 미국은 정교분리의 원칙을 준수하는 국가이다. 따라서 공립학교에서 창조론을 가르치는 것은 특정종교의 신념을 모든 학생에게 강요하는 것이 되기에 결과적으로 종교의 자유선택권을 제한하는 행위가 된다.

한국은 종교의 자유선택권에 대한 개인적 자유와 권리의 문제에 있어서 미국처럼 예민하지 않다. 한국의 기독교 사립학교에서 채플과 성경과목을 모든 재학생에게 이수시키는 문제가 미국처럼 법적 사회적인 이슈가 되지 못하는 것이다. 최근의 대광학교의 강의석 사건은 기독교 사립학교의 종교교육 문제를 제고하는 계기를 제시했지만 결국 강의석 문제로 국한되었다. 엄밀히 말해서 한국의 기독교 사립학교는 미국과 같은 의미의 사립학교가 아니다. 미국의 사립학교는 국가로부터 재정지원을 받지 않는다. 하지만 한국의 사립학교는 국가로부터 80%이상의 재정지원금을 받는다. 따라서 명목상 사립학교이며 실질적인 내용은 공립학교이다. 미국의 사립학교는 교과목의 개설의 자유가 100% 보장된다. 미국의 경우 사적인 영역인 사립학교에서 생명현상의 이론으로 가르치는 것은 전혀 문제가 되지 않는다. 하지만 한국의 기독교 사립학교는 그렇지 않다. 채플과 성경과목을 제외한 모든 교과목의 개설이 교육과학부의 통제를 받는다. 따라서 한국적 상황에선 미국에서 발생한 것과 같은 종교와 과학의 충돌과 갈등이 발생할 수 없다. 즉 공립학교는 불문하고 기독교 사립학교에서 창조론을 생명현상을 설명하는 이론으로 진입시키는 것은 생각조차 할 수 없다.

미국의 창조과학 운동의 핵심은 창조론을 공립학교에서 가르치는 것이다. 창조론자들은 동등학습 선택권에 근거해서 창조론도 교과서에서 가르쳐야 한다고 주장한다. 진화론이 생명현상을 설명하는 합리적인 이론이라고 사람들이 믿는 것처럼 창조론을 합리적인 이론이라고 믿는 사람들이 있기에 그들에게 동등한 학습기회가 제공되어야 한다는 것이다. 창조론자들이 동등학습법에 의거해서 창조론을 교과서에 진입시키려는 의도는 일시적으로 성공한다. 1981년에 아칸소 주 의회와 루이지애나 주 의회가 동등시간법 (진화론을 가르치는 시간과 동등하게 창조론을 가르치는 법)을 통과시켰기 때문이다. 이에 대해서 미국시민자유연맹은 동등시간법이 위법이라고 제소하고 결국 아칸소 주는 1983년에 연방지방 법원에서 그리고 루지애나주는 1987년에 연방정법원에서 동등시간법은 수정헌법의 정교분리의 원칙에 위배되는 위법으로 판정한다.

창조론의 학문성이 핵심적인 쟁점이다. 창조론이 종교적인 신념에 의한 가치판단이 아니라 학문적인 검증을 통해서 확립된 객관적인 이론이라는 것이 확인되어야만 생명현상을 설명하는 이론으로 자리매김할 수 있다. 아칸소와 루이지나에서 미국의 창조론자들이 패소한 이유는 창조론이 과학의 설명에 기초한 객관적인 이론이 아니라 종교적 신념에 의한 주관적인 주장이라는 법원의 판단 때문이다. 창조론은 종교적인 신념에 의한 주장일까? 신학자들이 창조론을 주장한다면 창조론은 과학적인 근거가 빈약한 종교적인 주장일 것이다. 과학자들이 창조론을 주장한다면 창조론은 종교일까? 창조과학은 신학자들의 주장이 아니다. 과학의 분야에서 석 박사학위를 취득한 과학자들이 창조론을 주장한다. 하지만 창조론은 학문적인 검증을 통해서 확립된 객관적인 이론이 아니다. 창조론자들은 창조론을 생명현상을 설명하는 합리적인 이론이라고 주장하지만 과학계와 신학계는 그들의 주장을 전혀 신뢰하지 않는다. 창조론을 과학적인 이론이 아니라 종교적 신념으로 인식하는 것이다.

창조론자들의 주장에는 과학적인 타당성과 근거가 없을까? 창조과학은 생명현상에 관한 설명에 있어서 아무런 기여를 하지 못하는 것일까? 물음을 달리해보자. 창조과학이 과학적이지 않다면 진화론은 과학적인가? 진화론은 진화론자의 신념과 가치가 배재된 객관적인 사실에 입각한 설명일까? 진화론은 생명현상을 설명하는데 있어서 아무런 문제가 없는가? 현실에서 목격되는 생명현상은 진화론에서 설명한 대로 발생하는가? 진화론은 과학의 규칙에 의거한 설명인가? 아니면 역사과학의 규칙을 따르는 해석인가? 진화론이 과학이면 진화론이 기술하는 생명현상은 사실에 대한 기술인 설명이다. 하지만 진화론이 해석이면 진화론이 기술하는 생명현상은 객관적인 기술이 아니다. 진화론자의 세계관과 가치관에 의해서 구성된 해석인 것이다. 진화론은 설명일까? 해석일까? 엄밀한 의미에서 설명과 해석은 객관적인 진술과 주관적인 진술로 구분되지 않는다. 사실에 대한 설명과 해석에서 인식자의 인식이 개입되기 때문이다.

그럼에도 불구하고 진화론은 객관적인 설명에 속하고 창조론은 주관적인 해석이라는 인식은 변함이 없다. 진화론은 설명이고 창조론은 해석일까? 진화론과 창조론 둘 다 해석이 아닐까? 진화론이 현재와 관계해서 일어나는 현실을 객관적으로 진술하면 설명이지만 과거와 관계하면 해석이다. 진술한 내용에는 해석자가 부여한 의미가 채색되기 때문이다. 물론 현재와 관련된 진술에도 진술자가 부여한 의미가 개입된다. 하지만 그렇게 진술된 내용은 검증대상이 되기에 진술자가 부여한 의미가 진술의 진위여부를 결정하지 않는다. 즉 현재와 관련된 X를 진술할 때 진술자가 X에 부여한 의미와 상관없이 X는 검증을 받게 된다. 해석도 검증의 절차를 거친다. 이때 해석에 대한 검증은 설명과 같지 않다. 설명은 X에 관계하지만 해석은 X가 아니라 '나'와 관계하기 때문이다. 즉 '나'의 존재의미와 관련해서 진술의 가치유무가 결정된다.

조남일은 창조론에 적용했던 엄격한 과학적 기준을 진화론에도 적용해야 한다고 주장한다. 조남일에 의하면 창조론이 관찰과 검증(재연)이 불가능한 종과 생명의 기원에 대한 추론으로 이루어진 해석인 것처럼 진화론도 관찰과 검증(재연)이 불가능한 추론에 의해서 구성된 이론이라는 것이다. 즉 진화를 45억년의 시간에 걸쳐서 점진적으로 일어난 것으로 바라보고 그 시간을 48시간으로 축약시켰을 때 인간의 출현은 1초에 해당되는 시간이 걸렸으며 이것을 초로 환산했을 때 172,800이 되며, 진화는 인간이 출현하기 전인 172,799초에 완결되어 버렸다. 그렇기에 진화론은 현재에 발생하는 현상과 관계하지 않는다. 진화론은 과거에 일어난 현상을 조망하는 이론이다. 진화론은 창조론과 마찬가지로 과거를 해석한다. 따라서 창조론에 적용한 엄격한 과학적 기준인 관찰과 검증 원리를 진화론에 적용한다면 진화론은 과학이 아니라 역사인 것이다.[11)]

그렇다. 엄격한 과학적 기준을 적용한다면 진화론의 진술은 창조론의 진술처럼 해석학적 진술이다. 그럼에도 불구하고 진화론은 생명현상에 대한 과학적 설명으로 인식되는 것은 무엇일까? 말을 바꾸어 보자. 그럼에도 불구하고 창조론이 과학적 설명으로 인식되지 않는 이유는 무엇일까? 조남일은 다음과 같이 말한다.

창조과학이 과학의 정의에 비추어 미달하는 부분은 창조과학이 이미 답을 갖고 있으며, 이 답은 어떠한 연구결론에 의해서도 변하지 않는 불변의 진리로 간주한다는 점이다. 그렇다. 창조과학은 하나님이 처음부터 종류대로 생물들을 창조했으며, 노아의 홍수를 기점으로 하여 지금 관찰되는 지층과 화석의 대부분이 형성되었다는 가정으로 구성된다. 그런 면에서 창조과학은 과학지식의 일반적 특성에 부합하지 않는다.[12)]

창조론이 미리 설정된 답을 불변의 진리로 간주하고 있다는 면에서 과학이 아니라면 진화론은 진리에 대한 개방성을 지향하는가? 조남일의 말을 계속 들어보자.

과학적 지식은 내구적이며 동시에 가변적이다. 만약 어떤 과학이론이 절대 불변의 참 혹은 진리라고 인정되면 그 이론은 과학적 지식으로서의

---

11) 조남일, "우리는 왜 창조과학을 지지하는가?" 『기독교 사상』 511호 (서울: 대한기독교서회, 2007), p.,180.
12) Ibid.

위상을 상실한다. 그 지식은 형이상학적 지식이지 경험적 지식으로 간주되지 않는다....사실 진화론자들은 진화가 변할 수 없는 진리라고 믿지, 진화자체를 의심하고 감히 그 가정을 검증해 볼 생각을 하지 않는다. 많은 사람들에게 진화는 단지 과학이론 이상이다.,,,,,진화론을 인정하는 과학자들은 진화를 불변의 진리로 믿으며, 기원에 대해 창조에 대비되는 개념으로 진화를 바라본다. 그들에게 진화론은 창조론과 마찬가지로 유일한 답이며 변할 수 없는 전제로서의 역할을 하고 있다.[13)]

진화론은 믿음에 의해서 창출된 형이상학적 지식이다. 진화론자는 진화에 대한 믿음이 데이터를 해석하고 이해하는 원리가 되는 연역적 사고체계를 갖고 있다. 다시 말해서 진화론은 순수과학의 결과에 의해서 만들어진 원리가 아니라 철학적인 원리에 의해서 도출된 관념론이다. 따라서 진화론의 해석은 과학적인 검증의 절차를 거쳐야한다. 미국의 창조과학연구소의 헨리 모리슨은 진화론의 문제를 다음과 같이 지적한다.

첫째, 모든 역사를 통해서 진화(한 종(種)에서 다른 종으로)의 예로 관찰된 생물이 없으며, 다만 멸종해 버린 생물의 종류만 확인 된다는 것.

둘째, 완전히 과도기적인 구조 (반쯤 발달한 머리나 날개, 눈, 귀, 생식기관등)를 지닌 생물이 과거로부터 보존되어 왔거나, 진화론자들이 수십억년 되었다고 주장하는 지층에서 화석으로 발견된 경우가 전혀 없다는 것.

셋째, 우주의 질서는 끊임없이 붕괴하고 감소되어 간다고 하는 과학의 기본법칙은 열역학 제2법칙에 있다. 그러나 우주가 점점 더 복잡하면서도 질서정연하게 변화되어 간다고 하는 진화론의 논리는 이 법칙에 정면으로 위배된다.[14)]

한편 그가 주도해서 1981년 아칸소 주 의회에 제출한 창조과학의 주장은 다음과 같다.

1. 우주, 에너지, 그리고 생명의 무 (nothing)로부터의 갑작스러운 창조.

---

13) Ibid., pp.180-181.
14) 박영철, "창조과학의 과학적 논증 배경," 『진리논단』 Vol.12 (천안대학교, 2006), pp.589-590에서 재인용.

2. 돌연변이와 자연선택 기구(mechanism)들은 한 원시 생명체로부터 현재의 모든 종류들을 출현시키기 위한 것으로서 매우 불충함.
3. 원래 창조된 식물과 동물의 변화는 그 종류 안에서의 변화에 국한.
4. 사람과 원숭이는 별개의 조상을 가짐.
5. 전 세계를 덮는 홍수사건을 포함하는 격변에 의한 지구지질학의 설명.
6. 지구와 생물의 상대적으로 짧은 역사.[15)]

모리스의 지적처럼 진화론은 문제가 있는 이론이다. 진화론이 주장하는 것처럼 새로운 종의 진화는 돌연변이를 통해서 발생하지 않는다. 이론적으로는 돌연변이가 새로운 종의 출연의 원인일수 있지만 현실적으로는 돌연변이는 열성이기 때문에 도태된다. 돌연변이에 의한 더 나은 종으로의 진화는 경험적인 지식과 어긋난다. 뿐만 아니라 무생물에서 생명의 탄생에 대한 진화론의 주장도 경험적인 현실에는 불가능하다.[16)] 하지만 진화론이 문제가 있는 이론이라고 해서 창조론이 적법한 이론이라는 근거가 되는 것은 아니다. 창조론이 생명현상에 대한 적법한 이론이 되기 위해서는 진화론의 문제와 무관하게 창조론이 밝히는 과학적인 진실이 있어야 하는 것이다.

---

15) Ibid., p.586에서 재인용.
16) 무생물로부터 생명의 발생이 현실적으로 불가능하다는 논증을 보려면 김남득, "진화하는 생물기원설," 『통합연구』 Vol. 7, No. 4 (통합연구학회, 1994), pp.100-112.

## III. 창조과학의 문제와 미래

창조과학은 성경의 진술이 과학적으로 진리라는 입장을 견지한다. 창조과학자들은 창세기에 기록된 두 이야기 - 하나님이 6일의 시간에 우주를 만들고 모든 생물을 각각의 종으로 창조했다는 것과 노아시대에 홍수로 생물을 다 멸절하고 노아의 가족을 통해서 인류를 새롭게 시작했다는 - 를 과학적인 진술이 담겨진 이야기로 믿는다. 따라서 창조과학자들은 창세기의 두 이야기를 과학적인 시각에서 읽어내기 위한 여러 이론적 구상을 한다. 첫 번째 구상된 이론은 젊은 지구창조론이다. 젊은 지구창조론은 창세기1장의 6일 창조를 문자적으로 해석하는 이론이다. 젊은 지구창조론에 의하면 지구의 역사는 대략 6000년이 된다. 창세기에 나오는 연도를 더해서 나온 결과다. 둘째는 오랜 지구창조론이다. 이 이론은 성경적 연대기와 과학적 연대기를 조화시키는 것이다. 오랜 지구창조론에 의하면 6일의 시간은 문자적인 의미에서 6일이 아니라 150억년의 시간이 될 수도 있다. 이 이론에 따르면 하나님의 시간에서는 6일은 6일이지만 우리의 시간에서는 150억년의 시간으로 인식된다는 것이다.[17] 셋째는 지적 설계론이다.[18] 지적 설계론은 생명현상의 메카니즘을 분석함으로 말미암아 진화생물학의 주장인 점진적 진화를 부정한다. 예를 들면 살아있는 세포의 현상은 점진적인 진화를 통해서 도달할 수 없는 복잡한 메커니즘을 갖고 있기에 진화의 결과가 아니라 어떤 지적인 존재에 의해서 창조될 수밖에 없다는 것이다. 생명을 설계하고 탄생하게 한 지적인 존재는 신이라는 주장이다.

창조론은 신의 창조를 과학적으로 밝히는 이론일까? 아니면 창조론의 주장과 논리는 진화론의 문제에 대한 반대급부에 근거한 것일까? 모리스의 생각은 창조과학이 과학적인 이유를 짐작하게 한다. 창조과학의 논리

---

17) 창조과학이 어떻게 성경적 연대기와 과학적 연대기를 조화시키는가를 보려면, 윤석천 "관점가설에 입각한 창조연대기," 『통합연구』 Vol.4 (통합연구학회, 1994), pp.51-84.

18) 지적설계론에 대해서 보려면, 신재식, 『종교연구』 30 (2003년 봄), pp.71-100. 장대익, 『종교문화연구』 제 9호(2007년), pp.23-48 참조.

와 주장의 과학적인 근거는 진화론에 있다. 창조과학은 진화론에 제기된 실증적인 문제를 부각시키며, 진화론의 문제 때문에 창조론이 적법한 이론이라는 주장을 펼친다. 따라서 진화론에 실증적인 문제가 발생하지 않는다면 창조론은 논리적인 근거를 상실한다. 물론 진화론과 상관없이 창조론을 주장할 수 있다. 하지만 그럴 경우에 창조론은 종교적인 신념이라는 입장의 비판을 벗어 날수 없다.

과학계가 창조과학을 대하는 태도는 냉소적이다. 창조과학을 종교와 과학이 혼합된 이데올로기로 바라본다. 그렇다면 지질학, 천문학, 생물학, 생화학 등 거의 모든 학문분야에 걸쳐 진화론을 핵심적인 인식론으로 자리매김한 과학계는 순수한 과학의 이론인가? 자연 전체에 걸쳐서 나타나는 진화의 역사를 무신론의 시각으로 바라보는 것은 과학과 종교 (무신론의 종교)를 결합한 이데올로기는 아닌가? 창조과학이 종교적 이데올로기라면 무신론적 유물론 또한 종교적 이데올로기다. 창조과학과 무신론적 유물론이 과학과 종교를 양립 불가능한 것으로 취급하는 것은 동일하다. 진화의 역사와 신의 창조는 양립할 수 없는 것일까? 교황 바오로 2세의 말을 들어보자.

과학은 종교로부터 그릇된 생각과 미신을 추방하여 종교를 정화시킬 수 있으며, 종교는 과학으로부터 맹목적 심취와 그릇된 절대화의 위험을 제거하여 과학을 정화시킬 수 있다. 과학과 종교는 서로 상대방으로부터 장점을 취함으로써 한층 넓은 세계, 곧 과학과 종교가 함께 번영할 수 있는 세계로 나아갈 수 있다.[19)]

신학계는 신의 창조와 진화의 역사를 대립과 갈등으로 인식하지 않는다. 창조과학이 속한 근본주의와 세대주의에게는 신의 창조와 진화의 역

---

19) "Message of His Holiness John Paul II," in *John Paul II on Science and Religion: Reflections on the New View from Rome*, ed. Robert John Russell, William R. Stoeger, S.J., and George V. Coyne, S.J. (Vatican: Vatican Observatory, 1990), p.M13., 이안 바버/이상우 옮김, 『과학이 종교를 만날 때』 (서울: 김영사, 2000), p., 42에서 재인용.

사가 양자택일의 선택사항이겠지만 주류 신학계에게는 신의 창조와 진화의 역사는 선택사항이 아니다. 신학계에서 창세기 연대기와 과학적 연대기는 모순되는 것이 아니라 상보적인 것이다. 이안바버는 주류신학계가 신의 창조와 진화의 역사를 상보적으로 바라보는 시각을 통합이론이라는 말로 정의한다. 진화는 우연성과 우발성에 의해서 발생한다. 우발적으로 발생하는 자연의 현상을 신의 창조행위로 바라보면 신의 창조는 결정론을 벗어난다. 신의 창조는 결정론인가? 비결정론인가? 신의 창조가 결정론이면 신의 창조행위는 법칙에 귀속된다. 신의 창조가 비결정론이라면 신의 창조는 자유에 속한다.

통합이론에 의하면 신의 창조는 결정론적 법칙이 아니라 책임적 자유에 속한다. 창조는 과거적 사건이 아니라 지금 발생하는 사건이며 동시에 미래를 향한 사건이다. 따라서 신의 창조에 대한 인식은 시간의 모든 양태를 아우르는 통전적인 인식이 필요하다. 통합이론은 신의 창조행위와 자연의 진화를 통괄적으로 아우른다. 신은 자연의 진화에 책임적으로 활동한다. 자연에서 발생하는 우발적인 진화를 신은 허용하며 동시에 신은 자연의 진화에 참여한다. 자연의 진화는 신의 허용과 참여를 통해서 발생하기에 신의 창조행위의 결과이며 동시에 진화는 우발적인 발생에 의해서 태동하기에 자연에 의한 사건이다. 따라서 통합이론은 진화를 자연의 행위로만 바라보는 무신론적 진화론을 배격하고 창조를 과거에 일어난 신의 행위로 고정하려는 창조과학 또한 배격한다.

창조과학은 진화론과 갈등한다. 그리고 갈등의 배후에는 성경이 있다. 창조과학이 과학적인 진술이라고 믿는 창세기 연대기에 대한 절대적인 믿음은 주류 신학계와 충돌한다. 1982년 194차 총회에서 미국 장로교회는 진화론이 창세기에 나오는 생명의 기원에 대한 해석과 갈등하지 않는다는 결의문을 발표하였다. 아래는 결의문의 일부이다.

지난수년동안 근본주의 교회지도자들은 창조과학연구소(the Creation Science Research Center)와창조연구소(the Institute for Creation

Research)의 지원에 힘입어 '창조과학'과 '진화과학'의 균형 있는 처리를 요청하면서 많은 주(州) 들에서 입법화를 추진해왔다...그러나 이 문제는... 실제로 생물학이나 신앙에 관한 것이 아니라 본질적으로 성서해석에 관한 것인데 특히 성서본문의 특성과 성서권위의 본질에 대한 화해할 수 없는 두 개의 관점에 관한 것이다.

'창조론' 혹은 '창조과학'을 타당한 과학으로 설정 하려는 노력에도 불구하고 그것은...특정한 종교적 도그마에 근거한 가르침임을 확인한다. 성서 본문의 해석에 관한 근본주의적 관점 - 거기에서는 모든 말씀이 항상 문자 그대로 받아들여지고 도덕적 종교적 정치적 역사적 혹은 과학적인 모든 문제들에 대해서 절대적인 권위가 된다. - 은 개신교, 로마 카톨릭 그리고 유대교 주류의 성서학자들과 신학교들에 의해서 분명하게 유지되고 있는 성서 해석의 관점과 갈등한다. 이러한 학자들은 진화에 대한 과학 이론이 성서 본문에서 발견되는 생명의 기원에 대한 자신들의 해석과 갈등하지 않다는 것을 알고 있다."

창세기 기사의 연구는 자연과학 분야 보다는 종교, 역사, 사회적 연구, 문학 지역에 관한 교육을 통해서 가장 잘 탐구 된다는 것을 확인한다.[20]

창조과학의 성서관은 주류 신학계의 성서관과 충돌한다. 창조에 대한 창세기의 진술은 이중적이다. 창세기 1장과 2장의 이야기가 다르고 노아의 홍수 이야기도 두 번에 걸쳐 다르게 반복된다. 창조과학은 창세기 1장의 진술에만 집중하고 신학계는 두 번에 걸쳐서 상이하게 진술하는 창조 이야기를 통합적으로 바라본다. 전자는 창세기 1장의 이야기만 바라보기에 그것을 과학적인 진술로 인식하지만 신학계는 상이한 두 본문을 함께 바라보기에 고대세계관이 반영된 이야기로 해석한다. 따라서 신학계는 창

20) 천사무엘, "창조과학과 성서해석," 『대학과 선교』 Vol. 7 (한국대학선교학회, 2004), p.113에서 재인용.

세기의 진술을 객관적인 사실에 대한 진술이 아니라 신학적인 진술로 해석한다. 상이하게 진술되어있는 본문을 문자적으로 해석하는 것은 논리적 모순에 빠진다. 바른 해석은 본문의 의미를 물어가는 것이다. 즉 본문을 통해서 하나님이 무엇을 말씀하시는지에 대한 신학적인 의미를 찾는 것이다.

창조과학의 창조론은 과학계와 신학계에서 인정받지 못한다. 과학계는 창조과학의 주장을 과학적인 근거가 결여된 종교적인 신념이라고 배격하고 신학계는 창조과학의 성경관이 편협하고 왜곡되어 있다고 비판한다. 창조과학은 과학자들이 주장하는 것임에도 불구하고 과학계는 창조과학을 나쁜 과학, 열등한 과학으로 취급하며 신학계는 창조과학이 성경의 절대성을 부각시킴에도 불구하고 성경에 대한 바른 인식이 결여된 비 신앙적이라고 논박한다. 과학계가 창조과학을 종교적 신념, 또는 나쁜 과학으로 평가절하 하는 이유는 학문적인 연구결과를 내놓은 적이 없기 때문이다.[21] 신학계가 창조과학을 비판하는 이유는 과학을 성경에 꿰맞추기 위해서 자의적인 해석을 하기 때문이다.

창조과학은 창조에 대한 이론적 모델로 자리매김 할 수 있을까? 창조과학은 과학계가 납득할 만한 연구결과를 발표할 수 있을까? 진화론과 갈등하는 창조과학은 진화론을 적극적으로 받아들이는 신학계에 대안이 될 수 있을까? 현시점에서 창조과학이 진화론과 동등한 가치를 지닌 이론으로 승인될 가능성은 없다. 창조과학의 학문성이 의심받고 있는 상황에서 창조과학이 인정받는 것은 어불성설이다. 그렇다고 창조과학이 과학계에서 인정받기 위해 자신의 주장을 포기할 가능성은 더더욱 없다.

그럼에도 불구하고 창조과학은 과학계와 신학계에 기여할 수 있는 것이 있다. 첫째는 과학계가 진화론의 문제를 인식하게 하는 것이다. 진화론은 과학적인 진리가 아니라 추론에 근거한 가설이다. 따라서 진화론은 가설이 사실이라는 것을 증명해야 한다. 창조과학은 진화론으로 하여금 자신의 이론을 정교하게 만드는 기회를 제공한다. 즉 창조과학이 제시하

21) 이안 바버, op.cit.,, p.40.

는 진화의 문제는 결과론적으로 본다면 진화론이 자신의 이론을 수정, 보완하게 한다.

둘째 종교와 과학의 만남에서 창조과학은 갈등모델을 제시함으로서 과학에 대한 낙관론적인 시각에 문제를 제기한다. 과학의 발전은 반드시 긍정적인 것만이 아니다. 창조과학의 갈등모델은 과학의 윤리성에 대한 관점에서 과학에 대한 낙관론에 대한 재고를 요청한다. 하지만 이 모든 것은 창조과학의 학문성이 인정받을 때에 가능한 것이다. 따라서 창조과학은 학문적인 연구결과를 갖고 진화론과 경쟁해야 한다. 신의 직접적 창조는 증명 불가능하지만 진화의 역사는 논증이 가능한 영역이기 때문이다.

** 토론거리 **

1) 진화론과 창조론의 대립과 반목의 본질은 무엇인가?
2) 창조론이 진화론과 경쟁하는 이론이 되기 위한 과제는 무엇인가?

** 주요 읽을거리**

- 이안 바버/이상우 옮김, 『과학이 종교를 만날 때』, 서울: 김영사, 2000.
- 조남일, "우리는 왜 창조과학을 지지하는가?" 『기독교 사상』 511호, 서울: 대한기독교서회, 2007.

# 기독교와 디지털 사회

현 경 식

## 1. 들어가면서

세상이 바뀌고 있다. 삶의 공간이 바뀌고 있는 것이다. 내가 찾아가지 않아도 누군가 나를 찾아오고, 내가 찾고 싶은 공간과 필요한 공간을 얼마든지 찾아갈 수 있는 시대가 열렸다. 기계로 사람을 만나고 소통하는 시대가 열린 것이다. 오늘날 이런 디지털 시대를 SNS의 시대라고 부른다. SNS는 Social Network Service의 약자다. SNS를 이끄는 키워드가 TGIF이다. TGIF는 원래 Thanks God It's Friday의 첫 단어로서 금요일에 즐거운 주말을 기대하며 외치는 말이다. 그런데 이 단어가 SNS를 뜻하는 새로운 의미가 더해졌다. 바로 Twitter, Google, I-Phone, Facebook의 이니셜이다. 이 네 가지 단어의 공통점은 개인과 개인을 소통할 수 있도록 도와주는 SNS의 대표적인 도구라는 점이다.

개인과 개인을 교류시켜 주는 서비스는 인터넷 초기 시절에도 있었고 우리나라에서는 싸이월드가 대표적이었다. 그러나 최근 들어 스마트폰의 등장으로 소통에 대한 관심이 폭증되고 있는 실정이다. 이제는 SNS 공간이 세계인의 거대한 소통장의 장이 되었고 여론을 형성하는 곳이 되었다. 이러한 디지털 사회의 대표로 표현되는 SNS가 가져오는 순기능과 역기능의 역할을 진단해 보는 것은 매우 중요한 일이라 하겠다. 또한 디지털 사회의 미래를 기독교 신앙의 입장에서 내다보며 더 나은 사회를 위해서 조언하는 것 역시 필요한 일이라 하겠다.

## 2. 디지털 사회의 특징

오늘날 혁명적인 커뮤니케이션 환경의 변화는 급격한 사회-문화의 변혁을 가져 왔다. 인터넷의 발전은 온라인상에서 국경이라는 경계선을 무의미하게 만들었다. 하나의 지구촌이 모든 정보와 지식을 공유하는 정보화 사회가 되었다. 정보화된 사회는 어느 특정한 사회가 추구하는 절대적인 진리와 가치를 상대적인 것으로 만들었다. 각 사회마다 정도의 차이는 있지만 인종, 문화, 관습, 가치관에 있어서 다원주의가 인정되고 있는 것이다. 이렇듯 현대 사회를 설명하는 다원화 사회의 특징은 문화의 다양성과 함께 상대성을 강조한다. 다원주의는 개인주의의 다른 형태라 할 수 있다. 그러므로 현대 사회는 더욱 극단적인 개인주의 사회로 향하고 있다고 할 수 있다. 이와 더불어 현대 사회는 감각사회라 말할 수 있다. 이성보다는 감각적이고, 쾌락적이며, 육감적이고 외형적인 것을 추구하는 사회가 되어 가고 있다. 감각사회는 기술 발전과 연합하여 개인들로 하여금 더 좋은 기계, 더 나은 스펙, 외형이 좋은 가전제품과 외형이 좋은 회사를 찾는다든지 주로 감명을 주는 물질적인 요소에 관심을 갖게 만드는 타당성구조를 제공하고 있다.

현대 사회의 특징을 여러 분야에서 규정지을 수 있을 것이다. 그 가운데서 폭발적인 기술 문명의 입장에서 보면 현대 사회는 디지털 사회라 단정할 수 있을 것이다. 지금부터 우리가 살고 있는 디지털 사회의 특징을 알아보도록 한다. 첫째로, 디지털 사회의 특징은 정보화 사회이다. 디지털 사회로 대표되는 인터넷은 현대 사회를 정보의 사회로 만들었다. 세대 간 정보의 부익부, 빈익빈 현상이 격화되고 있는 것이 사실이다. 그럼에도 불구하고 컴퓨터의 발전은 전 세계를 하나의 거대한 정보 네트웍으로 묶어 놓았으며 이것을 통하여 정확하고 신속한 정보를 교환할 수 있게 되었다. 정보화의 핵심은 정보의 교환에 있어서 시간과 거리 비용의 단축을 가능케 했다는 것이다. 이런 정보화의 속도는 대규모 네트웍의 구성과 데이터 뱅크의 자동화로 인하여 앞으로 더욱 빠르고 편리하게 진행될 것이다.

정보화 사회는 사회를 더욱 더 지식과 정보가 기반이 되는 지식 사회를 만들 것이다. 더 첨단화된 멀티미디어의 개발로 새로운 지식과 정보를 창출할 뿐만 아니라, 이로 인해 인간 의식의 변화를 주도할 것이다. 이런 지식과 정보는 지금도 진행되고 있지만 세계를 더 가까운 이웃으로 만든다. 기존의 정부와 조직, 사회, 민족, 국가도 그 경계가 무의미하게 된다. 그야말로 하나의 지구촌이 되는 것이다.

둘째로, 디지털 사회의 특징은 소통의 혁명을 가져왔다는 것이다. 인터넷이 지식과 정보를 주고받는 것이라면 SNS는 인간관계의 확장을 만들었다. 오늘날 트위터는 소통의 혁명을 주도하고 있다. 쉽게 접촉하는 것 뿐만 아니라 신속하고, 광범위하게 소통한다는 점에서 방송의 범위를 넘어 선다는 평가도 있다. 옛날에는 6명이나 7명만 거치면 세계의 어느 누구도 만날 수 있다고 했지만 지금은 4명만 거치면 가능하다고 한다. 이것이 트위터의 위력이다. 트위터와 함께 페이스북(Face Book)은 삶의 동질성을 추구하는 사람들끼리 관계를 확장하는 SNS이다. 비슷하게 느끼고 비슷하게 생각하는 사람들끼리 소통하는 도구이다. 소통의 혁명 한 가운데에 스마트폰이 서 있다고 할 수 있다. 인터넷과 접속할 수 있는 스마트폰의 등장으로 SNS서비스를 언제 어디서나 이용할 수 있게 되었다. 더군다나 SNS 서비스의 단순함은 좁은 화면을 가지고 있는 스마트폰에 적합했다고 할 수 있다. 이외에도 미투데이, 싸이월드, 블로그, 아고라, 마이스페이스, 유투브 등의 SNS는 소통의 방법은 다르지만 모두 자기표현의 욕구를 충족시키는 도구이다. 이러한 도구들은 앞으로 개인들의 소통을 위해서 더 빠르고 편리한 매개체로 계속해서 발전되고 개발될 것이다.

셋째로 디지털 사회의 특징은 토론의 공간을 제공한다는 것이다. 토론도 소통의 연결선상에 있지만 소통이 일방적인 경우가 간혹 있다. 그러나 토론은 쌍방향 대화로서 하나의 공통된 여론을 형성한다는 점에서 새로운 특징이라 할 수 있다. 이것은 기존의 온라인 매체의 한계를 넘어서는 스마트폰 사용자의 증가와 직접적인 연관이 된다. 우선 싸이월드는 지인들끼리 서로를 친구로 등록하는 일촌 맺기로 인기몰이를 했지만 그 이후의 관계 발전에 대한 대안을 내놓지 않았다. 일촌이 아니면 볼 수 없는 정보 제한 장치와 방명록과 댓글만으로 이야기하는 방식이 결국 원활한 토론의 장을 만들지 못하는 원인이 되었다. 블로그는 개인의 일상과 생각을 사진과 글로 올릴 수 있어 깊이 있는 이야기를 이끌어 내는 데는 탁월한 도구지만 타인의 목소리 보다는 자신의 생각을 중심으로 운영하게끔 설정되어 있다. 정보의 결집성은 있어도 쌍방향 소통이 이루어지는 곳은 아니다. 아고라는 한때 토론의 장으로 각광 받았으나 찬반 토론의 성격상 악플러들의 인신공격이 계속되면서 심각한 갈등의 장이 되어 버렸다.

사람들은 기존 온라인 매체의 후속작으로 등장한 트위터와 페이스북을 통해서 자신들이 하고 싶은 이야기나 알게 된 사실들을 말하기 시작했다. 또한 SNS에 올라온 이야기에 반응하고 서로 대화하며 의견을 나눈다. 많은 사람들이 조밀하게 연결되다 보니 자연스럽게 공통의 관심사가 모여 여론을 형성하는 공간이 된 것이다. SNS에서 촉발된 여론이 파급력이 큰 이유는 토론을 통해서 가공되고 다듬어진 관심사가 세상으로 흘러나오기 때문이다. 기존의 언론이 일방적으로 취재, 편집해 배포하는 기사에 반하는 여론몰이를 할 수 있고, 네티즌들의 정치나 사회를 향한 적극적인 참여로 공감대를 즐길 수 도 있다. 또한 잘못된 정보는 토론을 거치는 가운데 사라지는 자체적인 자정 작용도 한다. 한마디로 SNS에서 흐르는 정보는 그 자체가 유기체처럼 움직이고 성장하는 특징을 갖는 이유가 바로 이 때문이다.

이와 같은 정보, 소통, 토론의 본질적인 특징을 가진 SNS의 폭발적 파급력은 이미 정치 문화와 기업 문화를 바꾸어 놓고 있다. 잘 알려진 대로 버락 오바마가 민주당 대선후보 경선 당시 힐러리에 비해서 지명도, 조직력, 자금력 등 모든 면에서 열세였다. 당시 신생산업이었던 SNS는 오바마가 쥔 유일한 카드였다. 힐러리가 전통적인 선거 운동을 하는 동안 오바마는 페이스북과 마이스페이스를 통해 네티즌과 대화하였고, 실시간으로 올라오는 글에 답변을 달아주며, 유머 섞인 토론을 하면서 오바마의 팔로우어가 늘기 시작하면서 일명 오바마 네트워크라 불리는 지지 세력이 형성되었다. 마침내 오바마는 미국 최초의 흑인 대통령이 되었다. 앞으로 모든 선거는 SNS선거 시대가 될 것이다. 지금은 모든 정치인이 SNS를 잘 활용하는 능력이 요구된다. 기업들 역시 홍보를 위해 트위터나 페이스북을 사용하고 있으며, 이미 성공적인 홍보를 하는 기업들이 많이 있다. 회사 제품과 서비스에 대한 정보를 제공하고 제품과 서비스에 대해서 고객과 이야기하는 도구로 SNS를 이용하고 있다.

오프라인 세계에만 존재했던 것 중에 SNS를 사용하여 그 본질을 추구하는 분야는 교육 분야이다. 교육은 원래 선생이 가지고 있는 지식을 학생에게 전달하고, 그 지식에 대해 질문하고 답하며, 토론하면서 이루어진다. 어떻게 보면 교육이 SNS의 본질적인 특징과 가장 잘 어울리는 분야라 할 수 있다. 교육 분야에서 이루어지는 사이버학교는 SNS의 특징을 최대한 사용하여, 트위터, 페이스북, 블로그 등을 통해 학생과 소통하며 교육을 하고 있다. 학교의 재학생뿐만 아니라 일반 네티즌들도 관심하는 이슈와 공감할 수 있는 소재들을 공유할 수 있다는 점에서 사이버 학교는 시간과 공간을 초월하는 현대 교육의 새로운 장을 열 가능성이 있다고 하겠다.

## 3. SNS의 역기능

위에서 언급한 SNS의 특징은 SNS가 사회와 개인에 미치는 순기능의 역할을 정리한 것이다. 그렇다면 SNS의 역기능에 대해서도 짚어볼 필요가 있다. 사실 SNS의 장점은 곧 단점이 된다는 것을 알 수 있다. 첫째로 SNS의 역기능은 소통의 단절에 대한 가능성이다. 소통의 혁명을 가져 온 SNS가 소통의 단절을 가져온다는 것이 무슨 의미인가? 이것은 소통을 주도하는 네티즌들 사이의 소통이 부족하다는 것을 의미한다. 트위터는 특성상 스타 한 명을 중심으로 수많은 네티즌이 말을 거는 구조를 형성하게 된다. 중요한 한 사람을 팔로윙하는 사람들은 같은 성향의 지지층이 다수인 경우가 많다. 이미 SNS는 사회 전반에 걸쳐 유유상종(類類相從)의 문화를 뿌리 내리고 있는 것이 사실이다. 같은 생각을 가진 사람끼리, 같은 감정을 느끼는 사람끼리 헤쳐 모이는 것이다. 이슈화된 인물을 팔로윙하기 쉬운 이유가 바로 이런 문화 때문이다. 이런 인물을 중심으로 네티즌들은 무조건 지지와 공감을 표시하는 경우가 많다. 네티즌들 사이에서 냉철한 비판이나 대안 제시는 무시당하는 경우가 많으며, 이런 경우 안티로 돌아서서 비판하는 극단적인 양분화를 초래하기 쉽다. 즉, SNS가 또 하나의 벽을 만들 수 있다는 것이다. 공유와 소통은 언제나 분리와 불통을 전제하고 있음을 인지해야 한다.

둘째로 SNS의 역기능은 흥미 위주의 문화에 대한 것이다. 트위터에서는 재미없는 바른 말보다는 틀린 말이라도 재미있게 쓰는 글이 주목 받는다. 이모티콘을 사용해 유쾌한 분위기를 만들어 내는 사람이 환영받는 경우가 많다. 만일 어떤 정치인이나 유명 인사가 체면과 권위 의식을 버리고 이런 표현 방법으로 네티즌과 만난다면 젊은 층의 네티즌들이 신선함과 동질감을 느낄 것이다. 그러나 이것은 한 사람의 정치 수행 능력이나 기업 운영 능력과는 거리가 멀다는 것을 알아야 한다. 인기와 민심을 우선으로 생각하여 소통의 방법으로 신변잡기만 올린다면 이것은 SNS가 토론의 공론장이 되기에는 역부족이 될 수 있다. SNS의 사용자는 이러한 흥미 위주의 문화에 빠지는 것을 경계해야 한다. 이런 문화가 지속되면 세대간의 문화 차이가 고착될 수 있다. 문화적인 차이로 인하여 SNS 사용이 젊은 세대보다 뜸한 나이든 세대의 의견은 배제될 가능성이 높을 것이다.

흥미 위주의 문화가 가져오는 것이 인터넷 중독현상이다. 게임에 중독된 청소년들, 채팅에 중독된 주부들, 자살 사이트와 동반 자살을 하는 사람들, 포르노와 원조교제, 등 사회적 문제를 일으키는 현상이 인터넷을 통해 일어나고 있다. 인터넷 중독자들은 인터넷을 떠나 있으면 초조하고 불안해하며, 사이버 공간과 현실을 구분하지 못하는 착각에 빠지기도 한다. 게임이나 놀음과 같은 중독현상은 개인의 사회성을 약화시키는 것뿐만 아니라 사이버상에서만 자신의 정체성을 찾기 때문에 중독성을 더 깊게 만들어 문제의 심각성을 더 해 준다.

셋째로 SNS의 역기능은 극단적 개인주의의 부상이다. 하루만 자고 나면 급변하는 디지털 사회에서 개인은 남들과 싸워 이겨야 하는 경쟁적 환경에 던져 진다. 스스로 배우고 따라 잡지 못하면 도태되고 마는 현실이 디지털 사회이기 때문이다. 이런 사회에서 뒤처지지 않으려면 SNS에 참여해야 한다. 그리고 오프라인에서 아무런 존재 의식이 없었던 네티즌이 온라인에서 자신을 표현하므로 존재 의식을 갖게 된다. 이렇게 SNS를 통해 자기표현의 욕구를 충족시키면서 개인은 자기중심적 존재가 되어간다. 자기표현만이 옳으며, 자기 생각만이 옳다는 것을 강조하고, 자기와 같은 생각만을 좇으면서 극도의 착각과 환상에 빠질 위험이 있다. 이것은 자기애(自己愛), 즉 나르시시즘(narcissism)의 극대화라고 말할 수 있다. SNS는 이런 사회 병리적인 역기능의 위험을 해결함으로써 오히려 이타적인 문화를 형성하는 방향으로 나아가야 할 것이다.

이 외에도 SNS로 인해 일어나는 사회의 역기능이 많다. 개인정보 유출과 프라이버시 침해, 저작권 침해, 해킹, 바이러스 유포, 등 인터넷 세계의 익명성과 무한한 자유 때문에 많은 비교육적인 일들이 일어나고 있다. 문제는 이런 유해한 정보들이 청소년과 아동들에게 무방비 상태로 개방되어 있다는 것이다. 또한 트위터를 통해서 기습적 시위를 주도하는 새로운 형태의 시위를 한다든지, 테러와 범죄에 악용하는 경우가 생긴다. SNS의 본질적 특징인 정보, 소통, 대화의 유익함과 더불어 이러한 역기능적인 해로움에 대해서도 책임을 져야 한다. SNS의 역기능은 개인적인 문제와 책임인 동시에 사회적인 문제이며 책임이기 때문이다. 이런 점에서 SNS에 대한 올바른 교육이 요구된다. 현명하게 기계를 사용하는 법을 알아야 하며, 이로 인해 야기되는 윤리적 문제들을 효과적으로 방지해야 한다.

## 4. SNS의 미래와 기독교

SNS의 미래는 매우 밝다고 할 수 있다. 현재의 SNS 인프라 위에 계속하여 차별화된 콘텐츠가 개발될 것이며, 각종 서비스도 발전될 것이다. 현대원은 SNS가 미래 시장의 동력이 될 것이라고 예견한다. 수년 내에 국민의 둘 중 한명은 스마트 폰을 사용하게 될 것이라면서 SNS 산업은 방송, 통신을 망라하는 산업구조를 재편하는 그야말로 융합 산업의 동력이 되면서 디지털 생태계를 형성하게 될 것이라고 말한다.[22] 이것은 기술적 동력을 전제한 것이다. 이동통신망이 업그레이드 되면서 4세대, 5세대 통신망과 같은 기기의 진화가 이루어지는 것은 당연한 일이 될 것이다. 지금은 시작하는 신생산업이지만 조만간 나타날 스마트 TV와 IP TV의 보급은 전화, 인터넷, TV, 영화, 쇼핑, 등 모든 것을 가능하게 할 것이다.

원하는 시간대에 원하는 TV 프로와 영화를 보고 쇼핑을 하고, 필요한 정보를 취한다는 것은 소비자가 디지털 사회의 중심이 된다는 것을 의미한다. 소비자와 네티즌이 소비의 주체로서 그들이 원하는 차별화된 정보를 찾을 것이다. 또한 그들의 판단이 선택의 중심이 된다. 모든 정보를 주고받으면서 판단하는 정보의 주체가 된다는 것을 의미한다. 이 정보는 물론 기계를 사용하는 개인의 경험에서 비롯된다. 이것은 디지털 생태계가 더욱 더 개인화 된다는 것을 보여 준다. SNS의 발전은 개인주의 문화와 의식을 더 심화시킬 것이다.

한국 교회 역시 SNS를 잘 이용하고 있다. 교회 지도자나 평신도들이 개인적으로 사용하는 것 외에도 교회적으로 SNS의 특성을 잘 이용하고 있다. 인터넷 선교사는 기존의 방식과 전혀 다른 방법으로 선교의 영역을 넓힌다. 인터넷 상담을 통해서 익명을 요구하는 상담자로부터 효과적인 상담을 할 수도 있다. 인터넷 심방, 인터넷 교육과 더불어 사이버 교회와 같은 새로운 형태의 교회도 SNS의 활용 가치가 매우 높다고 할 수 있다.

---

22) 현대원, 『퍼스널 미디어: 디지털 경제의 신 승부처』 (서울: 디지털미디어리서치, 2004), 3장 퍼스널 미디어 혁명을 참조하라.

더 나아가 교회는 SNS의 역기능으로 말미암아 일어나는 제반의 부정적인 일들을 치유하는 일을 할 수 있다. 교회가 SNS에 의한 사회적 병리 현상에 대한 책임을 지는 한 분야가 될 수 있다는 것이다.

더 나아가 교회는 SNS에 의해서 발생하는 소외의 문제에 관심을 기울여야 할 것이다. 심화되어 가는 개인주의에 의해 개인은 더욱 더 사회성을 잃어 갈 것이며, 소통과 대화의 SNS 안에서 더욱 더 소외감을 느낄 수 있다. 이것은 인간성의 상실이며 존재의 의미를 상실하는 것이다. 디지털 사회가 야기하는 정체성의 혼돈과 전통의 붕괴와 같은 현상에도 교회는 일정 부분 담당할 수 있는 부분이 있을 것이다. 공동체성을 강조하는 교회의 가르침이 개인주의로 인하여 상처받은 영혼들을 치료하는 도구가 될 가능성이 있다. 결국 SNS를 통해 사람들은 자신을 찾고 표현의 욕구를 발산하고 싶어 한다. 이것은 의미의 문제이며 존재의 문제를 말하는 것이다. 사람은 의미를 추구하며 자신이 누구냐는 물음에 답을 찾고자 하는 본능을 가지고 있다. 궁극적 의미를 추구하는 교회가 SNS를 통해 인간성을 상실한 사람들에게 진정한 존재의 의미를 줄 수 있으며, 이 사회에 필요한 존재임을 각인시켜 주는 사명을 감당한다면 SNS의 미래와 함께 더 나은 사회를 형성할 수 있다고 하겠다.

## 5. 나오면서

오늘날 기독교회는 여러 종파로 나뉘어져 있다. 신학적인 차이에 의해서 대부분 구분되지만 문화적인 차이에 의해서 특정한 종파를 이루기도 한다. 현대의 모든 과학 기술을 이용하는 교회가 있는 반면에 전기조차 사용하지 않는 교파가 있다. 현대의 기술 문명을 거부하는 교단은 아미쉬 교파나, 퀘이커 교도가 있다. 그러나 대부분의 교회가 현대의 기술 문명을 이용하고 있는 것이 사실이다. 100년 전에는 기타나 드럼과 같은 악기를 사용하면 세속화된 교회라 한 적이 있지만 지금은 그렇지 않다. 교회에서 버스도 사용하고, 발전된 음향, 무대 조명, 경영 기법 등을 사용한다. 교회의 세속화는 새로운 기술 문명을 사용하는 것이 아니다. 오히려 교회의 세속화는 복음의 진리 보다 세상의 원리를 따르는 세족주의라 할 수 있다. 그러므로 기독교는 현대의 디지털 사회가 주는 도움과 편리함을 거부할 필요도 반대할 필요가 없다. 오히려 모든 사회가 갖는 불평등한 구조와 소외된 자들에 더욱 관심을 갖고 도움을 주는 것이 필요할 것이다.

오늘날 디지털 사회가 우리에게 주는 순기능은 이루 말할 수 없을 정도로 많다. 위에서 언급한 것 이외에도 디지털 사회는 우리에게 더욱 강력한 남녀평등의 사회를 보장해 준다. 사이버 세상에서는 남녀노소, 인종적, 직업별, 지역별 차별이 없기 때문이다. 뿐만 아니라 SNS를 통해서 혼합문화적 정체성을 창조한다. 디지털 세상은 전통문화라 할지라도 세상을 향하여 끊임없이 변경할 것을 주문한다. 한국 문화가 세상을 향하여 뻗어나아가려면 SNS의 효과적인 사용 없이는 불가능하다. 이를 위해서 한국의 전통 문화는 그 본질을 지키면서도 세계인의 눈높이에 맞추어 변해야 한다. 김치와 같은 음식 문화도 마찬가지이며, K-Pop과 같은 예능 문화도 같은 경우이다. SNS를 통해서 가장 한국적인 문화가 혼합문화적 정체성을 재정립하여 세계인에게 도전하고 있는 것이다.

디지털 사회를 통해서 삶의 공간이 많이 바뀌고 있고 또한 바뀔 것이다. 사람과 사람이 만나지 않아도 기계를 통해서 모든 소통과 대화가 가능한 시대가 되었다. 그럼에도 불구하고 아직도 아날로그의 세대가 존재하고 그런 공간을 필요로 한다. SNS가 아무리 발전해도 여전히 학생은 학교를 가고, 수업에 참여하고, 선생님을 바라보면서 공부하는 시대를 유지하고 있다. SNS가 사회를 변화 시키면 어디까지 변화시킬 수 있나? 정치, 경제, 사회, 문화 모든 분야에서 변화의 중심에 SNS가 서 있지만 사람이 혼자 살 수 없는 것이 바로 이 사회이다. 아무리 개인주의가 극대화되어도 이 사회가 존속하는 한 만날 사람은 만나야 하는 사회성이 요구된다. SNS에 너무 뒤떨어져서도 안 되겠지만 그것만이 인생의 전부라고 생각하는 것은 무리일 것이다. 시대를 앞서가면서도 참 된 인간성을 추구하며, 이타적인 삶을 사는 것이 오히려 삶의 의미를 가져다준다.

** 토론거리

1. 디지털 사회 안에서 SNS를 사용하는 세대와 사용하지 않는 세대 간의 격차에 대해서 의논해 보자.
2. 인터넷 중독과 같은 SNS의 역기능을 이야기 해 보고, 주위의 이러한 중독자들을 알고 있으면 서로 소개하고 그 심각성을 논의해 보자.

** 주요 읽을거리

- 현대원, 『퍼스널 미디어: 디지털 경제의 신 승부처』, 서울: 디지털미디어리서치, 2004.

# 인간배아복제

김 형 길

복제란 하나의 동물로부터 세포를 조작하여 그 세포가 자라서 정확하게 그 동물의 복사가 되도록 하는 것을 의미한다. 그리고 인간배아복제는 인간의 체세포에서 핵을 추출한 뒤에 그 핵을, 핵이 없는 무핵 난자에 이식시켜 수정시킨 후, 그것을 인공적으로 복제하거나 수정란을 분할해서 인공적으로 만든 배아를 말한다. 인간복제에 관한 문제는 비록 역사는 짧지만 최근에 가장 뜨겁게 달아오르고 있는 논쟁거리이다. 이 문제 속에는 인류가 크게 우려하고 있는 폐단들이 내재되어 있을 뿐만 아니라, 동시에 현대 과학이나 의학 분야에서 유용하게 이용할 수 있는 여러 가지 장점들이 내재되어 있기 때문에 학자들 간에는 말할 것도 없고, 국가 지도자들 간에도 뜨거운 논쟁의 주제가 되고 있다. 이 문제는 특히 윤리적인 문제와 가치관의 문제, 그리고 종교적인 문제를 야기시킨다. 그래서 혹자는 인간복제를 "선과 악을 함께 내포한 원자폭탄"과 같다고 표현한다.[23)]

여기에서 복제란 생명의 복제를 말하는데, 크게 두 가지로 구분한다. 하나는 체세포 복제이고 다른 하나는 배아복제이다. 체세포 복제는 성체의 체세포를 이용하며, 무성생식이다.[24)] 부모의 정상적인 관계에 의해서 태어난 아기의 경우 부모의 유전자가 50대 50으로 혼합되지만 복제의 경우는 거의 부모 중 한쪽의 유전자로 결정된다. 배아복제는 수정란 상태의 복제를 말하며 유성생식이다. 배아(embryo)란 정자와 난자의 수정 후 8주까지의 수정란을 말한다.[25)] 복제라 하면 과거에는 생식세포를 이용한 복제를 생각하였으나 요즘에는 체세포를 이용한 복제로 그 기술이 발전하

---

23) 황필홍 외 6인, 낙태 포르노 인간복제, 고원출판사, 1999, pp. 133-143.
24) 문시영, 생명복제에서 생명윤리로, 기독교서회, 2001. p. 58.
25) 위의 책, p. 60.

였다.[26]

복제된 인간을 원래의 인간과 비교하면, 서로 유전적인 특성만 동일할 뿐 그들의 생활방식, 경험, 환경에는 차이가 있어서 전혀 다른 사람으로 성장할 가능성이 많다.[27] 그러나 과학기술이 더 진보하여 각종 경험과 지식, 기억 등 뇌 속에 들어있는 정보들을 인큐베이터 속에서 자라나는 복제인간에게 그대로 전해 줄 수만 있다면, 탄생과 동시에 원래의 인간과 유전적, 정신적, 신체적으로 동일한, 완벽한 복제인간이 탄생하게 될지도 모른다.[28]

인간 복제는 현재 가능한 일이 아니다. 인간은 매우 복잡하기 때문에 현재 기술로서는 복제가 불가능하다. 윌머트 박사에 의하면, 복제된 배아가 출생하기까지 갈 확률은 매우 낮으며 출생까지 간다하더라도 출생 직후 죽는 경우가 많고 살아남은 경우에도 비정상적으로 크거나 결함을 가진 경우가 많다고 한다.[29] 클로네이드 사(社)가 복제에 성공했다고 발표했지만 과학자들이 거짓말이라고 몰아붙인 이유는 배아복제과정에서 배아기 이후로 더 이상 진행되지 않아서 더 이상 아기로 성장하지 않기 때문이라고 한다. 복제 소나 돼지의 경우도 복제를 위해 수천수만 번의 연구를 거듭해야만 하는데, 하물며 더욱 더 복잡한 유전자를 가진 인간을 복제한다는 것은 현재로서는 엄청난 수준의 기술을 필요로 하기 때문이다. 그렇지만 인간배아복제가 조금 지나면 인간복제로 발전하여 실현이 가능해지리라는 것은 의심할 여지가 없을 것이다.

2001년 미국의 생명공학 회사인 어드밴스트 셀 테크놀로지(ACT) 사(社)는 핵이 제거된 여성의 난자에 인간의 체세포에서 추출한 핵을 이식해서 세계 최초로 배아복제에 성공했다고 발표하였다. 이 회사는 정자와 난자 등 생식세포를 수정하지 않고 인간의 배아를 복제하였는데, 상세한 복제 과정은 다음과 같다.

---

26) 위의 책, p. 50.
27) 황필홍 외 6인, 낙태 포르노 인간복제, 고원출판사, 1999, p. 119.
28) 위의 책, p. 120, 125.
29) 문시영, 생명복제에서 생명윤리로, 기독교서회, 2001. p. 58.

먼저 성숙한 난자에 영양을 공급하는 난구(卵丘)[30] 세포로부터 핵을 떼어낸 뒤, 이 떼어낸 핵을 핵이 제거된 다른 사람의 난자(기증된 난자)에 이식해 핵융합 반응을 일으키는 방법으로 배아를 복제하였다. 이 기술을 응용해 배아 줄기세포 연구로 발전시키면 간이나 뼈, 신경, 심장 등 각종 장기를 생산할 수 있다. 그리고 이 복제배아를 여성의 자궁에 착상시키면 복제인간의 탄생이 가능해진다.

생물체에서 체세포를 채취해 배양 처리한 후 이 세포를 핵이 제거된 난자에 주입하여 세포를 융합시키는 과정을 체세포의 핵 이식 과정이라고 한다. 이처럼 체세포 핵이 이식 된 융합난자를 인큐베이터에서 배양하면 정상적으로 정자와 난자가 결합된 것처럼 세포가 2, 4, 8, 16개로 분할되는 과정을 거치게 된다. 수정한지 14일이 안된 배아는 척추, 내장 등 신체기관이 발생하지 않은 채 무한 세포분열을 거듭한다. 그러다가 14일이 지나면 척추로 자라는 원시선(Primitive Streak)이 생기는 등 태아의 단계로 성장해 간다.

이러한 복제기술을 이용하면 체세포만으로도 자신과 닮은 개체를 만들어 낼 수 있기 때문에 이론적으로는 복제인간의 탄생도 가능하다고 보고 있다. 2001년 9월까지 전 세계적으로 동물복제의 몇 가지 성공사례가 있었다. 1997년 영국 로슬린 연구소는 다 성장한 양의 체세포를 복제해 '돌리' 양을 탄생시켰고, 그 후 영국과 미국, 일본, 뉴질랜드에 이어 서울대학교 수의학과 황우석(黃禹錫) 교수팀이 체세포를 이용해 복제 젖소 '영롱이'를 탄생시켰다. 그렇지만 인간배아복제는 연구 단계에만 머물러 있을 뿐 성공하지는 못하였다.

인간 복제는 현재 가능한 일이 아니지만, 머지않은 장래에 실현이 가능해질 전망이다. 그렇다면 그 때의 상황에 적용할 수 있는 법이 있어야만 할 것이다. 인간복제를 금지해야 할까? 아니면 이용해야 할까? 만약에 금지해야만 한다면, 과연 무엇을 금지해야 할까? 인간 전체의 복제를 금지해야 할까? 아니면 인간의 일부분의 복제까지도 금지해야 할까? ACT

30) 난자가 성숙해 가는 중간단계의 구조

사(社)가 인간배아 복제에 성공한 이후, 미국 정부에서도 "소중한 생명을 파괴하기 위해 또 다른 생명을 배양해서는 안 된다"는 입장을 밝혔고, 영국에서는 배아복제를 자궁에 착상시킬 경우 최고 10년형에 처할 수 있도록 하는 긴급 입법안을 발표하는 등 대부분의 선진국에서는 복제를 금지하는 쪽으로 기울어지고 있다.

배아복제와 배아줄기세포는 다르다. 배아복제는 복제의 기술을 말하는 것이고, 배아줄기세포는 배아로 혹은 다른 여러 가지 세포로 발전할 수 있는 세포의 종류를 말하는 것이다. 즉 줄기세포는 배아가 세포분열을 시작해 간이나 심장 등 구체적인 장기를 형성하기 직전 단계의 세포이다. 배아 복제는 바로 이런 줄기세포를 만들 수 있다는 것을 의미한다. 줄기세포(Stem Cell)는 특정 장기로 분화되기 전단계의 배아기의 세포를 가리키는 데, 이 세포는 심장이나 신장, 간, 혈액, 신경 등 인간의 온갖 장기와 신체 조직으로 발전할 가능성을 갖고 있기 때문에, '만능세포'라고 부르기도 한다. 말하자면, 인공적인 통제를 통해서 심장이나 신장, 골수 등 필요한 줄기세포 부분을 집중 배양한 후, 그 부분만을 적출하여 장기이식 등 환자의 치료에 사용하는 것이다. 현재 백혈병이나 파킨슨병, 당뇨병 등에 걸린 환자에게 장애가 생긴 세포를 대체할 수 있는 정상 세포를 외부에서 배양, 주입하여 치료하려는 시도가 이루어지고 있다.

인간 배아복제 문제를 얘기할 때 가장 논란이 되는 것은 "생명의 시작이 어느 시점에서부터인가"에 있다. 수정 후 14일이 안된 배아는 척추, 내장 등 신체기관이 발생하지 않은 채 무한세포분열을 거듭한다. 그러다가 14일이 지나면 척추로 자라는 원시선(Primitive Streak)이 생기는 등 태아의 단계로 발전해 간다. 과학자들은 수정 후 14일까지의 배아는 아직 인간체가 아닌 세포덩어리에 불과하기 때문에 체세포를 이용하여 배아를 만들고 그로부터 줄기세포를 추출하는데는 윤리적으로 아무런 문제가 없다고 주장한다. 그러나 종교계는 수정란이 만들어지는 순간 생명체가 탄생한 것이므로 원시선이 있든 없든 인간의 생명체로 보아야 한다는 입장을 가진다. 즉 배아에 손을 대는 것은 엄연히 생명체의 존엄성을 파괴하는 행위라고 주장한다.

여기에서 잠시 우리는 인간배아복제에 관한 이해를 돕기 위해서, 그에 관한 연구들이 어떻게 발전해 왔는지를 보여주는 몇 가지 역사적 기록들을 살펴보기로 하자.

1) 1935년 노벨생리의학상을 수상했던 독일의 한스 스페만은 "생명체를 탄생시키는 데 필요한 모든 정보는 핵 속에 들어 있으며, 세포핵을 떼어내어 난자에 이식하면 새로운 생명체를 얻을 수 있을 것이다." 라는 핵 치환법을 발표하였다.

2) 1962년 영국의 고든은 "개구리의 내장세포에서 얻은 핵을 난자에 이식하는데 성공했고, 이렇게 발생시킨 개구리 수정란은 올챙이로까지 성장했다"고 발표했다. [31]

3) 1993년 미국 조지 워싱턴대학 메디컬 센터의 스틸만과 할 박사 연구팀은 일란성 쌍둥이가 생겨나는 원리를 이용하여 인간배아의 증식기법을 고안하였다. 그것은 발생 초기 단계에 있는 배자의 분할소구를 분리한 다음 이들 각각을 새로운 개체로 발생시키는 방법이었다.[32]

4) 인간복제란 용어가 1993년 10월 24일자 뉴욕 타임즈에서 처음으로 사용되었다. 그 의미는 "정자와 난자가 수정된 후 태아로 발육되기 전 상태에 있는 인간배아세포를 복제하여 그것을 정상적 과정으로 발생시켜 동일한 유전자를 가진 인간으로 출산해 내는 것"이었다. [33]

5) 1995년 서울대 수의학과의 황우석 교수팀은 수정란의 핵을 미수정란

---

31) 문시영, 생명복제에서 생명윤리로, 기독교서회, 2001. p. 121.
32) 위의 책, p. 122.
33) 위의 책, p. 119.

에 이식하여 슈퍼 젖소를 만들어내었고, 고급육을 제공할 수 있는 송아지를 복제하여 생산하였다. 1998년에 한국의 생명공학 연구소의 이경광, 유옥준 박사팀은 동물복제 기술로 사람의 유전자를 이식하여 모유성분을 함유한 우유를 생산할 수 있는 젖소 보람이를 개발하였다. 이와 같은 일련의 연구들은 생명체 자체를 복제하는 것이 아니라 인간이나 동물이 가진 유전정보의 일부를 복제하여 인위적으로 인간복제 혹은 동물복제를 얻어내는 것이었다.[34]

6) 1997년 2월 27일, 네이쳐(Nature) 지에 실린 기사는 전 인류의 관심을 끌었다. 기사 내용은 "1996년 7월 5일 영국의 로슬린 연구소에서 세계 최초로 체세포의 유전정보를 이용하여 복제양 돌리를 탄생시키는데 성공하였고 생후 7개월 째 잘 자라고 있다"는 것이었다.

7) 1997년 3월, 미국의 울프 박사는 8개의 분할소구 상태인 원숭이의 배자로부터 8개의 수정란을 생산하여 원숭이를 출산시키는데 성공했다.[35]

8) 1997년 3월 9일, 영국의 선데이 타임즈에 다음과 같은 기사가 보도되었다. "1993년 벨기에의 반 헬몬트 병원에서 한 30대 여성의 임신 가능성을 높이기 위한 방법을 시술하던 중 우연히 복제 인간이 만들어졌으며, 이 때 태어난 네 살짜리 남자 아이가 부모 쌍둥이 형제와 함께 벨기에 남부지역에 살고 있다."[36]

9) 1997년 4월, 미국 케이스웨스턴 리지브대학 윌라드 박사팀은 유전물질인 DNA를 담고 있는 염색체를 인공적으로 합성하는데 성공하여 생명체 조작의 길을 열었다. 이에 따라 우량유전자를 삽입한 인조염색체를 설계하고 조작하여 키, 지능 등을 인위적으로 조작하는 것이 가능해졌

34) 위의 책, pp. 126-127.
35) 위의 책, p. 122.
36) 위의 책, p. 128.

다.[37)]

10) 우리나라 보건복지부에서 1997년 4월 21일, "돌연변이 생물체의 생태계 전파와 확산에 따른 생물학적 위험성과 환경에 미치는 악영향, 윤리적 문제발생 등을 방지하기 위한 유전자재조합 실험지침"을 발표하였다. 그 속에는 '인간의 존엄성을 해치는 결과를 가져올 수 있는 실험금지'와 같은 윤리규정이 담겨있다.

11) 1997년 10월 영국 바스대학의 슬랙 교수는 "개구리 배아의 유전자를 조작하여 원하는 대로 특정부위의 발달을 막는 기술을 개발, 머리 없는 올챙이를 만드는 데 성공하였다"고 발표하였다. 이 내용을 바탕으로 선데이 타임즈에서는 "인간복제 기술과 유전자 조작기술의 결합으로 인간이 필요로 하는 신체 부위만을 인공적으로 배양, 생산해 낼 수 있는 길이 열리고 있다"고 보도했다.[38)]

12) 미국 국립보건원에서는 1997년 10월부터 1998년 8월까지 프랑켄슈타인 전시장을 개장하였다. 프랑켄슈타인은 현대의 인조인간이 인류를 어떻게 파멸시키는가를 보여주는 상징적 인물로 선택된 캐릭터였다.[39)]

13) 1998년 2월 11일, 미국 상원에서 복제를 영구 금지하려는 법안을 국회에 상정하기 위한 투표에서 54 대 42 로 부결되는 일이 일어났다. 반대의견에 따르면, "과학과 의학의 발전을 위해서는 실험실 내에서의 제한적 연구를 허용해야 하며, 인간복제기술을 전면 불허할 경우 복제기술로 치료가 가능해질 수도 있는 암, 알츠하이머병, 당뇨병 등의 치료법 개발이 지연될 것" 이라고 한다.[40)]

---

37) 영화 "닥터 모로의 DNA." 를 참조.
38) 문시영, 생명복제에서 생명윤리로, 기독교서회, 2001. p. 129.
39) 위의 책, p. 130.
40) 위의 책, p. 131.

14) 1998년 5월, 미국 클리블랜드 케이스 웨스턴 리저브대학의 로버트 화이트는 원숭이의 머리를 교환하는 수술에 성공하였다

15) 미국의 ACT(Advanced Cell Technology) 사(社)와 메사추세츠 대학 연구팀은 1998년 11월 11일, 인간과 소의 세포를 융합시켜 자라게 하는 기술을 개발했다. 이 기술은 상상에서만 가능하던 해괴한 동물의 탄생이 현실로 나타나면서 창조의 질서를 파괴한다는 비판을 받았다.

16) 1998년 12월 11일, 미국 로버트 워터스턴과 영국의 존 설스턴이 케노합디티스 엘리건스의 약 9천 7백만개 DNA 염기쌍을 완전 해독하는데 성공하여 최초로 다세포 동물 유전자 구조를 해독하였다.[41)]

17) 미국의 사이비 종교단체인 라엘리언 협회는 'ET' 영화와 뉴에이지 운동과도 관련이 있는데, 인간복제 서비스 업체인 '베일런트 벤처'를 설립하여 20만 달러만 내면 인간의 유전자를 복제해 '클로네이드'란 이름을 가진 자신과 똑같은 복제인간을 만들어 주겠다고 발표하였다. 이 협회 소속인 프랑스의 여성 과학자 브리지트 브아셀리 박사는 2002년 12월 26일 인간의 체세포 핵을 30대 여성의 난자에 이식하여 복제 여아를 출생했다고 발표하였다.[42)]

배아복제 문제는 인간 배아복제가 성공되기 이전부터 배아복제를 찬성하는 쪽과 반대하는 쪽으로 갈라져 많은 논쟁을 불러일으키면서 세계적인 관심을 모아왔다. 그에 대한 세계 각국의 반응은 대체로 반대쪽으로 기울고 있는 추세다. 2001년 3월 유럽회의(EC) 41개 회원국 가운데 과반수인 24개국에서 이미 "배아 분리, 세포핵 이식 및 기타 기술을 통한 인

41) 위의 책, p. 132.
42) 위의 책, p.129.

간복제를 금지하되, 오로지 연구 목적으로 세포나 조직을 복제하는 경우에만 엄격한 조건 아래 허용하는 것"을 주요 내용으로 하는 '인간복제금지협정'에 비준하였다.

## 복제찬성론

먼저 찬성론자들의 주장은 다음과 같다. 생명복제 기술의 발전은 의약품 개발, 장기이식, 질병치료, 식량난 해결 등의 문제를 해결할 수 있는 매우 유용한 기술일 뿐만 아니라, 멸종 단계에 들어가 있는 생명체 혹은 종족을 보전할 수 있는 유일한 방법이기도하다.[43] 미국 메사추세츠 대학의 제임스 로블과 유전공학회사인 ACT 사(社)의 스티븐 스타이스는 보스턴에서 열린 국제배아이식학회에서 "인간 유전자를 이식한 복제송아지 두 마리를 탄생시켰으며, 이를 이용하여 인간에게 이식 가능한 세포를 만들어내는 것이 가능해짐으로써 알츠하이머 병과 같은 불치병을 치료하는데 도움이 될 것"이라고 발표했다.[44]

배아복제기술을 이용해서 배아 줄기세포 연구에 성공하게 되면, 인간의 각종 장기를 이식하는 일이 가능하게 되고, 가장 큰 문제가 되고 있는 질병들, 즉 에이즈, 파킨슨 병 등 난치병 치료에도 효과적으로 이용할 수 있을 것이다. 그 밖에도 불임과 유전병의 치료도 가능해질 전망이다. 그러므로 "인간 배아복제는 두려움의 대상이 아니라 오히려 인간의 생명을 연장시켜주는 행복의 방법이다. 그리고 멸종 위기에 처해있는 동물을 구제하는 방법이 될 수도 있다. 시베리아 호랑이나 중국의 팬더 등은 현재 멸종 위기에 처해 있고 앞으로도 많은 동물 종들이 그렇게 될 것으로 예상된다. 특히 팬더와 같은 어떤 동물들은 동물원에서도 교배를 시키기가 무척 까다롭기 때문에 자칫하면 후손을 얻지 못할 수도 있다. 그러나 복제 기술을 사용한다면 멸종 위기에 처한 동물 종들을 대량으로 번식시키고 보전할 수가 있다.

---

43) 황필홍 외 6인, 낙태 포르노 인간복제, 고원출판사, 1999, p. 126.
44) 위의 책, p. 131.

뿐만 아니라, 복제양 돌리를 만들었던 윌머트는 영국 하원의 청문회에서 그의 돌리양의 연구 목적은 "우량가축을 공장에서와 같이 대량생산하여 인류에게 요구되는 영양분을 지닌 식량을 공급하고 질병치료에 이용될 의약품을 개발하기 위한 것"이라고 대답했다.[45] 미국의 젠자임 트랜스제닉 사(社)에서는 사람의 혈액응고 억제 단백질을 함유한 염소를 생산하는데 성공하였고, 윌머트에게 연구비를 제공했던 PPL 사(社)에서는 신생아에게 필요한 아미노산이 포함된 우유를 생산할 수 있는 젖소를 개발하였으며, 영국과 일본에서는 돼지를 이용하여 장기이식 수술에서 거부반응을 일으키지 않는 심장이나 콩팥을 만드는 연구를 진행하고 있다.[46]

인간의 장기 이식술은 불치, 난치의 질환을 치료하는 확실한 수단으로 수십 년 전부터 사용되어 이제는 일반 치료술로 인정받고 있으며 생명을 살리는 중요한 수단이 되고 있다. 그러나 현실적인 문제로 장기 공급원이 절대적으로 부족하지만 이를 해결할 만족스런 방법은 없는 형편이다. 장기 부족 문제를 해결하는데는 의, 공학적 접근법에 의한 인공장기의 개발과 형질 전환 동물의 생산 등이 있다. 일반적으로 돼지 등 이종 동물의 장기를 이식하면 이종항원에 의한 거부반응이 일어나 이식에 실패하게 된다. 따라서 문제가 되는 이종 항원을 유전자 조작 기법으로 사전에 파괴하거나, 이식 후 인간 면역 세포와 반응하는 장기 세포의 반응도를 떨어뜨리는 유전자를 주입하거나 해서 인간에게 이식해도 별 문제가 없는 형질 전환 동물을 만들 수 있다. 마찬가지로 이렇게 만든 동물을 체세포 복제 기법으로 복제한다면 많은 수의 이식 가능한 장기를 손쉽게 얻을 수 있을 것이다.

현재 많은 사람들의 치료에 이용되는 인슐린이나 성장 호르몬은 인체 유전자를 복제하여 얻어진 것이다. 만약에 인간의 신체 중 일부의 복제가 허용된다면, 인간 전체를 복제하여 그의 신체의 일부를 이식하는 것이 왜 허용되지 않겠는가? 인간의 목 위로는 복제해서는 안 되고 목 아래로만

45) 위의 책, p. 126.
46) 위의 책, p. 126.

복제하는 것이 허용되어야 할까? 소뇌를 다친 사람의 경우 복제를 금지해야 할까? 인간의 생명이 대뇌에 있다면, 대뇌를 다쳐서 대뇌복제가 필요한 사람에게는 복제를 금지해야 할까?

## 복제반대론

그에 반해서, 반대론자들의 반대 근거로는 인간의 존엄성 문제와 윤리문제, 그리고 종교적인 이유가 있다. 간이나 신장, 또는 심장이나 각막, 췌장 등의 장기이식을 목적으로 인간을 복제한다는 것은 인간의 존엄성에 대한 심각한 도전이요 훼손이 될 것이다.[47] 만일에 복제인간이 태어났다면, 그도 역시 하나의 인간임에 틀림없을 것이다. 그는 인간의 대체품이거나 소유물은 결코 아닐 것이다. 한 사람의 불치병 환자를 고치기 위해서 복제된 인간을 마치 공장의 부품처럼 취급할 가능성도 있을 것이다. 인간의 생명이 복제에 의해 얻어질 수 있는 것이라면, 그것은 존귀한 것이라기보다는 쉽게 얻을 수 있는 하나의 물건처럼 상품화 될 수도 있을 것이다. 또 한 가지는 우수한 유전자를 가진 복제 인간을 대량으로 만들어 인간을 개조하려는 욕망에 이용될 수도 있을 것이다. 복제 인간을 만들어 생체 실험 재료로 사용하는 끔찍한 일이 벌어질 수도 있다. 머지않아서 사람들은 시험관 아기나 복제 아이를 사고팔게 될지도 모른다. 100만원, 10만원, 1만원 등 정자은행이나 복제은행에 저장된 아기를 선택하기만 하면 되는 일이 벌어질지도 모른다.[48]

복제 인간이 태어날 경우, 돈 있는 사람들은 복제 인간을 만들어 자신의 녹슨 장기를 새로운 장기로 이식하여 자신의 수명을 늘리려는 노력을 할 수도 있을 것이다. 그렇게 되면, 경제적 능력의 유무에 따라서 생명의 연장 정도가 결정되어 질 것이다. 그러다가 복제 기술을 통해 만들어진 인간에게 돌연변이가 생긴다면, 그래서 기괴한 괴물이 태어난다면 누가 그의 인생을 책임질 것인가? 남아를 선호하는 우리나라에서 인간 복제가

47) 위의 책, p. 196.
48) 위의 책, p. 161.

본격적으로 허용된다면 우리 사회는 남자들로 가득 차는 기이한 현상이 나타날 것이다. 그리고 복제 인간과 정상적으로 출생한 인간 사이에 촌수 관계로 사회의 질서가 혼란스러워질 우려가 있다. 만약 40세의 한 인간으로부터 복제 인간이 탄생하였을 때 이 사람의 배우자와 복제 인간과의 관계, 그리고 이 사람의 자식과 복제 인간과의 관계를 어떻게 설정할 수 있겠는가? 예를 들어서, 남편보다 우수한 아버지의 체세포에서 얻은 유전자를 아내의 난자에 이식시켜 아이를 출생했을 경우, 부모는 그 아이를 어떻게 불러야 할까? 남편은 병약한 형 대신 자신의 체세포에서 얻은 핵을 형수의 난자에 이식시켜 출생했을 경우, 아내는 그 아이를 어떻게 받아들여야 할까? 이러한 수많은 문제들은 인간사회를 혼란에 빠뜨리고, 사회적 관습과 전통을 파괴하며, 새로운 출생 방식으로 인한 세계 질서의 변화에 인류는 어떻게 적응해 가야 할까?

생물학적으로 아버지나 어머니가 없는 복제 인간의 인간성은 어떠한 성격의 것이 될 것인가? 정상적인 생식 과정을 거쳐 태어난 생명체는 유전자의 교환으로 인해 다양한 자손이 출생하기 때문에, 환경적 변화에 대한 적응력이 강하므로 종의 멸망을 막을 수 있으나 복제된 클론들은 획일적이어서 특정한 질병에 약하여 떼죽음을 당할 가능성도 배제할 수 없을 것이다. 인간 복제가 가져 올 또 하나의 큰 문제는 인간 개개인의 개성 파괴이다.[49] 현재 가능한 인간복제는 동일한 유전형질을 가진 개체로서 생긴 모습은 동일하지만 생활양식은 다른, 일란성 쌍둥이와 유사한 정도이다.[50]

그 보다 더 중요한 문제는 생명윤리에 관한 것이다. 복제에 필요한 배아를 얻기 위해서 부득이 한 사람의 생명이 될 수 있는 배아를 파괴해야만 한다. 줄기세포는 장기생산, 난치병 치료 등을 가능케 할 모든 조직으로 성장할 수 있는 만능세포이면서 죽지 않고 세포분화를 거듭하는 불멸의 세포이다. 그러나 줄기세포의 추출을 위해서 일단 배아를 죽여야 한다

49) 위의 책, 서론.
50) 위의 책, p. 118.

는 점에서 윤리적 논란이 크다.[51] 문제는 이 배아를 생명으로 보느냐 아니냐에 따라서 의견이 갈라진다는 점이다. 배아복제를 찬성하는 측에서는 세균 배양용 접시 속에서 난자와 정자가 결합하는 것을 놓고 과연 생명체라고 주장할 수 있는지 반문하는 반면, 종교단체 등 반대하는 측에서는 배아가 자궁에 이식되는 순간부터 생명체로 보기 때문에 배아복제는 엄연한 살인 행위라는 것이다.

인간배아복제를 어느 시점부터 허용할 것인가? 배아를 인간으로 인정할 것인가?

배아의 지위에 대한 논란은 세가지 입장으로 정리된다. 첫째로, 배아를 세포 덩어리로 보려는 입장이다. 그럴 경우 부모의 동의만 얻으면 마음대로 연구가 가능하다. 둘째로, 배아를 잠재적 인간으로 보려는 입장이다. 그럴 경우 배아를 보호해야 하며 연구도 허용할 수 있다. 셋째로, 배아를 인간으로 보려는 입장이다. 그럴 경우 배아 연구 자체가 금지된다.[52]

반대론 중에서도 가장 우려할만한 것은 어느 정부가 불순한 의도를 지니고 있을 경우다. 그 정부는 기술을 선점하여 경제적 가치를 계산하고 국제적으로 이용하려고 할지도 모른다.[53] 인간복제의 폐단을 가장 잘 지적한 영화는 1995년에 제작된 "져지 드레드(Judge Dredd)"이다. 그 내용은 세계 지배의 야심을 품은 악당이 유전자 결합에 의해 자신과 똑같은 복제 인간을 만들어낸다는 내용이다.[54]

생물학, 유전학, 해부학으로는 인간들 사이에서 이루어지는 애정관계와 성 관계가 어떻게 해서 정신적 만족과 즐거움과 행복을 주는지 설명하지 못한다. 아무리 과학이 발달한다 할지라도 우수한 복제인간의 제조를 통해서 인간관계가 주는 정신적 만족과 행복감을 대신해 줄 수 없을 것이다.[55] 행복은 결코 유전자 조작에 의해서 획득되지 않는다. 인간 존

---

51) 문시영, 생명복제에서 생명윤리로, 기독교서회, 2001. p. 58.
52) 위의 책, p. 62.
53) 위의 책, p. 65.
54) 황필홍 외 6인, 낙태 포르노 인간복제, 고원출판사, 1999, p. 낙포인 125.
55) 위의 책, p. 181.

엄성의 손상, 인간 복제의 악용과 생명신비의 말살, 복제인간의 대량생산으로 인한 가정의 붕괴와 세계 질서의 혼란은 결코 소홀히 생각할 수 없는 중대사다.[56] 인간의 정체는 무엇인가? 그는 단순한 생물학적 존재에 불과한가? 아니면 육체와 함께 영혼을 가진 영적 존재인가? 현대의 인간들에게 제기되는 의문들, 즉 어떻게 사는 것이 올바르게 사는 것인가? 삶의 의미는 무엇인가? 행복이란 무엇인가?[57] 인간에게는 생리적 욕구만이 아닌 사랑의 욕구가 있다. 사랑의 시련 때문에 자살하는 일은 있으나 배고파서 자살하는 일은 없다. 행복은 다른 사람과의 정신적 교류에서 얻어지는 것이지, 유전자 조작을 통한 초능력 인간을 만드는 데서 얻어지지 않는다.[58]

태아가 태내에서 생활하는 동안에, 어머니가 태아에게 품은 부정적인 무의식적 사고, 즉 태아에 대한 피해 망상적 사고라든지, 태아를 갖는 것에 대한 거부감 등은 태아에게 심각한 상처를 주게 된다. 임신 중의 환경적 요인은 유전자적 요인과는 분명히 다른 것이다.[59] 인간은 개인과 환경의 상호의존과 상호작용 속에서 성장한다. 비록 우수한 유전인자를 지닌 복제인간이 태어났다 하더라도 환경의 영향에 따라 정신 장애아나 또는 성격장애아가 되어 저능아로 성장할 수도 있다. 아무리 월등한 지능의 유전인자를 가졌다 하더라도 적절한 교육을 받지 않으면 사장되고 만다. 프랑스에서는 어떤 사생아를 외부의 접촉 없이 지하에 가두어 키운 사건이 발생했다. 그 아이는 8세가 될 때까지도 말을 못했고 지능지수도 동물 수준을 넘지 못했다.[60]

그러므로, 좋은 엄마는 아기와 아주 밀접하게 일체가 되고 아기의 필요에 전적으로 순응하는 엄마다. 좋지 않은 엄마는 아기가 필요로 하는 것들에 전반적으로 일체화 되는 능력을 갖고 있지 못한 엄마다. 좋지 않은 엄마는 예측할 수 없는, 믿을 수 없는 엄마다. 그리고 아기의 욕구를 충

---

56) 위의 책, p. 152.
57) 위의 책, pp. 153-154.
58) 위의 책, pp. 154-155.
59) 위의 책, pp. 156-157.
60) 위의 책, p. 181.

족시켜주지 않는 엄마다.61) 인간의 정신발달, 즉 인격의 발달은 유전인자가 결정하는 것이 아니라 애정 충동의 정신 에너지인 리비도와 그것의 매카니즘이 결정한다. 우리가 탄생하기 위해서 우리 조상들은 셀 수 없이 많은 오르가즘을 통한 결합의 축제를 가졌었다.62) 태아의 상징적 의미 놀이는 부모의 리비도에 결합된 상징적 의미 놀이에 태아가 참여하는 방식으로 진행된다. 그때 이미 어머니의 리비도적 감정들, 즉 마음이 안정적인 상태인지, 아니면 불안한 상태인지에 따라 그 영향이 태아에게 미친다. 태아는 어머니의 리비도 감정들과 교류하면서 미래에 인간이 될 준비를 한다. 만약에 부모가 태아에 대한 리비도적 애정이 없는 경우에 아이에겐 어머니의 리비도적 상징의 감정이 쪼개져 분열을 겪게 된다. 우리는 정신질환을 앓고 있는 아이에게서 이것을 확인할 수 있다. 유전자 조작을 통한 인간복제나 인공수정으로 태어난 아이의 경우, 부모 중 어느 한 사람의 마음속에 무의식적으로 "이 아이는 내 아이가 아니다"라는 생각이 따라다님으로서 아이에게 심각한 정신적 상처를 줄 수 있다. 아버지에게 인정받지 못하는 아이는 어머니와의 상징적 근친상간의 포로가 된다. 반면 어머니에게 인정받지 못한 아이는 아버지와의 상징적 근친상간의 포로가 된다.63)

인간복제실험은 인간의 자유를 증대시키고 개인의 해방을 가져오는 것 같지만, 다른 한편으로는 지금까지 내려온 전통가치와 전통권위를 비현실적인 것으로 취급하고 평가 절하한다. 그 결과 지식은 급격히 성장하지만, 그것을 이해하고 담아 줄 정서와 인격의 성숙이 뒷받침되지 못하므로 인해 많은 혼란과 콤플렉스가 초래된다. 그것이 개인의 질병을 낳고 사회 병리를 낳는다. 그러므로 현대 사회의 양적팽창과 지적성장에 상응하는 감성과 인격의 성숙이 절대로 필요하다.64) 인간은 유전자나 유전자의 복제를 통해서가 아니라 다른 사람과의 감각과 느낌의 교환을 통해서

---

61) 위의 책, pp. 170-180.
62) 위의 책, p. 160.
63) 위의 책, p. 158.
64) 위의 책, p. 182.

행복을 맛보는 존재다.[65] 돌리양 복제 이후, 한국의 3대 종단에서는 인간 배아복제에 대한 적극적인 반대 의사를 표명했다.[66]

만일 어떤 사람이 우수종의 복제에 관계한다면, 그는 우생학에 빠지는 것이며, 그것은 사람을 차별하는 것이다.[67] 따라서 복제 인간의 창조는 인간 존엄성에 관한 도덕원칙에 위배되는 것이다.(칸트)[68] 유전자 복제에 의한 생물, 즉 클론(Clone)은 한쪽 유전자만을 똑같이 갖게 되어 이들 서로 간에는 똑같은 형태와 성질을 갖게 된다.[69] 그럴 경우 다양한 유전자 형질이 없어지게 되어 인간에 대한 정의 자체가 달라져야 하며 개인성, 개별성, 차별성뿐만 아니라, 개성의 부재가 초래될 수 있다.[70] 그러므로 인간 복제는 개개의 인간성 파괴라고 볼 수도 있을 것이다.[71]

오늘날 과학은 유전자 조작에 의해서 아이에게 불필요한 정신적 상처를 입힌다. 인간을 생물학적 신체라는 가정 하에 숫자로 계산하고, 무게를 재며, 각종 기계를 사용하여 검사하고 측정하고, 실험하고 해부하는 등, '육체-사물'인 인간을 온갖 기계, 기제, 기구를 가지고 조사한다.[72] 그러다가 언젠가는 복제인간이라는 엄청난 괴물이 탄생하게 될지도 모른다.[73]

1997년 11월 11일 유엔교육과학문화기구(UNESCO)는 인간의 유전인자 게놈(Genome)을 비윤리적인 목적으로 이용하는 것을 막기 위한 인간 게놈과 인간권리에 관한 보편선언을 채택함으로써 인간복제는 결코 허용될 수 없음을 천명하였다.[74] 미국 Denver에서의 G-8 정상회의에서도 지도자들은 한결같이 인간복제 금지를 강력히 촉구하였다.[75] TIME 지(紙)와

65) 위의 책, p. 182.
66) 위의 책, pp. 127-128.
67) 위의 책, p. 197.
68) 위의 책, p. 197.
69) 위의 책, p. 200.
70) 위의 책, p. 201.
71) 위의 책, p. 203.
72) 위의 책, p. 162.
73) 위의 책, p. 162.
74) 위의 책, p. 188.
75) 위의 책, p. 189.

CNN 방송의 여론조사 결과에 따르면 미합중국 국민의 약 75%가 인간복제를 신의 의사를 거스르는 인간의 잘못된 도전이라고 생각하는 것으로 나타났다.[76)]

## 선용과 악용

여기에서 우리가 생각해 볼 문제는 과학과 윤리의 관계다. 즉 과학과 윤리의 관계는 대립적인 것인가? 그리고 과학과 종교의 관계는 어떠한가? 그 보다는 오히려 이렇게 질문하는 것이 더 좋을 것이다. 과학과 윤리와 종교의 바람직한 관계는 어떤 것인가?[77)] 과학기술은 본질적으로 중립적이다. 인간이 그것을 선용하면 약이 되고 악용하면 악이 된다.[78)]

과거에 체외수정, 시험관 아기를 신에 대한 모독이라고 비난했었으나 지금은 오히려 반대론자들의 의견이 소수가 되어버렸다. 그렇다면 인간복제도 그렇게 되어 질 것인가? 어느 특정인과 동일한 개체를 복제하는 것에 반대할 뿐, 그 특정인과 유전형질이 약간 다른 복제에는 찬성할 것인가? 그 특정인의 신체 전체를 복제하는 것에는 반대하고, 그의 팔이나 다리 등 어느 신체 일부를 복제하는 것에는 찬성할 것인가? 복제기술의 선용과 악용, 그리고 그에 따른 가치관의 혼란은 현대인들에게 끊임없는 논쟁의 불씨가 되고 있다.[79)] 생명복제와 인간 존엄의 관계는 어떻게 설명되어야 하는 것인지, 그리고 한걸음 더 나아가 생명복제와 창조질서의 문제는 어떻게 설정되어야 하는지 등에 관한 좀 더 철학적이고 신학적인 성찰이 우리에게 필요하다.[80)]

---

76) 위의 책, p. 189.
77) 문시영, 생명복제에서 생명윤리로, 기독교서회, 2001. p. 20.
78) 황필홍 외 6인, 낙태 포르노 인간복제, 고원출판사, 1999, p. 199.
79) 위의 책, pp. 133-143.
80) 문시영, 생명복제에서 생명윤리로, 기독교서회, 2001. p. 16.

## 성서적 입장

현재의 인류는 미래의 인류를 위해 어떻게 판단해야 하는가? 오늘날 인류가 당면하고 있는 문제들은 그 해결 방향이 어떻게 전개되느냐에 따라서 미래의 인류의 삶의 방향이 결정될 수도 있을 것이다. 인간복제를 "금지해야 한다." 혹은 "이용해야 한다."라는 두 가지 입장 사이에서 성경은 우리에게 분명한 해답을 주지 않는다. 오히려 두 가지 입장들 모두가 성경구절을 인용하면서 자기주장의 논거를 삼고 있다. 창세기에서 아담이 아내 하와를 보고 외쳤던 탄성, "당신은 나의 뼈 중의 뼈요, 살 중의 살이다"에 대한 두 가지의 상반된 해석이 있다. 하나는, "하나님은 인간복제를 허락하셨다"라는 것이고, 다른 하나는 "인간복제는 하나님의 능력에 대한 인간의 도전이다"라는 것이다.[81)]

우리가 보기에, 기독교의 입장은 무엇보다도 생명의 탄생에 그 초점이 있는 것으로 보인다. 복제는 말 그대로 복제일 뿐이지, 결코 창조는 아니다. 그러므로 생명이 탄생되는 순간에 이미 그 생명은 보호를 받아야만 한다는 것이다. 그것이 하나님의 창조 질서를 존중하는 것이다. "살인하지 말라"(신명기 5:17) 라는 하나님의 명령은 수태된 생명을 해치는 것이건, 어느 환자의 생명을 살리기 위해 복제된 또 다른 어느 인간의 생명을 해치는 것이건, 모두 동일하게 적용되어야만 한다는 것이다.

복음서 기자들에 의하면, 그리스도는 영과 육을 구별하지 않고 인간을 구원하셨다. 그는 인간을 육체와 영혼으로 나누지 않고, 영육을 하나로 보셨다. 낙태에 대한 성경적 입장은 이와 맥을 같이 한다. 성경은 태아에게 영혼이 있음을 암시하고 있으며, 그의 영혼의 탄생 시점을 수정의 순간으로 나타내고 있다. 성경에 의하면 인간을 포함한 모든 생물이 그 생명을 창조주 하나님께로부터 받았다고 한다.[82)] 그리고 "자식은 하나님의 선물"이라는 것이 출생과 임신에 대한 성경적 관점이다.(시편 127:3)

---

81) 황필홍 외 6인, 낙태 포르노 인간복제, 고원출판사, 1999, pp. 144-146.
82) 창세기 2:7, 1:20, 24, 30.

생명복제의 행위는 하나님의 영역을 침범하는 것이며 개별적 영혼을 지닌 인간의 존엄성을 훼손한다는 것이다.[83] 인간의 생명은 수정되는 순간부터 시작된다는 점을 강조하는 것은 일종의 방벽을 치는 것과 같다. 그것 하나만 무너지면 덩달아 모든 것이 무너질 위험성이 예견되기 때문에, 배아복제로부터 얻을 수 있는 엄청난 잠재적 혜택을 알면서도 강경한 반대 의사를 표명하는 것이다. 만약에 배아의 이용이 합법화 된다면 배아를 만들어 파는 행위뿐만 아니라, 태아까지도 상업적으로 이용하려 하게 될 것이다.[84]

## 결론

인간배아복제 문제에는 인류가 크게 우려하고 있는 폐단들이 내포되어 있을 뿐만 아니라, 동시에 현대 과학이나 의학 분야에서 유용하게 이용할 수 있는 여러 가지 장점들이 내재되어 있다. 인간 복제가 가져 올 가장 큰 해독은 인간 개개인의 개성 파괴이다.[85] 그것은 인간사회를 혼란에 빠뜨리고, 사회의 관습과 전통을 파괴할 수 있다, 그것은 새로운 출생방식에 의해 태어나는 아이들로 인해서 세계 질서에 불행한 변화를 야기할 수도 있다. 생명의 복제는 인간의 존엄성을 손상시키고, 생명의 신비를 방해하며, 가정의 파괴와 인류의 자멸을 가져올 수도 있을 것이다.

인간복제는 인권을 침해한다. 나는 하나 밖에 없는 존재인데, 한 개인이 쉽게 복제를 통해 대치 가능한 것이 된다면, 나의 존엄성은 크게 훼손될 것이 분명하다. 인간은 꼭 신이 만들어야만 존엄성이 있다고 주장할 수 있는가? 라는 반론이 있을 수 있다. 인간복제 문제는 과학의 성공과 윤리의 붕괴 사이의 싸움이고, 과학 기술의 유용성과 인간 윤리의 도덕성과의 싸움이다.[86] 뿐만 아니라 이것은 인간 생명 창조의 문제를 직접 간

83) 문시영, 생명복제에서 생명윤리로, 기독교서회, 2001. p. 53.
84) 위의 책, p. 67.
85) 황필홍 외 6인, 낙태 포르노 인간복제, 고원출판사, 1999, 머리말.
86) 위의 책, pp. 207-208.

섭하고 있다는 점에서, 신(神)에 대한 인간의 도전이라고 말할 수도 있을 것이다. 고대로부터 수많은 사람들이 생각해왔던 것은 인간의 창조는 불완전하고 졸렬한 반면, 신의 창조는 위대하며 완벽하다는 것이다. 그렇기 때문에 우리는 생명의 창조를 인간의 인위적인 방법에 의존하려 하기보다는 신의 신성한 방법에 의존하려 하는 것이다.

"신성하게 태어난 인간을 인위적으로 재생산한다는 것은 있을 수도 없고, 있어서도 안 되며, 그렇게 생각하는 것 자체가 동물적인 사고이다." 미국과 프랑스, 독일, 캐나다 등 주요 국가의 지도자들은 인간배아복제에 대해서 일단 반대 의사를 공공연히 밝히고 있고, 미국의 식품 의약국(FDA)과 교황청, 그리고 각국의 기독교 단체들 또한 강력한 반대의사를 표현하고 있다. 또 세계적으로 복제 기술을 인정받은 한국의 과학자들도 역시 인간 복제에 대해서는 반대한다는 입장을 보이고 있다.

우리에게는 배아복제와 인간의 존엄성과의 관계를 어떻게 정의해야 할 것인지, 그리고 배아복제와 하나님의 창조질서와의 관계를 어떻게 정의해야 할 것인지에 관한 좀 더 철학적이고 신학적인 성찰이 필요하다. 그러기 위해서는 과학과 윤리, 과학과 종교 사이에 끊임없는 대화가 필요할 것이다. 기독교가 반대하는 가장 중요한 핵심은 인간의 과학기술이 영혼을 소유하고 있는 인간의 존엄성을 훼손한다는 데에 있다.[87] 기독교의 관점은 여자의 난자와 남자의 정자가 정상적으로 결합할 때, 인간의 육체적, 정신적 성품이 가장 건강하게 형성된다는 것이다. 그리고 그것이 인간을 위해 가장 행복한 탄생이라는 것이다. 계몽주의 시대와 자유주의 시대에도 인류는 생명창조의 영역만은 신의 손에 맡겨 두었었다. 21세기에도 역시 인류는 생명과학의 발전을 인간 생명의 존엄성을 유지하고 보호하는 일에 활용할 수 있어야만 될 것이다.

87) 문시영, 생명복제에서 생명윤리로, 기독교서회, 2001. p. 53.

** 토론거리

- 체세포 복제와 성체세포 복제 사이에 어떤 차이점이 있는가?
- 인간배아 복제는 불임 부부에게 해결방안이 될 수 있는가?

** 주요 읽을거리

- 문시영, 생명복제에서 생명윤리로, 기독교서회, 2001.
- 박수웅, 우리 사랑할까요?, 두란노, 2004.
- 박충구, 생명복제 생명윤리, 가치창조, 2001.
- 황필홍 외 6인, 낙태 포르노 인간복제, 고원출판사, 1999.

# 기독교와 동성애

현 경 식

## 1. 들어가면서

동, 서양의 역사를 통해서 동성애(同性愛, Homosexuality)에 대한 언급은 매우 오래되었다고 할 수 있다. 사회 통념상 양성애, 이성애와 비교되는 동성애는 같은 성에 대한 성적 지향성을 갖는 교제를 의미한다. 이러한 동성애는 역사적으로 매우 부적합한 성행위로 취급되었고 반사회적인 행위로 비판되어 온 것이 사실이다. 그럼에도 불구하고 오늘날에는 여러 나라에서 동성애를 합법적으로 인정하는 나라들이 있을 정도로 성적 취향성의 문제로 발전되는 경향을 보이고 있다.[88] 한국 사회에서도 천만 관객을 돌파한 2006년에 상영된 영화, 이준익 감독의 "왕의 남자"는 동성애에 대한 관심을 불러일으키기도 했다. 이제 동성애의 문제는 기독교 안에서의 논란을 넘어서, 동성애자의 군복무 논란과 인권 문제 등이 사회적인 이슈가 되어 가고 있다.

기독교인은 동성애에 대해 어떤 입장을 취해야 하나? 이 질문에 답하기 위해서는 먼저 동성애에 관한 성경의 말씀을 찾아 해석해야 할 것이다. 그래서 여기에서는 동성애에 대한 사회적인 통념이나 입장을 뒤로 하고 성경이 규정하고 있는 동성애가 과연 무엇인지를 제시하려고 한다. 본론으로 들어가기 전에 교회와 기독교인들은 동성애자들의 인권을 존중하고 인간답게 살 권리를 옹호하며, 그들을 모욕하고 해치는 행동을 반대함

88) 동성 결혼을 합법적으로 인정한 나라들은, 1993년 네덜란드를 시작으로 벨기에, 캐나다, 남아프리카 공화국, 스페인, 우루과이, 아르헨티나, 미국(메사추세츠, 뉴욕) 등이 있다. 그 외에 동성 커플의 결합을 인정한 나라들은 2011년 현재 덴마크, 노르웨이, 아이슬란드, 스웨덴, 영국, 헝가리, 포르투갈이 있다.

을 전제하고자 한다. 다시 말해서 동성애자들도 인간적인 권리와 사랑의 대상에서 제한되지 않음을 기본적인 원칙으로 제시하고 시작한다. 그리고 성경의 해석을 바탕으로 교회와 기독교인들이 가져야 할 동성애에 대한 입장을 정리하려고 한다.

## 2. 구약과 동성애

동성애에 대한 구약 말씀의 논증에 들어가기 전에 당시의 고대 메소포타미아 지역에 있어서의 성 풍속에 대하여 알아보자. 고대 메소포타미아 지역에서는 동성애를 전체적으로 부정하였거나 또는 긍정하였다는 기록은 볼 수 없다. 다만 앗시리아 법전에서는 동성연애를 할 때 남자 역을 한 자는 거세하고 여자역할을 한 자는 그 남성적 위치를 상실하게 하였다고 한다. 즉, 당시에 동성연애 문제가 주로 사회에서의 신분의 우열을 고려하는 문제의 하나로 취급되었으나 범죄로 보지는 않았으며 노예나 전쟁 포로 등을 동성연애의 대상으로 하는 것을 인정하였다.

구약에서 동성애를 가장 명백하게 배격하는 핵심 구절은 창세기 19장 4-11절의 소돔과 고모라에 대한 하나님의 진노의 말씀이다. 성결법전으로 알려지고 있는 레위기 18:22의 말씀도 동성애와 직접 연관이 되어 있다: "너는 여자와 교합함 같이 남자와 교합하지 말라 이는 가증한 일이니라." 또한 레위기 20:13절도 동성애를 직접 부정적으로 언급하고 있다: "누구든지 여인과 교합하듯 남자와 교합하면 둘 다 가증한 일을 행함인즉 반드시 죽일지니 그 피가 자기에게로 돌아가리라."

구약에서 동성애를 배격하는 다른 논거로서 창세기의 해석을 들 수 있다. 창세기 1-3장의 인간, 그리고 남자와 여자를 창조하신 하나님께서 동성간이 아니고 이성간의 결합만이 하나님의 창조의 섭리이고 가장 자연섭리에 합당한 원리라고 말씀하시며 이것만이 인간의 보존과 남녀상호 보완이라는 하나님의 창조의 뜻을 이루는 축복이라고 지적한다. 또한 창세기 9장 20-27절에 나오는 함의 행태와 노아의 저주에 대해서 많은 성경학자 들은 함이 술에 만취하여 잠자는 아버지 방에 혼자 들어가 벌거벗은 아버지 노아의 하체를 보았다는 것은 단순히 본 것뿐 아니고 술 취한 아버지를 동성연애를 하듯이 강간하여 약한 지위에 있던 작은 아들의 위치에서 강한 남성다운 위치의 아들로 인정받기 위하여 이러한 가증스러운 짓을 하였다고 주장한다. 그 결과 작은 아들 가나안(함)은 아버지로부터 "가나안은 저주의 저주를 받아 그 형제의 종들의 종이 되기를 원하노라"라고 하는 저주를 받게 되었다는 것이다.

그 외에도 구약의 사사기 19장 22-25절을 보면 한 레위인이 그의 첩을 데리고 기브아에 들렸을 때 한 노인이 자기 집에서 하룻밤을 유숙케 하였다. 밤중에 그 성의 비류들이 와서 그 레위인을 동성애의 대상으로 강간하기 위하여 밖으로 내놓으라고 요구할 때에 그 노인이 레위인의 첩을 내주어 비류들이 밤새 그 첩을 강간하여 죽게 하였다는 말씀이 나온다. 여기서 동성애는 신분이 낮은 첩인 여인을 강간하는 것보다 훨씬 더 죄가 된다고 생각한 당시의 통념을 반증하는 것이라고 볼 수 있다.

결론적으로 구약에서 동성연애를 배격하는 이유는 다음과 같이 요약된다: 1) 하나님이 창조하신 창조의 질서에 위배된다. 2) 인류의 번식이 종식된다. 3) 동성간의 성행위로 말미암아 성경에서 거룩하게 생각하는 생명의 전달자인 정자(精子)의 낭비가 있게 된다(창세기 38:9-10). 4) 우상숭배: 당시 아동들을 동성연애의 대상으로 하는 경우가 많았는데 이들 아동들을 제물로 바치는 것은 우상숭배와 상통한다.

이러한 동성애에 관한 구약의 전승을 기초로 하는 초기 유대교도 하나같이 동성애에 반대 하였으며 그러하지 않은 다른 의논을 발견할 수 없다. 그러한 핵심적 이유로 동성애는 인류존속을 위한 생식을 이루지 못한다는 것이다. 생식(Procreation)은 하나님의 백성들이 계속 이어지는 중요한 고리이다. 당시의 로마나 헬라에서도 동성애가 있었지만, 남녀 간의 결합만이 하나님의 뜻에 따른 자연 질서이고 동성애는 이러한 하나님의 뜻을 의도적으로 모독하는 것이다. 그들은 동성애적 욕망을 과도한 정욕을 야기 시키거나 또는 그 결과로 본다. 소돔의 남자들의 죄악을 설명함에 있어서 필로(Philo)와 요세푸스(Josephus)는 똑같이 동성애에 대한 욕망은 성적욕구 때문이라고 적고 있다.

## 3. 신약과 동성애

동성애자들은 흔히 예수님께서 동성애를 명백하게 반대하시지 않으셨고, 이 문제에 대하여 침묵하셨기 때문에 동성애를 인정하신 것처럼 말한다. 그러나 예수님은 결코 동성애에 대하여 침묵하지 않으셨을 뿐 아니라 이에 반대하셨다는 것을 찾아 볼 수 있다. 첫째, 1세기의 유대교 여러 문헌과 모세의 율법에 대한 예수님의 일반적인 접근방식을 생각해 보면 예수님은 동성연애에 대해서 율법과 기본적으로 다른 견해를 갖지 않으셨다는 것이 명백하다. 예수님이 유대교의 전통 중 나쁜 것은 전부 담대히 지적하셨지만 율법의 좋은 것은 존중하셨기 때문에 구태여 반대하심을 표명하지 않으셨다. 둘째, 마가복음 7:21-23을 보면 예수님은 "속에서 나오는 것은 악한 생각 곧 음란과 도적질과 살인, 간음과 탐욕과 악독과 속임과 음탕과 흘기는 눈과 훼방과 교만과 광패니 이 모든 악한 것이 다 속에서 나와서 사람을 더럽게 하느니라."의 말씀과 같이 명백하게 동성애를 지적하지는 않으셨지만 음탕한 성욕에 대해 말씀 하셨다. 셋째, 마태복음 5:17-18에서는 "나는 율법을 폐하러 온 것이 아니고 이를 온전케 하려고 왔다"고 하신 것으로 보아 율법이 동성애를 반대 하신 것을 그대로 인정하셨다고 본다.

넷째, 마가복음 10:1-12에서 이혼 문제를 다루실 때 예수님께서는 창세기 1:27, "하나님이 남자와 여자를 창조하시고"와 2:24, "이러므로 남자가 부모를 떠나 그 아내와 연합하여 둘이 한 몸을 이룰 찌로다"의 말씀을 근거로 하고 있다. 따라서 예수님은 창세기 1-2장에서 계시된 남녀 간의 결혼과 성적 결합을 모델로 삼고 계신다는 것을 알 수 있다. 예수님은 결혼이 "창조의 시초부터(막 10:6) 한 남자와 한 여자의 결합으로 즉, 남자와 남자나, 여자와 여자의 결합이 아닌 것으로 선포하셨다. 창세기는 어느 한 구절도 동성애를 용인하는 구절이 없으며 이 점에 대하여는 예수님도 창세기의  말씀에 따르고 계신다고 보여 진다.

동성애 주장자들은 흔히 그 당시의 유대인들보다 예수님께서 성적인 윤리에 있어서 훨씬 더 관대하셨다고 하는 그릇된 설명을 하고 있으나 사실은 그 반대이다. 예수님은 성적 윤리에 있어서는 당시의 유대인들보다 훨씬 더 엄격한 잣대를 요구하셨다. 이 점에 대한 가장 명백하고 중요한 예는 예수님께서 이혼 문제를 말씀하실 때에 당시의 오경에서 요구된 것 보다 훨씬 더 엄격한 기준을 요구하신 것을 보아도 알 수 있다.[89] 예수님의 이혼에 대한 말씀은 결혼도 반대의 성을 가진 한 사람과만 국한하여야 한다는 것을 얼마나 진지하게 생각하고 계셨나를 알려주시는 말씀이다.

그러나 예수님의 지상사역에 있어선 사랑과 정의를 보여 주신다. 예수님은 한 마리 잃어버린 양을 찾으시는데 그의 사역의 목표로 삼으시고 의로운 자 보다도 죄인을 찾아서 회개 시키고 영생을 주시는 목회를 하셨다. 비록 그가 죄인을 불쌍히 여겼으나 결단코 죄를 용납하신 것은 아니다. 동성애와 같은 죄 자체를 용인하신 것이 아니다. 다만 동성애자와 같은 죄인을 감싸주고 사랑하셔서 그러한 죄에서 자유하게 하려 하셨다. 예수님은 죄인들의 죄를 확인하러 오신 것이 아니다. 오히려 치유함을 통하여 그 죄를 회개하게 하여서 그 죄에서 인도하여 내셔서 온전함을 되찾게 하려고 오신 것이다. 예수님은 사랑과 모든 죄스러운 행위를 용인하는 것을 혼돈하지 않으셨다. 예수님이 모든 죄인을 회개 시켜서 온전케 만드신 것은 동성연애자와 같은 죄인을 고치시려고 한 경우와 서로 모순되지 않는다.

이제 바울 서신을 통하여 동성애 문제에 대하여 어떠한 명백한 교훈을 주었는지를 살펴보자. 특히 로마서 1장 24-27의 핵심적 구절과 고린도전서 6장 9절과 디모데전서 1장 10절의 죄악에 대하여 중점적으로 검토

89) 이혼에 대한 예수님의 말씀은 다음을 참조하라: 마 5:31-32, 막 10:11-12, 눅 16:18, 마 19:9, 고전 7:10-11.

해 보고자 한다. 로마서 1장 24-27은 오늘날 기독교인들이 동성연애 문제를 다룸에 있어서 근거로 삼아야 할 핵심적 구절이다.[90] 왜냐하면 이 구절은 성경에서 동성애 문제에 대한 가장 구체적이고 명백한 말씀이기 때문이다. 또한 이 구절에서 남자간 동성의 성 관계뿐만 아니고, 여자의 동성애까지도 명백하게 반대하기 때문이다. 그리고 이 구절 말씀은 동성애자들이 반박하기가 가장 어려운 구절이 되고 있다. 바울 사도는 로마서 1:26-27에서 동성애는 자연에 위배된다고 생각하고 있다.

먼저 로마서 1:26-27의 말씀을 에워싸고 있는 내용인즉 동성애는 죄로 인정되고 있음을 확실히 보여준다. 1:18-32에 언급된 모든 다른 행위와 동성애는 모두 죄악이라고 보고 있다. 둘째로 1:18-32절 말씀은 그런 행위들은 전체적으로 하나님의 진노를 사게 된다는 것, 즉 1:18의 "하나님의 진노가 불의로 진리를 막는 사람들의 모든 경건치 않음과 불의에 대하여 하늘로 좇아 나타나나니"에 해당 된다. 셋째는 동성애는 우상숭배와 같은 죄다. 바울 사도는 우상숭배와 동성애는 모두 창 1:31의 "하나님께서 그 지으신 모든 것을 보시니 보시기에 심히 좋았더라."고 한 말씀에 위배된다고 하는 것을 지적하고 있다.

로마서 1:24-27 이외에 고린도전서 6:9와[91] 디모데전서 1:10에서 동성애에 대하여 명백하게 언급하고 있다. 고전 6:9의 "탐색하는 자나 남색하는 자"에 관련하여 바울은 1세기 때 저명한 유대학자 요세푸스(Josephus)와 필로(Philo)와 같이 동성애의 여자 역할을 하는 한 편에 대한 억압성 때문이 아니고 레위기 18:22와 20:13에 근거하여 하나님이 창조하신 자연

90) "그러므로 하나님께서 저희를 마음의 정욕대로 더러움에 내어 버려두사 저희 몸을 서로 욕되게 하셨으니 이는 저희가 하나님의 진리를 거짓 것으로 바꾸어 피조물을 조물주보다 더 경배 하고 섬김이라 주는 곧 영원히 찬송할 이시로다 아멘 이를 인하여 하나님께서 저희를 부끄러운 욕심에 내어 버려두셨으니 곧 저희 여인들도 순리대로 쓸 것을 바꾸어 역리로 쓰며 이와 같이 남자들도 순리대로 여인 쓰기를 버리고 서로 향하여 음욕이 불 일듯하매 남자가 남자로 더불어 부끄러운 일을 행하여 저희의 그릇됨에 상당한 보응을 그 자신에 받았느니라."(롬 1:24-27).

91) "불의한 자가 하나님의 나라를 유업으로 받지 못할 줄을 알지 못하느냐 미혹을 받지 말라 음란하는 자나 우상 숭배하는 자나 간음하는 자나 탐색하는 자나 남색하는 자나"(고전 6:9)

질서에 위배되는 행위이기 때문에 반대하였다. 바울은 언제나 동성애의 문제를 논할 때 근본 기준을 창세기 1-2장에 두고 있음을 볼 수 있다. 바울은 6:9에서 네 가지의 성적부도덕을 열거하고 있는데 이것이 모두 남녀간의 정상적 성관계 테두리 밖에서 생기고 야기되는 일이다. 디모데전서 1:10의 말씀은[92] 고전 6:9절의 가리킴을 더 보강하고 있다. 고전 6:9에서의 "남색"(malakai, 말라카이)은 동성연애 시 여자 역할을 하는 자를 가르키는 데 반하여, 딤전 1:10절에서의 "남색"(arsenokoitai, 아르세노코이타이)은 남자역할을 하는 자를 가르키고 있다. 즉, 바울이 동성연애에서 억압 관계에 주목한 것이 아니라 남자 역할을 한 사람이든 여자 역할을 한 사람이든 다 하나님 나라에 들어 갈 수 없다고 한 것이다.

## 4. 성경과 적용

우리는 구약과 신약을 통해서 성경이 일관되게 동성애 행태를 반대하고 있음을 보았다. 그러면 이러한 성경 말씀들이 오늘날의 현실에 있어서 갖는 위치와 직접적으로 적용하는 데 있어서 문제점들이 없는가를 보아야 한다. 이에 관련하여 오늘날의 동성애자들이 문제 삼는 논의들은 다음과 같다:

1) 성경이 기록된 시대 상황과 현 상황은 다르기 때문에 그대로 적용할 수 없다.
2) 성경 기자들의 모든 주장이 현 시대에도 옳다고 할 수는 없다.
3) 새로운 과학적인 발견과 문화적 변화가 성경 말씀을 부적절하게 하기도 한다.
4) 교회가 지난 수세기에 걸쳐서 이 문제에 대하여 일관된 입장을 취하지 않았다.

92) "음행하는 자며 남색하는 자며 사람을 탈취하는 자며 거짓말하는 자며 거짓 맹세하는 자와 기타 바른 교훈을 거스리는 자를 위함이니"(딤전 1:10).

5) 교회에 있어서의 성령의 새로운 역사가 성경의 해석 변경을 정당화 시킨다.
6) 성경은 아동 학대 등 착취적 동성애를 반대하는 것이지 오늘날의 동성애는 이러한 것이 아니고 서로 사랑하는 성인들의 자발적인 동의 관계이므로 다르다.
7) 성경은 동성애가 남성우위에 위협이 된다고 보고 반대하는 것인데, 남녀평등을 지지하는 요즘은 그런 이유로 동성애를 반대하는 것은 잘못이다.
8) 성경은 출생 때부터 동성애 편향기질을 가지고 태어난 경우에 대한 언급이 없으므로 성경을 오늘날의 동성연애자에게 적용할 수 없다.
9) 성경에는 동성애에 대한 구절은 몇 구절 안 된다.
10) 크리스천들이 지금 이 시대에 성경말씀을 따르지 않는 것이 허다한데 왜 동성애를 금하는 규범만 유달리 더욱 지켜야 하는가?

이러한 동성연애자들의 질문에 대해서 심각하게 생각할 필요가 있다. 동성애자들은 "나는 나 자신의 참된 모습을 부정할 수 없다"라고 주장하지만 "하나님은 내가 어떤 모습이 되기를 원하시는가?"라는 질문으로 오히려 고민하고 씨름해야 한다. 또한 성경의 입장, 특히 성적 문제에 대하여 구약과 오랜 교회 전통에 의하여 지지되면서 강력하고 일관된 입장을 견지해온 신약 성경을 거절하거나 반대하는 동성애자들에게는 성경을 다르게 해석하는 것에 대한 입증 책임이 있다. 다시 말해서 동성애를 죄로 규정하는 성경의 권위를 뒤 엎을 수 있는 성경의 대안적인 해석이나 현대의 과학적 지식이나 체험이 없다는 것이다.

성경은 새로운 시대와 새로운 환경에서 새롭게 해석되어야 한다는 주장은 일리가 있지만, 어떤 문제는 환경과 시대가 달라져도 변함이 없는데, 하나님은 우리들에게 성적으로 순결한 생활을 원하신다는 것이 바로 그런 문제이다. 하나님은 동성연애만 금하신 것이 아니라 일부일처의 결혼 이외의 모든 성적인 결합을 죄라고 하신다. 그러므로 이성간의 결합이라도 혼외정사와 음란한 모든 행위를 죄로 여긴다. 동성애자들이 주장하는 것처럼 동성애적인 성향이 유전적으로 주어진 기질이라고 해도 우리 기독교인들은 주어진 기질을 신앙으로 극복하는 것을 신앙의 목표로 삼고 있다. 무절제한 성욕, 탐심, 이기심, 자기중심적인 모든 것들이 인간에게 주어진 기질이지만, 주어졌다고 해서 우리들이 다 용납하지 않는 것은, 바로 그런 기질을 극복하는 것이 성령의 도우심으로 구원의 완성을 향해 가는 일이 믿음이기 때문이다.

만약에 의학적으로 혹은 기술적으로 가능하다면 우리들은 암과 같은 절망적인 질병과 신체적인 장애와 정신적인 장애를 고쳐야 한다. 그러면 "만약 의학적으로나 기술적으로 가능하다면 동성애적인 성향을 가진 사람들을 고쳐야 되겠습니까, 아니면 그대로 두어야 하겠습니까?" 하는 질문에 대한 대답에 따라서 동성연애가 규범적으로 용납될 수 있는 것인가 아닌가의 답이 나온다. 만약 "의학적으로 혹은 기술적으로 고치는 것이 가능하다면 고치고 싶다"고 한다면 동성애가 규범적으로 우리들이 원하지 않는 것이 분명하고 그 이유는 하나님의 말씀에서 찾아야 할 것이다.

모든 사람들은 정말 고치기 힘든 자신의 성격, 습관, 죄성(罪性)과 매일 싸우는 삶을 살고 있다. 동성애적인 성향을 가진 분들만 이런 갈등 속에서 사는 것이 아니다. 그러나 이렇게 갈등하는 것 자체가 하나님을 인정하는 것이다. 즉, 내가 아직 완전히 끊지 못했어도 하나님의 능력으로 끊기를 원하고, 끊지 못한 것은 죄라고 고백하고 은혜를 구하는 사람은 하나님의 사랑 안에 있는 것이다. 그러나 나의 상태가 잘못이 아니라고 강변하고 고칠 노력을 하지 않는 사람은 하나님의 은혜에서 멀리 있다. 자신이 의롭다는 사람은 죄인이고 자신이 죄인이라는 고백과 예수님의 은혜에 대한 고백은 사람을 의롭게 만든다.

동성애는 적어도 네 가지 이유에서 하나님이 인간의 성적관계에서 계시하신 것에 위배 된다는 결론을 얻게 된다. 첫째로 동성애는 성경말씀에 명백하게, 강력하게 반대되고 있다. 둘째로 동성애는 하나님께서 주신 남자와 여자간의 성적결합만이 신체적 구조와 인류 존속을 위한 상호 보완적 역할을 하게 되어 있는 자연 법칙을 무시하는 것이다. 셋째로 사회가 동성연애를 용인하게 되면 동성연애 때문에 야기되는 부정적 영향을 더 가속화 시킬 것이다. 즉, 선천성 면역 결핍증(HIV/AIDS)등을 통한 인류의 건강문제, 아동과 사춘기 아이들을 상대로 하는 동성연애 증가, 일부 일처제를 권면 하는 교회와 사회의 영향력 약화, 모든 사회 통념적 남녀 성별 관념이 허물어진다. 넷째로 동성애를 반대하는 사람들을 인종차별주의자라고 몰아 부침으로 말미암아 정치적, 교육적, 직업적 그리고 법적인 사회전반의 안정력을 약화 시킨다.

간혹 기독교 내에 동성애를 옹호하고 찬성하는 성직자들이 있다. 그들이 옹호하는 이유로 흔히 삼는 "모든 일은 축복 되어야 한다."는 논리는 기만적인 논리이다. 하나님의 축복을 말할 때 인간이 무엇을 하든 그 모든 것을 용인하는 것이 아니다. 사람과 짐승간의 수간, 성인과 10세 소녀와의 성적관계, 유부남녀의 간음, 한 남자와 여러 부인, 오빠와 여동생간의 성 관계 등이 모두 용납 되어야 한다고 할 수는 없다. 다만 독신으로 있으면서 동성애적인 성향이 있더라도 동성애 행위를 찬동하지 않고 성경과 교회의 가리킴에 충실하다면 교회사역에는 지장이 없다고 본다. 이러한 기준에 미달하는 교인이라도 교회로서는 친절하게 소외감을 갖지 않도록 대함으로서 복음의 전파가 그들에게 이루어지도록 하여야 한다.

교회와 교인들은 동성애자나 호모 행위에 대하여 "죄는 미워하되, 죄인은 미워하여서는 안 된다"는 성경의 가르침에 따라야 한다. 특히 교회 내에 동성연애자가 있더라도 이를 범죄인 취급을 하거나 박해하여서는 안 되며 이들이 속히 그러한 죄 된 삶에서 자유하게 되어 건전한 삶으로 돌아오도록 보살펴 주어야 한다. 동시에 교회는 이러한 동성연애자들을 특별히 보호하려고 하거나 이들에게 정상적인 부부가 받는 혜택을 주는 일도 하지 말아야 한다.

자기가 동성애자라고 인정하고 또 실제로 동성애를 계속하고 있는 동성애자는 다른 회개하지 않고 자행하고 있는 부도덕한 성적행위자와 동일하게 취급하여야 한다. 그러나 하나님의 교회는 그들을 사랑하고 그들과 함께 괴로워하며 성령께서 신음하심과 같이 그들을 취급하여야 한다. 또한 교회는 동성애자들이 정상적인 삶의 모습으로 돌아오도록 기도하여야 한다. 그럼에도 끝내 동성애 행위를 계속한다면 고전 5:1-5에서 근친상간을 한 자에 대하듯 교회로서 필요한 조치를 취하여야 할 것이다. 기독교인들은 동성애자들을 박해하지도 않고 그렇다고 이를 권장하지도 않는 사회가 되도록 노력 하여야 한다. 동시에 교회는 동성애적인 "성적 지향성"(sexual orientation)을 갖는 자들을 특별히 보호하려고 하거나 동성연애 관계자에게 정상적인 이성간 결혼 부부가 향유하는 것과 같은 신분이나 혜택을 주는 것에 대하여도 반대하여야 한다. 이러한 동성애자들의 인권의 문제는 좀 더 상세하게 연구되고 제시되어야 한다.

## 5. 나오면서

기독교가 동성애란 주제에 대하여 맺는말은 하나님을 사랑하고 동성애자인 네 이웃을 사랑하라는 말이 될 것이다. 남색(homosexual)하는 자와 여색(Lesbian)하는 자들은 교회가 적대시 할 대상이 아니고 오히려 긍휼과 기도와 겸손과 함께 신음하면서 그들의 굴절된 성 행태로부터 온전한 것으로 회복되도록 도와주어야 하는 대상이다. 여러 가지 문제점은 있지만 오래된 말씀인 "죄는 미워하되 죄인은 사랑하라"는 말씀이 옳은 것 같다. 이 말씀은 간단하게 들릴지라도 복음의 핵심을 찌른다. 기독교의 핵심은 인간이 아무리 불경건하고 사악한 죄인일지라도 하나님께서는 그러한 인간을 그리스도의 형상으로 다시 구원하기 위하여 독생자까지 희생시키시는 사랑을 주셨다는 것이다. 우리 기독교인들이 동성애자들을 비난만하고 그들에게 행동으로 다가서는 희생이 없다면 "인간의 있는 그대로"를 받아 주시는 하나님의 사랑에 위배되며 복음을 그릇되게 하는 것이 된다. 우리는 동성애자에 대한 진리와 올바른 이해를 바탕으로 사랑을 더한층 풍성하게 할 수 있으며 관념적이 아니고 실천적 사랑을 하게 된다.

문제는 그들을 얼마만큼 사랑할 것인가 하는 점에서 사람들의 의견이 조금씩 다르다. 사랑은 모든 잘못을 덮어주는 것이지만, 또한 성장과정에서 잘못을 고치도록 도와주는 것이라는 이중성을 가지고 있는 점에서 사랑의 깊이와 넓이와 색깔이 달라진다. 어떤 이들은 목회자로 안수하고 목회의 기회를 줄 정도로 사랑하자고 한다. 그러나 목회자는 무엇보다도 하나님의 말씀을 경외하고 하나님의 말씀에 자신을 쳐서 복종하는 사람이어야 하기 때문에 하나님의 말씀에 어긋나는 일을 하면서 목회를 할 수는 없다. 동성애적인 성향이 있어도 하나님의 말씀을 존중하는 의미에서 동성애 행위를 자제하겠다는 사람은 목회자로 안수 받을 수 있다. 동성연애자들에게 결혼식이나 연합식을 거행할 정도로 사랑하자는 의견에 대해서도 그러한 예식은 하나님의 축복을 공개적으로 선포하는 것이기 때문에 죄악 된 행위에 대해 축복을 할 수는 없다. 세상 법정이나 세상 정부가 허가증을 써주는 것은 그들의 사회생활에서의 불이익을 면하게 해주려는 인권의 측면에서 접근하는 것이므로 허용될 수 있지만 하나님의 말씀을 어기는 일에 대해 하나님의 축복을 빌어 줄 수는 없다.

동성애자들을 교인으로 받아줄 만큼 사랑하자는 것은 성경적이다. 기독교인들은 동성애자뿐만 아니라 다른 모든 죄인도 사랑으로 받아주어야 한다. 그러나 일단 교인이 된 후에는 성경 말씀 안에서 성장하려는 노력과 수고가 있어야 한다. 이것은 동성애자들에게만 요구하는 것이 아니고 모든 단계의 믿음의 과정에 있는 분들에게 동일하게 요구하는 것이다. 하나님의 사랑은 조건 없는 사랑이지만 그것은 회개하는 사람들, 하나님 안에서 성장하고자 순종하는 사람들에 대한 조건 없는 부어줌이다. 아직 동성애 행위를 완전히 끊지 못한 분들이라도 그것이 잘못임을 인정하고, 끊고자 기도하고, 하나님의 은혜를 간구하는 이들에게는 다른 문제로 기도하는 이들과 동일한 은혜가 있을 것이다. 이러한 사랑으로 나 자신과 동성애자들을 포함한 다른 모든 사람들을 동일하게 대하는 것이 필요하다.

기본적으로 이해해야 될 일은 동성애자들을 지원하는 분들의 관심과 동성애 행위를 반대하는 분들의 관심이 다르다는 것이다. 동성애자들을 지원하는 분들은 이 문제를 인간에 대한 사랑, 모든 사람을 사랑하시는 하나님의 사랑, 이웃을 네 몸 같이 사랑하라고 말씀하신 예수님의 사랑에서 출발한다. 동성애 행위를 반대하는 분들은 성경의 권위, 하나님의 말씀의 불변성, 하나님이 지으신 세상의 질서를 인정해야 한다는 신앙적인 관점에서 출발한다. 그러므로 이 두 입장이 가지는 출발점의 차이를 이해하면 왜 그렇게 양측이 팽팽하게 서로 주장을 굽히지 않는지를 알 수 있다.

기독교는 사랑의 종교이다. 하나님께서는 죄 속에 있는 우리에게 아들을 보내심으로 자기중심으로 사는 죄 된 인간을 구원하시기 위하여 엄청난 대가를 지불하셨다. 하나님께서는 우리를 하나님의 형상의 닮게 변화시키시는데 참으로 많은 어려움을 겪으셨지만 이렇게 하여 우리가 하나님과의 올바른 관계를 회복하였기에 두려움이나, 분노나, 미움이나, 탐욕 등으로부터 자유 하게 되었다. 우리는 이제 이러한 자유 함과 사랑으로 동성애자와 같이 우리의 도움이 필요한 이웃을 보살피고 사랑하여야 한다. 네 이웃을 네 몸과  같이 사랑하라는 주님의 말씀을 잊어서는 안 된다.

** 토론거리

1. 만일 내 친구나 가족 중의 한 명이 동성애자로 커밍아웃(Coming Out)을 한다면 어떻게 대해야 할지 서로 이야기해 봅시다.
2. 성경이 동성애에 대해서 가르치는 것과 본인이 사회나 학교로부터 얻은 동성애자에 대한 지식의 차이가 있을 경우 어떻게 하는 것이 좋을지 신앙인의 입장에서 논의해 봅시다.

** 주요 읽을거리


- 앤드류 코미스키, 동성애 온전한 변화를 위한 시작, 서울: 웰스프링, 2007.
- Gagnon, Robert A. J., The Bible and Homosexual Practice, Nashville: Abingdon Press, 2001.

# 기독교와 낙태

김 형 길

필자는 프랑스에서 유학하고 있던 시기인 1986년 1월 14일, 어느 교회당에서 "낙태" 문제에 관한 세미나에 참석한 적이 있었다. 그 때 파리의 한 의사는 30명이 넘는 태아를 낙태시켰던 어떤 여인의 고백을 담은 녹음테이프를 공개하면서 "인류의 이름으로 낙태의 학살을 멈추어라" 고 외쳤다. 그런데 20여년이 지난 오늘 우리 한국 사회에서도 이런 여성이 발견되고 있다는 사실을 기록을 통해 확인 하면서 놀라움을 느낀다.

낙태를 가리켜서 우리는 인공임신중절 또는 인공유산이라고 말하기도 한다. 우리나라의 모자보건법[93] 에는 '인공임신중절수술'이라 함은 "태아가 모체 외에서 생명을 유지할 수 없는 시기에, 태아와 그 부속물들을 인공적으로 모체 외부에 배출시키는 수술을 말한다."라고 되어 있다. 세계적으로 매년 5,500만 명 이상의 무방비의 무고한 어린 생명들이 엄마의 뱃속에서 산 채로 사지가 찢기고 머리와 몸이 산산조각 나는 차마 인간으로서는 상상할 수 없는 잔인한 방법으로 살해당하고 있다.[94]

한국에서도 한해 최소한 150만 명의 생명이 낙태로 몸이 찢기고 부서지는 고통 속에서 몸부림치다 처참하게 죽어가고 있다. 신생아 수는 60만 명 정도인데 신생아 1명당 낙태 2명꼴로 죽어간다. 이것은 미국의 8배로서 임신되는 3명 중 1명의 아기만이 살아남는 셈이다.[95] 독일의 유력 신문들이 한국의 아들선호를 꼬집는 기사를 게재했다. 서구 선진국은 여자 대 남자의 출생 성비율이 100대 103이지만, 한국의 어느 지방 대도시의 경우 100대 127, 그리고 세 번째 자녀 이후의 성비는 무려 100대 320 이라고 지적했다.[96] 한국의 경우, 가족계획과 남아선호사상, 그리고 아무런

---

93) 1973.2.8. 법률 제2514호 재2조 4항.
94) 신성자, 낙태에 대한 성경적 과학적 고찰, 그리심, 2003, p. 8.
95) 위의 책, p. 9.
96) 황필홍 외 6인, 낙태 포르노 인간복제, 고원출판사, 1999, p. 234.

주체적 판단의 여과를 거치지 않은 채 수용된 성 개방 개념 등이 어울어져 그야말로 '낙태천국'의 실태를 보여주는 것이 오늘의 현실이다. 한국사회에서는 남녀칠세부동석 등 유교적 가치관에 덧붙여 성에 대한 억압된 자의식이 근대적 개방의 바람을 타고 역설적으로 변형되어 분출된 것이 바로 오늘날 우리가 한국에서 경험하고 있는 실상이다.[97]

## 생명의 기원

생명은 맨 처음에 어디에서부터 온 것일까? 생명의 기원에 대해서 이야기하는 것은 매우 어려운 일이 아닐 수 없다. 왜냐하면 아무도 생명 창조의 신비에 대해서 정확하게 알고 있는 사람이 없을 뿐만 아니라, 아무도 그에 대한 어떤 확실한 증거를 가지고 있지 못하기 때문이다. 그 때문에 생명의 기원 문제는 우리의 가장 큰 관심사이면서 동시에 가장 난해한 문제이기도 하다. 우리는 처음과 끝은 알지 못한 채, 다만 우리가 살고 있는 현재의 관찰 가능한 현상들을 가지고 추측해 볼 수 있을 뿐이다.

지금까지 학자들이 주장하고 있는 몇 가지 생명의 기원설을 소개하면 다음과 같다. 첫째는 창조설이다. 이것은 생물이 만물과 함께 신(神)에 의해 창조되었다는 학설이다. 기독교의 관점도 이와 같다. 둘째는 아리스토텔레스가 이야기한 자연발생설이다. 셋째는 포자범재설이다. 이 학설에 의하면, "생명의 씨앗은 전 우주에 널리 퍼져 있으며 생명은 영원한 것이다. 그런데 이 생명의 씨앗이 먼 우주로부터 운석에 실려 지구로 왔다"고 한다.[98] 넷째는, 러시아의 생물학자 오파린이 주장한 학설로서 "생명은 지구 표면에서 형성된 유기화합물들이 서로 결합하고 진화하여 생성된 것"이라고 한다.[99] 서울대 박인원 교수의 견해도 이와 동일하다.[100]

97) 위의 책, pp. 265-266.

98) 리히터 & 아레뉴스. 크리크, Crick, F.H.C. Life itself, NewYork, Simen and Schuster, 1981, p. 16.

99) Oparin, Origin of life, NewYork, MacMillan, 1938 참조.

100) 박인원, 생명의 기원, 서울대출판부, 1996. p. 13.

생명이란 무엇인가? 생명은 생명체가 가지고 있는 생명력을 의미한다. 즉 그것은 모든 생물들이 공통적으로 가지고 있는 존재의 속성으로서, 살아서 숨 쉬고 활동할 수 있는 힘을 말한다. 구체적으로 그것은 하나 이상의 세포로부터 시작되어 성장하고 조절하고 자극에 반응하며 물질대사와 증식을 하는 활동을 가리킨다. 그런데 생명에는 끊임없이 붕괴(崩壞)되는, 즉 죽음의 현상이 공존한다. 다시 말해서 생명체가 가지고 있는 생명력은 영원한 것이 아니라 시간적인 것이다. 모든 생명체는 반드시 탄생과 죽음을 겪어야만 할 운명에 놓여있다.

"생명은 천하보다 더 귀하다"(마태 16:26) 라는 말씀이 있다. 이것은 성현(聖賢)들의 깊은 통찰력에서 나온 영원불변의 진리이다. 지구는 생명체가 살고 있기 때문에 살아있는 별이다. 화성은 생명체가 살고 있지 않기 때문에 죽은 별이다. 아직까지도 화성에서는 물도 생명체도 발견되지 않고 있기 때문에, 우리는 이 별을 다만 모래와 돌과 바위들만이 존재하는 황량한 사막으로 연상하게 된다. 그에 비해서, 지구에는 물이 있고 산소가 있고 수많은 생명체들이 살아 움직이고 있기 때문에, 지구는 끊임없이 변화하고 생동하는, 살아있는 푸른 별이다. 따라서 우리는 바로 이 생명을 보호하고 유지시키는 일이야말로 인간의 최선의 윤리적 가치라고 생각한다.

따라서 생명의 중요성은 아무리 강조해도 지나치지 않는다. 이것은 기독교적 관점일 뿐만 아니라 모든 사람들이 동의하는 일반적 가치이기도 하다. 그럼에도 불구하고 인간 생명의 존엄성이 오늘날 전 방위로 도전을 받고 있다. 낙태, 영아살해, 시험관 아기, 태아실험, 안락사, 유전자 조작에 이어 이제는 인간생명 자체의 복제시도까지 서슴없이 시도되고 있다. 생명의 존엄성을 훼손하는 여러 가지 문제들 가운데서, 우리는 낙태 문제를 고찰해 보려고 한다.

## 낙태 찬성론

낙태 찬성론자들의 생각은 어떠한 것일까? 그들은 "여성이 자신의 몸에 대해 결정할 수 있는 자유가 있기 때문에 임신의 종결을 선택할 수 있는 권리를 가져야 한다."고 주장한다. 그리고 그들은 "낙태 선택의 사생활권"과 "행복추구권"을 헌법이 보장해야 한다고 주장한다.[101] 예로부터 많은 사람들은 행복을 추구하기 위해서 육체의 쾌락에 정열을 쏟아왔다. 루이에(Jules Rouyer) 에 의하면, 로마 여성들은 쾌락에 탐닉할 수 있기 위해서 여성의 육체에 가져 올 수 있는 변화를 피하는 한 가지 방법으로 낙태를 선택하였다고 한다.[102] 낙태 찬성론자인 싱어(Singer)의 주장에 의하면 태아는 인간이 아니다. 태아를 죽이는 것이 잘못이라고 말하기 위해서는 태아가 인격체여야만 한다. 그리고 태아가 인격체이기 위해서는 그것이 이성적이어야만 하며, 자의식을 가지고 있어야 하고, 또 시간상의 자기존재를 의식해야만 하고 의사소통을 해야만 한다. 그러나 "태아는 그렇지 않기 때문에 인격체가 아니며, 따라서 낙태는 살인이 아니다"라고 싱어는 주장한다.[103]

## 낙태 반대론

낙태 반대론자들의 주장도 결코 그에 못지않다. 그들은 "태아의 생명권은 여인의 사생활권이나 행복추구권보다도 더 우선해야 한다."고 주장한다.[104] 다시 말해서 그들은 생명의 존엄성을 최고의 가치로서 강조하고 있다. 낙태가 살인이냐 아니냐의 문제는 태아를 인간으로 보느냐 아니면 비인간으로 보느냐에 따라서 좌우된다. 현대과학은 한 인간의 존재가 정자와 난자의 수정의 순간에 이미 시작된다는 사실을 분명히 해주고 있다.

---

101) 신성자, 낙태에 대한 성경적 과학적 고찰, 그리심, 2003, p. 27.
102) 황필홍 외 6인, 낙태 포르노 인간복제, 고원출판사, 1999, p. 219.
103) 신성자, 낙태에 대한 성경적 과학적 고찰, 그리심, 2003, p. 31.
104) 위의 책, p. 27.

정자와 난자가 결합해서 하나의 새로운 세포를 형성하는데, 이 세포는 미국항공우주국의 모든 컴퓨터에 포함될 수 있는 것보다 더 많은 정보를 포함하고 있다. 정자와 난자로부터 각각 23개씩의 염색체를 받은 수정란의 유전자 정보는 정자 혹은 난자의 어느 쪽과도 동일하지 않으며, 인간의 모든 유전자 정보를 다 가지고 있고, 그가 죽을 때까지 새로운 유전자 정보는 더 이상 추가되지 않는다. 즉 수정란에서부터 늙어서 죽는 순간까지 그것은 변하지 않는다. 본질적으로 유전자의 동일성이 유지되는 것이다. 이것은 인간 존재의 시작이 수정의 순간임을 증명해 주는 것이다.[105] 그러한 시각에서 본다면, 낙태는 분명한 살인에 해당한다.

우리는 사르트르의 말을 새겨들어야 만 할 것이다. "낙태 행위는 단순한 영아살해가 아니다. 그것은 형이상학적 살인이다."[106] 태아의 인간성은 그의 각 세포에서도 검증될 수 있다. 현미경으로 수정란을 관찰해보면 그 DNA 가닥이 인간 종(種) 특유의 것이며 인간의 모든 유전자 정보를 다 가지고 있다. 그래서 인간의 성(性)이 결정되는 것도 바로 수정의 순간이다. 1981년 미국 의회 청문회에서 세계 각국에서 모여든 과학자들이 이구동성으로 인간의 생명이 수정 때 시작된다는 것을 증언했다. 고든 박사에 의하면, "언제 생명이 시작되는가의 문제는 더 이상 신학적이거나 철학적인 논쟁의 대상이 아니다, 인간의 생명을 비롯한 모든 생명이 임신이 이루어지는 순간에 시작된다는 사실은 확고한 사실이다."[107]

그러므로 낙태 찬성론자들의 주장과는 반대로 인간성은 획득되거나 도달되는 것이 아니라 수정과 동시에 이미 주어진 것이다. 태아는 자아의식을 가지기 훨씬 전에 이미 자아를 소유하고 있다. 만약에 태아가 인간이 아니었었다면, 그 태아는 인간이 되지 않았을 것이다.[108]

---

105) 위의 책, p. 47.
106) 황필홍 외 6인, 낙태 포르노 인간복제, 고원출판사, 1999, p. 236.
107) 신성자, 낙태에 대한 성경적 과학적 고찰, 그리심, 2003, p. 48.
108) 위의 책, pp. 45-47.

## 성서적 입장

낙태에 대한 성서적 입장은 이와 맥을 같이 한다. 성경은 태아에게 영혼이 있음을 암시하고 있으며 그 시점을 수정의 순간으로 나타내고 있다. 성경에 의하면 인간을 포함한 모든 생물이 그 생명을 창조주 하나님께로부터 받았다고 한다.[109] 그리고 "자녀는 하나님의 선물이다"라는 것이 출생과 임신에 대한 성경의 관점이다. "태의 열매는 그의 상급이로다."(시편 127:3)

뿐만 아니라 성경은 하나님께서 인간의 모든 장기들과 세포조직들을 모태에서부터 신묘막측한 방법으로 조직하셨다고 한다. "주께서 내 장부를 지으시며 나의 모태에서 나를 조직하셨나이다. 내가 주께 감사하옴은 나를 지으심이 신묘막측하심이라.(시편 139:13-14) 욥기서에는 정자로부터 인간의 골격 형성까지 태아의 생성에 관한 좀 더 구체적인 서술이 나타난다.

"주께서 나를 젖과 같이 쏟으셨으며 엉긴 젖처럼 엉기게 하지 아니하셨나이까. 가죽과 살로 내게 입히시며 뼈와 힘줄로 나를 뭉치시고 생명과 은혜를 내게 주시고..."(욥기 10:10-11)

성경은 인간의 몸과 영혼을 분리할 수 없는 통일체로 가르치고 있고, 태아를 도덕적인 존재로 보고 있다. 영혼이라는 단어가 생명이라는 의미도 가지고 있고, 또한 영혼과 생명이 동의어로 사용되기도 한다. "악인은 모태에서 멀어졌음이요 나면서부터 곁길로 나아가 거짓말을 하는도다." (시편 58:3) "내가 죄악 중에 출생하였음이여 모친이 죄 중에 나를 잉태하였나이다."(시편 51:5)

성경의 여러 본문들은 인간이 물질적인 요소와 비물질적인 요소로 구성되어 있음을 분명히 한다. 그리고 인간의 비물질적인 요소는 성경에서 영혼 또는 영이라 부르고 있으며, 인간은 물질적 요소인 몸과 비물질적

---

109) 창 2:7, 1:20, 24, 30.

요소인 영혼 또는 영의 통일체라고 서술되어 있다. 몸과 영혼은 존재론적으로 구분되어지는 실체이지만 둘은 또한 나눌 수 없는 신비한 통일체이기도 하다.[110] 인간의 비물질적 요소를 둘로 구분하여 인간이 몸과 영혼과 영의 세 실재적 실체로 되어 있다는 삼분설을 주장하는 사람들이 있다. 그러나 성경에서 영혼과 영은 동의어로서 교체적으로 사용되고 있다. 그리고 영과 마음도 구약성서에서 21회나 동의어로서 나타난다.[111]

그러므로 우리는 태아가 잠재적 인간이 아니라 완전한 인간이라는 사실을 성경적 근거 위에서 주장할 수 있을 것이다. 총신대학교 신성자 교수의 표현을 빌리자면, 태아는 인간 종(種), 즉 아담의 자손이라는 회원카드 하나로 충분한 것이다. 그 이상의 골드카드를 얻기 위한 어떤 특별한 조건을 필요로 하지 않는다. 태아가 아담의 후손이라면 그가 누구이든지간에 인간이며 인간 종(種)에 속한 것이라면, 자동적으로 그는 인간인 것이다.[112]

그런데 어떤 사람은 출애굽기 21장 22-23절의 다음과 같은 내용을 근거로 해서 낙태 찬성론을 지지하기도 한다.

"사람이 서로 싸우다가 아이 밴 여인을 다쳐 낙태케 하였으나 다른 해가 없으면 그 남편의 청구대로 반드시 벌금을 내되 재판장의 판결을 따라 낼 것이니라. 그러나 다른 해가 있으면 갚되 생명은 생명으로 눈은 눈으로, 이는 이로, 손은 손으로, 발은 발로, 데운 것은 데움으로, 상하게 한 것은 상함으로, 때린 것은 때림으로 갚을지니라"

이 구절에 의하면, 태아가 사망하고, 산모에게 다른 해가 없으면 벌금형이 부과되지만, 산모가 사망하면 사형에 처해진다. 그렇다면 산모의 태아의 생명은 '벌금형' 의 가치에 불과하며, 산모의 생명만이 '사형형'의 가

110) 신성자, 낙태에 대한 성경적 과학적 고찰, 그리심, 2003, p. 37.
111) 위의 책, pp. 38-40.
112) 위의 책, pp. 63, 33.

치가 있는 온전한 '생명'의 가치로서 존중되어야 한다는 말일까? 만약에 그렇다면, 태아의 생명은 인간의 생명으로서 존중할만한 가치가 없다는 말일까?

신성자교수에 의하면, 이 구절은 정반대로 해석되어야만 하는 구절이다. 히브리 원문을 대조해 보면, 22절은 낙태로 번역해서는 안 된다. 이 구절에서 사용된 동사 yatza 는 "나가다" 혹은 "나오다"의 뜻을 가지고 있기 때문에 아이가 정상적으로 출생하는 것을 의미한다. 그러므로 이 구절은 아이가 낙태된 것이 아니라 예정일보다 일찍 '조산' 된 경우이다. 그래서 이것은 아이가 조산된 후, 아이나 산모가 모두 해를 입지 않았을 경우와 아이나 산모가 모두 해를 입었을 경우 사이의 구분에 해당한다.[113] 그래서 이것은 낙태 찬성론을 지지하는 구절이 아니라 오히려 하나님께서 태아를 완전한 인간으로 간주하신다는 낙태 반대론의 가장 강력한 증거가 될 수 있는 것이다.

## 하나님의 형상

생명체들 가운데서 인간의 생명은 가장 존엄한 것이다. 성서에 의하면, 인간이 다른 생물들과 구별되는 점은 생기나 영혼을 소유했다는 데 있는 것이 아니라 인간만이 하나님의 형상대로 지음 받았다는 데 있다.[114] 성경은 하나님의 형상을 분명하게 정의하거나 구체적으로 설명하고 있지 않다. 그래서 그 형상이 무엇인지에 대해서는 매우 다양한 견해들이 존재한다. 첫째는 인간 안에 있는 하나님의 형상을 인간의 어떤 속성들 또는 본질적 특성들에서 찾는 입장이다. 그 속성을 이레니우스는 인간의 이성과 자유의지로, 성 아우구스티누스는 자기 지식, 자기 기억, 자기애를 위한 능력으로, 성 토마스 아퀴나스는 지성과 이해로, 칼뱅은 이해와 마음, 즉 영혼과 그 능력으로 해석한다. 그리고 그에 덧붙여서 이들 모두가 공

113) 위의 책, pp. 58-62.
114) 위의 책, p. 16.

통적으로 해석하는 것은 인간이 하나님을 알고 사랑할 수 있는 능력이다.[115)]

둘째는, 그 속성을 이 땅에서 인간이 수행하고 있는 기능으로 해석해야 한다는 견해다. 그래서 이것은 세계의 통치자이신 창조주 하나님의 지상 대리인으로서 다른 피조물들을 다스리는 인간의 대리 왕적 기능으로 이해한다. 셋째로, 형상(첼렘)은 구약성서에서 17회 사용되었는데 그 중 10회가 물질적 상(象)을 가리킨다. 이것은 가견적인 것을 뜻한다. 그것은 고대 근동에서 정복왕이 자기존재의 상기물로서 남겨 두는 조각상을 의미했다. 그러나 신약성서에서는 하나님의 형상을 인간의 어떤 내적 특성들로 표현하고 있을 뿐이며, 그리스도인들이 내면적으로 하나님의 형상을 본받는 것과 그의 형상으로 변화하는 것에 대해 말씀하고 있을 뿐이다.[116)]

## 낙태에 관한 법률

이제 우리는 인류가 현대 사회로 넘어 오면서 낙태 문제를 어떻게 다루어 왔는지 살펴보려고 한다. 미국에서는 아직도 인공낙태가 정상 분만과 크게 다를 바 없이, 별 거리낌 없이 시술되고 있던 시기에, 영국에서는 1803년 인공임신중절이 불법임을 선언하였다. 프랑스와 벨기에는 그 뒤를 좇아 1810년 인공임신중절이 불법임을 공표하였다. 독일이나 이탈리아, 스칸디나비아 반도에서도 19세기 후반 무렵에 인공임신중절이 범죄행위라는 표결 결과를 발표했다.[117)] 1980년 이전까지 독일 형법에 따르면 행위자뿐만 아니라 그 동조자까지도 징역을 살도록 되어 있었다.[118)]

이러한 상황에서 도움이 되었던 것은 피임방법이었다. 피임법은 부부들로 하여금 성적 행위를 출산행위와 분리하여 생각할 수 있도록 만들었

115) 위의 책, p. 17.
116) 위의 책, pp. 18-20.
117) 황필홍 외 6인, 낙태 포르노 인간복제, 고원출판사, 1999, p. 241.
118) 위의 책, p. 219.

다.[119] 그러다가 낙태 찬성론이 대두되기 시작한 것은 여성단체들에 의해서였다. 19세기 말에서 20세기 초에 걸쳐 여성단체들은 인공임신중절 허용에 대한 개정안을 강력히 주장하였다. 그들의 주장에 의하면, 어머니의 아이에 대한 모성이란 그를 기꺼이 원했을 경우에만 온전히 피어날 수 있다는 것이었다. 그 후 1890년 스웨덴에서 제일 먼저 법안이 수정되어 인공임신중절이 허용되었다. 그 다음에 1910년 러시아에서 인공임신중절이 범죄행위가 아니라는 법안이 표결되었다.[120] 제네바에서도 1953년 몇몇 산부인과 의사들이 모여 인공임신중절을 합법화시키는 절차를 논의하였다.[121]

종전에는 낙태 반대자들이나 지지자들이 태아가 인간이라면 낙태는 잘못이라는 데 의견이 일치했었고, 그런 전제 하에서 낙태 지지자들은 태아가 인간이라는 사실을 인정하지 않는 방법으로 낙태의 정당성을 주장하였었다. 그러던 것이 이제는 태아가 한 인간이라 하더라도 임산모는 자기 몸을 그 아이의 생존을 위해 사용되게 해 줄 의무가 없으며 자기 신체에 대한 자율권을 갖기 때문에 낙태가 정당하다는 식으로 바뀌고 있다. [122] 그래서 프랑스 정부는 영아살해 및 유기 등의 잔혹행위를 어느 정도 방지하기 위해서 각종 복지재단을 설립하였다. 프랑스 법에 따르면 버려진 아이는 고아다. 프랑스 정부는 사생아들을 조국의 아이로서 국가 예산으로 양육하도록 하는 것이 복지 정책의 일환이라고 판단했다.[123]

인간 생명 존중의 원리는 기독교의 창조신앙과 구속신앙에서 나온 논리적 결론이다. 그리고 그리스도 안에서 인간에 대한 하나님의 계획과 의도로부터 자연스럽게 연결되는 것이 인간의 가치와 존엄성이다. 하나님께서는 인간 생명을 귀하게 여기시고 그것의 보호를 명하셨다. 하나님께서는 살인하지 말라고 명령하셨다.(출 20:13) 그럼에도 불구하고 낙태 문제는 자살 문제와는 비교될 수 없을 만큼 간과되고 있다. 아직까지 우리나

119) 위의 책, p. 239.
120) 위의 책, pp. 242-243.
121) 위의 책, p. 239.
122) 신성자, 낙태에 대한 성경적 과학적 고찰, 그리심, 2003, p. 11.
123) 황필홍 외 6인, 낙태 포르노 인간복제, 고원출판사, 1999, p. 221.

라에서 1년에 얼마나 많은 생명들이 빛을 보지 못한 채 임산부의 뱃속에서 죽어가고 있는지 정확한 통계 자료조차 없다. 유엔보고서와 보건복지부의 통계에 따르면 우리나라 가임기 여성(15-44세) 1,000명당 낙태 건수는 29.8 명(2005년 기준)으로 일본의 2배에 달한다. 낙태는 생명을 죽이는 행위나 다름없음에도 불구하고, 우리 사회는 이 문제를 공개적으로 이야기하기를 꺼린다. 어느 여론조사에서 조사한 바에 의하면, 가임여성 4,000명 중 85.1%는 낙태를 허용해야 한다고 답했다. 변호사와 법대 교수 237명 대상의 설문조사에서도 96.6%가 찬성하는 것으로 나타났다. 이것은 낙태에 대한 무감각한 분위기와 수익을 위해 낙태를 권하는 의료계의 합작품이라고 전문가들은 진단한다. 이러한 관점에서 볼 때, 낙태 문제는 단순한 견해 차이의 문제가 아니라 현대 사회의 물질만능주의와 향락주의, 개인적 이기주의, 성취 지상주의, 그리고 여권운동 등의 새로운 가치관과 성문화를 포함하는 문화 전반에 관계된다.[124)]

## 생명경시 풍조

낙태는 생명경시 풍조가 빚어낸 살인의 가장 심각한 사례에 해당한다. 젊은 남녀가 성적인 접촉을 하면 임신할 가능성이 큰 것은 당연하다. 문제는 그로 인해서 원치 않는 임신이 이루어졌을 때, 곧바로 낙태를 선택한다는 데에 있다. 2007년에 태어난 신생아는 49만 7천여 명으로 전년보다 4만 5천명이 늘었지만, 출산율은 여전히 최저를 기록하고 있어서 심각한 국가적 문제가 되고 있다. 그렇지만 낮은 출산율에 비해 낙태 건수는 150만 내지 200만 건으로 추정되어 신생아 수의 3배내지 4배에 달한다. 현대 사회는 낙태에 대해 죄의식을 느끼기는커녕 그 합법화를 아무 거리낌 없이 주장하고 있기 때문에, 생명경시 풍조가 더욱 일상화되어 가고 있고, 그에 비례하여 자살률이 갈수록 증가하는 것은 어쩌면 당연한 귀결인지도 모른다.[125)]

---

124) 신성자, 낙태에 대한 성경적 과학적 고찰, 그리심, 2003, p. 9.

## 인공유산

마지막으로 우리나라의 모자보건법시행령 제 15조에는 "인공임신중절은 임신한 날로부터 28주 이내에 한하여 할 수 있다"라는 규정이 있는데, 인공 유산(영어, induced abortion, 불어, avortement spontané, 독어, Fehlgeburt)에 관한 구체적인 자료를 소개하면 다음과 같다.126)

1) 치료적 유산

- 본인 또는 배우자가 대통령령이 정하는 우생학적 또는 유전학적 정신장애나 신체질환이 있는 경우
- 본인 또는 배우자가 대통령령이 정하는 전염성 질환이 있는 경우
- 강간 또는 준 강간에 의하여 임신된 경우
- 법률상 혼인할 수 없는 혈족 또는 인척간에 임신된 경우
- 임신의 지속이 보건 의학적 이유로 모체의 건강을 심히 해하고 있거나 해할 우려가 있는 경우

2) 선택적 유산

- 사회적 적응증 및 선택 결정 요구에 의한 여성 권리적 측면의 적응증에 의한 인공 유산을 선택적 인공 유산이라고 하며, 오늘날 대부분의 유산이 이 범주에 속한다.

3) 수술적 방법

- 경우에 따라 다르지만 대개 1시간 이내에 끝난다.
- 자궁경부 개대 및 소파술: 자궁 입구(자궁경부)를 먼저 인위적으로 열리게 한 후 자궁 내의 임신 산물을 소파술, 진공 흡입술, 또는 흡입소파술로 제거하는 것이다. 인위적으로 자궁강 내에 음압을 가하거나

125) 오진탁, 자살, 세상에서 가장 불행한 죽음, 세종서적, 1992. p. 30.
126) 황필홍 외 6인, 낙태 포르노 인간복제, 고원출판사, 1999, p.214.

물리적인 방법으로 자궁 내의 임신 산물을 배출하게 된다.

- 월경 흡입법: 드물게 시행되는 방법으로, 월경 예정일보다 1~3 주 경과한 경우 작은 관과 주사기를 이용하여 자궁내강을 흡입하는 방법이다.
- 개복 수술: 매우 드물게 시행되는 방법으로, 통상적인 방법으로 인공 유산이 힘든 경우(가령 이전에 자궁 수술의 과거력이 있는 태아가 큰 경우) 시행된다.

4) 약물을 이용한 방법

- 임신 초기에 자궁 수축을 유발하는 약제 등을 이용하는 방법이다. 미소프로스톨,미페프리스톤, 메토트렉세이트 등이 사용된다.
- 약제 투입 후 임신 산물이 배출될 때까지의 시간은 매우 다양하여 수 시간에서 수 일이 소요된다.

5) 통증

- 유산 시술 이후 수일간 하복부의 통증이 있을 수 있다. 이때 진통제를 복용하면 도움이 된다. 통증이 너무 오래 지속되거나 통증의 정도가 심각하거나 점점 심해지는 양상이면 담당 의사를 방문하여 상담하여야 한다.

6) 경과

- 특별히 정해진 기간은 없지만 대개 1~2주 정도 내에 회복이 되는 것으로 생각 된다. 탕 목욕 및 성관계는 약 2~4주 이후에 하면 안전하며, 빠르면 첫 2주 이내에 배란이 회복되는 것으로 알려져 있으므로 반드시 피임을 하여야 한다.

** 토론거리

- 인간 생명의 시작은 언제부터인가?

- 낙태의 자유를 모든 부부들에게 부여하는 것이 좋을까 아니면 국가가 관여하는 것이 좋을까?

** 주요 읽을거리


- 김재만, 조현애 지음, 하나님 형상의 태아, 이레서원, 1999.
- 박인원, 생명의 기원, 서울대출판부, 1996.
- 신성자, 낙태에 대한 성경적 과학적 고찰, 그리심, 2003.
- 에르빈 슈뢰딩거 저, 전대호 역, 생명이란 무엇인가, 궁리, 2007.
- 정동섭, 이영애 지음, 좋은 남편 좋은 아내가 되려면, 엔크리스토, 2004.

# 기독교와 자살

김 형 길

## 서론

자살이란 "당사자가 자유의사에 의하여 자신의 목숨을 끊는 행위"를 말한다.[127] 우리가 앞에서 다루었던 낙태와 인간배아복제의 주제들은 타살과 관계가 있다. 이제부터는 자살의 문제를 다루어 보려고 한다. 자살과 타살의 공통점은 "생명을 죽인다."는 점에 있다. 다시 말해서 생명이 타인에 의해서 죽임을 당하건 자신에 의해서 죽임을 당하건 간에, 생명이 인위적으로 희생을 당한다는 점에서는 마찬가지라고 보는 것이다.

자살이란 말의 어원은 라틴어의 sui(자기 자신을)와 cædo(죽이다)의 합성어이다. 자살은 말 그대로 스스로 자기 생명을 끊는 행위이다. 만약에 인간에게 자살할 권리가 부여되어 있다면, 살인의 권리도 역시 인정되어야만 할 것이다. 왜냐하면 자살이든 살인이든 다만 대상이 다를 뿐, 생명을 훼손한다는 의미에서는 똑같은 행위로 볼 수 있기 때문이다.[128]

어느 연구조사에 의하면 "청소년 학생들 중 5%가 자살을 시도해 본 적이 있고, 20% 이상의 학생들이 자살 충동을 자주 느끼고 있으며, 그 중 2%는 항상 자살 충동을 느낀다."고 한다.[129] 그런데 수많은 자살자들의 사례를 추적해 보면, 그들에게는 죽음에 대한 올바른 이해나 자각이 매우 부족하다는 사실을 알 수 있다. 가장 큰 오해는 다음 네 가지다. 첫째는, 왜 나만 고통을 당하는가? 둘째, 자살하면 현재의 고통에서 단숨에 벗어날 수 있다. 셋째, 이 세상과 사회가 나를 자살하게 만든다. 넷째, 자살하

127) 토마스 브로나쉬 저, 이재원 역, 자살, 이끌리오, 2002, p. 17.
128) 오진탁, 자살, 세상에서 가장 불행한 죽음, 세종서적, 1992. p. 54.
129) 맹용길, 낙태, 도서출판 두란노, 1991. p. 19.

면 세상과 완전히 결별할 수 있다.

## 자살실태

그러면 먼저 우리나라의 자살 실태를 살펴보자. 우리나라의 한 해 동안 자살자 수는 얼마나 될까? 통계청 자료에 의하면 2005년에는 1만 2047명으로 하루 33 명이고, 2006년에 1만 688명으로 하루 평균 29명이다. 이 수치는 인구 10만 명당 각각 26.1명(2005)과 23명(2006)에 해당한다. 한국은 2002년에 자살률 19.13명으로 교통사고 사망률 19.12명을 앞질렀다. 그리고 2003년에 이미 한국은 10만 명당 자살률 24명으로 헝가리 22.6명, 일본 20.3명을 앞질렀다. 게다가 자살은 수년째 20대와 30대의 사망원인 1위로 나타나고 있다. 최근에 한국의 자살률은 OECD 30개 회원국 중에서 1위로 올라서 있다.[130)]

남녀별로 자살경향을 살펴보면, 어느 나라에서나 여자의 자살률이 남자보다도 훨씬 낮다. 이것은 여러 가지 이유를 생각할 수 있으나, 역경에 순응하고 곤경을 참아내는 능력이 남자보다도 여자가 뛰어나다는 것과, 여자는 남자에 비하여 사회적 활동의 범위가 좁아, 자살 원인이 될 만한 사회적 곤경에 봉착할 기회가 적다는 것이 주된 이유로 지적된다. 연령별로는 어느 나라에서나 자살률은 연령이 높아짐에 따라서 점차로 더 높아지고 있다. 인제대 서울백병원 우종민 교수팀이 2005년 보건복지가족부에 제출한 보고서에 따르면, 직장인의 9.8%가 언제든지 불안장애에 걸릴 수 있는 위험군으로 분류된다.[131)]

130) 오진탁, 자살, 세상에서 가장 불행한 죽음, 세종서적, 1992, pp. 19-20. OECD fact book에 실린 자료참조.
131) 위의 책, p. 29.

## 자살은 불행한 죽음

그렇다면 자살이란 어떤 것일까? 자살 미수자들의 증언에 의하면, 죽음의 순간에 행복감이나 편안함, 빛의 존재를 경험하기는커녕 이 세상의 고통과는 비교할 수 없는 극심한 고통만을 느꼈다고 한다. 그러한 고통을 맛보았던 자살 미수자들이라면 아마도 자살을 감행했던 자신의 어리석음을 깊이 뉘우치게 될 것이다.[132] 여러 학자들의 연구결과에 의하면, 자살은 현재의 생명을 끊고 존재의 상태만을 변화시킬 뿐, 결코 더 나은 영혼의 평안을 가져다주지 못한다. 아니, 오히려 무서운 고통만을 가져다주어 영혼에 깊은 상처를 남길 뿐이다.[133]

죽으면 아무것도 남지 않는다고 생각하는 사람은 죽음 이후가 있다는 주장에 대해서 과학적으로 증명해 주기를 요구한다. 하지만 죽음은 과학의 연구 범위를 벗어나는 문제다. 죽음을 극복하지 못하는 사람은 결국 공포와 두려움이 얼룩진 표정으로 숨을 거두게 됨으로써 남아있는 유족들에게 안타까움을 남긴다.

자살은 세상에서 가장 불행한 죽음이다. 왜냐하면 자살로 인해 그의 삶과 죽음의 순간, 그리고 죽음 이후가 모조리 불행 속으로 추락해 버리기 때문이다.[134] 스스로 목숨을 끊게 되면, 바로 그 순간부터 영혼은 후회와 죄책감에 빠지게 된다.[135] 누구나 죽음을 올바르게 이해한다면 절대로 자살하지 않을 것이다.[136] 가장 잘못된 편견은 바로 죽음에 관한 편견이다.[137] 죽음은 우리의 적이 아니라 자연스러운 삶의 한 과정인 것이다.[138] 그런데 건강한 삶과 건강하지 못한 삶이 있듯이, 죽음에도 건강한 죽음과 건강하지 못한 죽음이 있는데, 자살은 바로 이 건강하지 못한 죽

132) 위의 책, p. 45.
133) 위의 책, p. 46 .
134) 위의 책, p. 52 .
135) 위의 책, p. 43.
136) 위의 책, p. 9.
137) 위의 책, p. 11.
138) 위의 책, p. 50.

음의 대표적 사례다.[139]

역사적으로 볼 때, 자살에 대한 사회적 반응은 대체로 부정적이었다. 영국에서는 10세기 초부터 자살을 불법으로 규정하고 살인과 동일하게 취급해왔다.[140] 그 뿐만 아니라 1868년까지 자살 미수자에 대한 공개처형 제도가 존재했었다. 자살자에 대한 법적 금지는 20세기 중반까지도 유지되어 왔었다.[141] 자살을 금지한 이유는 종교적이고 도덕적인 이유 때문이었다. 어느 누구도 현세의 고통을 피하기 위해 스스로 죽음을 택해서는 안 된다는 것이었다. 왜냐하면 이것은 영원한 고통을 초래하기 때문이다. 또 누구든지 죽음 뒤에 더 나은 생명이 있다는 믿음 때문에 자살해서는 아니 되었다. 왜냐하면 더 좋은 영생의 나라는 자살한 자를 받아들이지 않는다고 생각했기 때문이다.[142]

기독교 문화가 주를 이루었던 유럽 사회에서는 자살에 대한 절대불가의 태도를 고수했다. 뿐만 아니라 불교와 힌두교, 그리고 유교 문화권에서도 이러한 견해를 찾아 볼 수 있다.[143] 자살을 금기시하고 자살자나 미수자들을 처벌한 흔적은 고대 그리스와 로마의 문헌에서도 발견된다. 그리스의 어떤 문헌에 의하면, 당국의 허가를 받지 않고 자살한 사람은 정식으로 장례를 치를 수 없었으며 당국은 그의 손을 잘라 따로 매장했다고 한다.[144]

139) 위의 책, p. 70.
140) 박상칠, 조용범 공저, 자살, 학지사, 1998, p. 21 .
141) 위의 책, pp. 16-17.
142) 위의 책, p. 19.
143) 위의 책, p. 17 .
144) 위의 책, p. 18.

## 자살 찬성론

여러 사상가들의 견해를 종합해 볼 때, 우리는 자살 찬성론과 반대론으로 나누어지는 것을 알 수 있다. 먼저 찬성론에 대해서 이야기해 보자. 아우슈비츠 수용소의 극소수의 생존자 중 한사람이었던 프랑스의 문필가 장 아메리는 "자살하기: 자유죽음론" On Suicide: A Discourse on voluntary Death (1976)이라는 책을 발간한 후 2년 뒤에 자살했다. 그가 주장하는 자유죽음의 골자는 다음과 같다. 첫째, 자살은 인간만의 고유권한이다. 둘째, 자살을 통해 최고 형태의 자유가 실현된다. 셋째, 자살은 비인간적 삶에서 인간성을 지키는 유일한 행위다. 넷째, 자살은 자유로운 판단에 의한 것이다. 다섯째, 자살하는 순간 자살자는 그의 과거와 무관해진다. 여섯째, 자살 치료자는 이미 자유의사를 포기하고 사회적 기대에 몸을 맡긴 사람이다. 일곱째, 인간에게 자살의 권리가 있으므로 삶만이 최고라는 독단은 폐기되었다. 여덟째, 자살은 자신의 절대적 개성과 절대적 정체성의 표현이다.[145)]

자살 찬성론에 따르면, 인간이면 누구나 자기의 생명에 관해서 절대적인 권리를 가진다. 인도의 사티(sati)에서는 남편을 잃은 아내가 남편의 극락왕생(極樂往生)을 기원하여 뒤따라 자살하는 관습이 있었다. 한국에서도 옛날에는 임금이 죽으면 신하가 순사(殉死)하는 관습이 있었고, 근세 이후의 문예작품이나 연극 작품 중에는, 자살을 동정하고 정사(情死)를 미화하는 표현들이 발견된다.

니체와 쇼펜하우어는 자살 옹호자들이었다.[146)] 세네카는 스토아 철학의 대표적인 사람이었지만, 그의 친구에게 보낸 편지에서 자살은 영예로운 것이라고 썼다. 네로는 세네카가 그의 제자와 함께 자신을 암살하려 했다는 이유로 자살을 명령했고, 결국 세네카는 동맥을 끊어 자살했다.[147)] 몽테뉴는 자살을 정당화했다. 몽테스키외 역시 자살을 비난하는 것에

---

145) 오진탁, 자살, 세상에서 가장 불행한 죽음, 세종서적, 1992, pp. 65-70.
146) 박상칠, 조용범 공저, 자살, 학지사, 1998, pp. 113-118.
147) 위의 책, pp. 26-27.

대해 반대하였다. 플라톤은 불치의 고통이나 불가피한 치욕을 당한 사람의 경우에는 자살을 인정하였다. 루소는 삶이 혹독하다고 느끼는 사람은 삶을 버려도 된다고 했다.

## 자살 반대론

자살 반대론에 의하면, 자살은 신과 국왕에 대한 의무를 포기하는 행위로서 비난받아 마땅하다. 특히 기독교는 자살이 신을 모독하는 행위라 하여 죄악시 하였고, 종교적인 제재를 가하였다. 가톨릭은 오늘날에도 자살을 죄악시하는 사상이 강하다. 불교는 열반사상(涅槃思想)의 입장에서 자살을 경계하고 있지만, 현실적으로는 종교적 자살이 없지 않다.

사상가들은 대체로 자살에 대해서 반대한다. 스토아학파는 자살을 인정했던 반면에 에피쿠로스학파는 인정하지 않았다. 플라톤은 기본적으로 자살을 반대했었는데, 그 이유는 기독교가 주장하는 것과 비슷한 이유 때문이었다. 즉 인간은 신으로부터 선물 받은 생명에 대해서 경외심을 지녀야만 한다는 이유였다. 토마스 아퀴나스는 자살을 단호하게 비난했다. 칸트는 자살을 정언적(定言的) 명령에 대한 위반이라고 생각했다. 뿐만 아니라 자살은 자기 자신에 대한 의무 위반이라고 생각했다. 헤겔도 역시 자살에 대한 비판적 견해를 표명했다. 그는 비록 죽기로 결심하는 일에 정신적 강인함이 필요하다 할지라도, 그것은 삶을 완전하게 견디어 내는 정신적 강인함에는 훨씬 못 미치는 것에 불과하다고 생각했다. 사르트르도 자살을 반대했다. 그에 의하면, 자살은 내 삶의 마지막이기 때문에 그것은 미래를 부정한다. 까뮈도 자살을 거부하였다.

## 성서적 입장

성경에는 자살을 선택했던 인물들이 소개되어 있다. 구약에는, 아비멜렉(삿 9장), 사울(삼상 31장), 아히도벨(삼하 17장), 시므리(왕상 16장)가 있고, 신약에는 대표적인 예로 가롯 유다(마 27장)가 있다.

그렇다면 자살에 대한 성서적 관점은 어떠할까? 성경에 의하면, 생명은 하나님께서 창조하신 것이다. 그러므로 생명은 내 것이 아니고 하나님의 것이다. 내 생명의 시작과 끝은 하나님의 권한에 속한다. 생명존중은 현세의 생명에만 국한되는 것이 아니며, 그것은 내세의 생명과도 밀접하게 연관되어 있다. 사후에 심판이 있고(히 9:27) 심판 후에는 새 하늘과 새 땅에서 영생이 있다(계 20:14-15). 중세의 신학자인 아우구스티누스는 정절을 지키기 위한 자살까지도 죄라고 규정했다. 그는 정절은 육체적인 것이 아니라 정신적인 것이기 때문에, 불가피한 상황에서 육체적 정절을 잃은 것을 죄로 여길 필요가 없다고 말했다.[148] 성서학자들에 의하면, 어거스틴이 그렇게 강한 어조로 자살을 정죄한 이유가 도나티스트와 몬타니스트 때문이라고 한다. 도나티스트 중에서도 과격파 그룹인 썰컴시리안은 순교를 위해 노예와 농민들의 반란을 선동했으며 고의로 교회를 파괴하려 했었기 때문이었다.[149]

## 자살의 원인

이제 자살의 원인을 분석해 보자. 첫째는 사회 구조적인 모순에서 비롯되는 자살이 있고, 둘째는 개인적 원인에서 비롯되는 자살이 있다. 그러나 실제 자살 사례들을 살펴보면 사회구조적 문제와 개인적 원인 두 가지가 서로 복잡하게 얽혀 있음을 알 수 있다. 예를 들어 물질만능주의, 우울증과 스트레스, 생명경시풍조, 젊은이의 사회부적응, 인터넷 부작용, 학교성적과 대학입시실패, 실직과 구조조정, 노인문제 등 다양한 문제가 거기에 숨어있다.[150]

자살의 원인은 매우 복잡해서 파악하기가 어려운데, 통계에 의하면 신경쇠약, 실연, 병고(病苦), 생활고, 가정불화, 장래에 대한 고민, 사업실패,

148) 위의 책, p. 20.
149) 위의 책, p. 19.
150) 오진탁, 자살, 세상에서 가장 불행한 죽음, 세종서적, 1992, p. 24 .

염세(厭世) 등 여러 가지가 있으며, 그 중에서도 염세, 병고, 신경쇠약, 실연, 가정불화가 두드러지게 많다. 이것을 남녀별로 보면 남자에게는 신경쇠약과 병고가 많고, 여자에게는 가정불화와 실연이 많다. 그리고 연령별로는 청소년에게는 실연과 염세가 많고, 노인에게는 병고가 특징적으로 많다.[151]

개인적 원인에서 비롯되는 자살로는, 주로 개인의 병적인 정신질환에서 비롯되는 자살과 우리 사회에 만연한 생명경시풍조에서 비롯되는 자살, 그리고 인터넷의 부정적인 영향에서 빚어지는 사이버 테러에 의한 자살 등을 들 수 있다. 개인의 정신질환에서 비롯되는 자살 현상으로는 우울증이나 스트레스가 가장 많다.[152]

## 우울증

WHO(세계보건기구)는 21세기 인류를 크게 괴롭힐 질병 중 하나로 우울증을 꼽고 있다. 우울증이 심해지면 식욕, 성욕, 수면욕, 의욕 등 이른바 네 가지 욕심이 사라진다. 우울증이 심해지면 불면증, 기억력 감퇴, 변비, 소화불량, 기력 저하 등의 다양한 신체 증상도 함께 나타난다. 뿐만 아니라 정신적으로 피해망상, 환청, 환각 등이 동반되는 중증 정신질환으로 발전하게 된다.[153]

우울증은 평소에 절망적인 기분에 자주 사로잡히는 사람이나 염세적 사고에 빠지는 사람, 자신의 존재 가치를 지나치게 비하하는 사람들에게서 많이 나타난다. 이러한 증상이 심각해지면, 평소에 좋아하던 취미생활이나 일상 업무, 대인관계 등에서 의욕이 상실되고 모든 것에 흥미를 잃어버려, 심리적으로 한없이 가라앉거나 침울한 기분이 사람을 지배하게 된다. 이러한 마음 상태는 가을이나 겨울 같은 조락(凋落)의 계절에 자주 찾아드는데, 흔히 사람들은 이것을 계절을 탄다는 말로 표현한다.[154] 우

151) 네이버 백과사전, "자살"
152) 오진탁, 자살, 세상에서 가장 불행한 죽음, 세종서적, 1992, pp. 28-29.
153) 위의 책, p. 87.

울증이 무서운 것은 병 그 자체 때문이 아니라 우울증과 더불어 수면 위로 떠오르는 죽음의 충동 때문이다.[155]

의학적으로, 우울증은 세라토닌이라는 신경전달물질의 분비 이상 때문에 생기는 정신질환이다. 우울증이 심해지는 것은 세라토닌의 분비가 줄고 수면조절 호르몬인 멜라토닌의 분비가 늘어나기 때문이다. 계절성 우울증의 치료방법은 햇볕이 밝게 내리쬐는 창가에서 충분히 휴식을 취하고 가급적 실내조명을 밝게 하고, 매일 주기적으로 산책과 운동을 하는 방법이다.

자살 경험이 있는 환자들이 가장 많이 호소하는 정신증세는 원인을 알 수 없는 막연한 우울증과 고독감, 위축감과 죄책감이다.[156] 그리고 자살률은 물질적으로 풍요한 나라에서 더 높게 나타난다. 그 이유는 비록 경제적 생활수준이 높을지라도 사회 구성원의 내면생활은 황폐해져 있기 때문이다. 그 반면에 경쟁의 강도가 낮고 사회적 실패를 지나치게 과장하지 않는 문화권에서는 대체로 자살률이 낮다.[157]

학교성적 때문에 자살하는 사례도 적지 않다. 어느 청소년 상담원의 사이버 상담실에 올라 온 고교 1년생의 고백을 보자. "진짜 살고 싶지 않다. 제가 왜 공부 못한다고 욕을 먹으면서 남의 눈치를 보고 살아야 하는지, 정말 그냥 죽어버리고 싶다. 내가 죽으면 그 후에는 바뀔 수 있을까. 그 때라도 바뀐다면 기꺼이 죽고 싶다. 자살하고 싶다.[158]

젊은이들의 사회부적응에서 비롯된 자살도 빈번히 일어난다. 군부대나 경찰에서 의무복무를 하는 젊은이들이 선참자의 구타와 폭력을 견디지 못하고 자살한 사례들이 있다. 그리고 카드빚으로 인한 자살이나 주식 자살, 재테크 자살은 실상 정책 실패가 부른 사회적 타살이라고 할 수 있다.[159]

154) 위의 책, p. 85.
155) 위의 책, p. 85.
156) 위의 책, p. 42 .
157) 위의 책, p. 48 .
158) 위의 책, p. 26.
159) 위의 책, pp. 109-116.

성형수술 후유증 때문에 자살하는 사례도 있다. 2000년 이후 성형 열풍으로 인해서 돈만 쓰면 무조건 예뻐질 수 있다는 헛된 망상이 사람들 사이에 퍼졌다. 그렇지만 성형수술에 대한 불만이나 부작용도 적지 않았다. 안면 수술을 받다가 환자가 마취쇼크로 뇌사에 빠진 경우도 있다. 그러나 환자 가족들은 주변에 알리는 것을 원치 않았고, 병원 측에서도 경영에 지장이 생기기 때문에 금전적 합의로 끝내려 했다.[160] 한국 여성이 성형을 원하는 비율은 조사 대상국들 중 가장 높다. 우리 사회가 그토록 외모에 집착하는 이유는 그만큼 사람들의 내면이 풍요롭지 못하다는 증거이다.[161] 이것은 외모지상주의가 빚어낸 심각한 사회병리현상이라 할 수 있다.[162]

## 노인자살

한국에서 자살률이 높은 것은 노인 자살이다. 노인 자살률은 해마다 증가하고 있다. 보건복지가족부에 따르면, 60-64세 노인의 경우, 1995년 17.4명에서 2005년 48명으로, 10년 사이에 거의 2.5배가 증가하였다. 65-69세 노인은 같은 기간에 19.2명에서 62.6명으로, 70-74세 노인은 24.8명에서 74.7명으로, 75-79세 노인은 27.5명에서 89명으로, 80-85세 노인은 30.2명에서 127.1명으로 대폭 증가했다. 그 중에서 다수를 차지하는 것은, 노인들이 질병에 걸리면 자식들에게 부담을 주지 않기 위해 자살하는 경우다.[163]

노인의 자살은 OECD 회원국 중 최고수준이다. 한국의 노인자살은 2001년 1890명, 2003년 3612명, 2005년 4349명이었다. 노인들은 과거에 자신이 그랬던 것처럼 자식들도 자신을 부양할 것으로 기대하고 아무런 대비를 하지 않은 경우가 대부분이다. 그런데도 현재 한국의 노인들은 노인

160) 위의 책, pp. 132-133.
161) 위의 책, p. 135 .
162) 위의 책, pp. 31-32.
163) 위의 책, pp. 27.

부양의 책임이 가족에게서 국가로 옮겨져 가는 시기에 그 어느 쪽에도 분명하게 의존하지 못하고 무방비 상태에 놓여있다. 혼자 사는 노인의 자살률이 부인 또는 자녀와 함께 사는 노인의 자살률보다 3배나 높다.[164)]

## 유명인 자살

최근에 자살 빈도가 높아진 것은 연예인들의 자살이다. 인기 연예인들의 자살 도미노 현상을 보면, 2007 년 1월에 가수 유니 양의 죽음, 그리고 불과 한 달 만에 탤런트 정다빈 양의 죽음, 2005 년 2월에 영화배우 이은주 양의 죽음이 떠오른다.[165)] 연예인들이 우울증에 쉽게 빠지는 가장 큰 이유는 첫째, 인기에 대한 과도한 집착과 인기하락에 대한 불안심리 때문이다. 둘째는, 대중 속의 고독 때문이고, 셋째는 네티즌들의 악플에 따른 충격 때문이다.[166)] 연예인은 인기로 뜨고 인기로 지는 불안정한 직업이다. 그래서 술에 의존하거나 병적일 정도로 이성에게 집착한다. 그 밖에도 영화와 현실을 구분하지 못하는 직업상의 성격도 여기에 한 몫을 한다.[167)]

또 한 가지 관심을 끄는 것은 사회 지도층의 자살, 즉 노블레스 오블리주의 죽음이다. 그 사례로는, 2005년 유태흥 전 대법원장의 자살이 있고, 현대그룹 정몽헌 회장의 자살, 대우건설 남상국 사장의 자살, 2003년 육군본부 계룡대 이모 육군 준장의 자살, 그리고 2009년 노무현 대통령의 자살이 있다. 이들은 인생의 목표를 오직 부와 명예에 두고 앞만 보고 달려 왔기 때문에 어느 한 순간에 그러한 인생 목표가 무너질 때 스트레스를 감당하지 못하고 자살하게 된 것이다.[168)] 사회 지도층의 자살이 크게 문제가 되는 이유는 그로 인해서 자살자 수가 급격히 증가하기 때문이다.

---

164) 위의 책, p 118.
165) 위의 책, pp. 75-78.
166) 위의 책, pp. 79-80.
167) 위의 책, pp. 82-83.
168) 위의 책, pp. 106-109.

1994년부터 2005년까지 12년간 국내 유명인의 자살 후 국민자살의 증가율을 비교분석해 본 결과, 유명인이 자살하면 월 평균 137명이나 더 자살한다는 사실이 밝혀졌다.[169)]

현대 사회의 물질만능주의가 빚어낸 어이없는 자살 사례들은 우리 사회가 갈수록 돈의 노예가 되어가고 있는 현상을 여실히 드러낸다. 카드빚을 갚지 못해서 아까운 청춘을 스스로 저버린 여대생, 잘못된 10억 만들기 열풍이 빚어낸 아버지와 딸의 자살, 거액의 재산 때문에 자녀들의 불화가 끊이지 않자 스스로 목숨을 끊은 할머니의 자살, 그 뿐만이 아니다. 출세주의의 잘못된 풍조로 인해서, 청소년들의 학업 스트레스로 인한 자살이 늘어나고 있다. 그 이유는 개인의 인격적 성장과 지적 성취를 위한 공부가 아니라, 점수 따서 좋은 대학에 가기 위한 공부에 학업의 목표를 두고 있기 때문이다. 그래서 학업 실패는 곧바로 인생 실패처럼 여겨지는 것이 현실이다.[170)]

## 사회병리현상

자살은 단순히 개인적 죽음에 그치는 것이 아니라 사회 병리적 현상이다. 그러므로 우리는 이것을 개인의 불행으로만 볼 것이 아니라 우리 사회 전체의 불행이라고 보아야 한다.[171)]

100년 이상에 걸친 기간 동안 집계한 자살 수치는 놀라우리만큼 일정하다. 1960년과 1980년, 1986년의 유럽 각국의 연간 자살 빈도 순위를 비교해 보면 놀라울 정도로 거의 변함없이 나타난다. 오스트리아, 헝가리 제국의 국가들이 독일을 포함한 북유럽 국가들과 함께 상위를 차지하며, 그 뒤를 스위스와 프랑스, 베네룩스 3국이 뒤따르고 있다. 영국 섬의 국가들은 하위를 차지한다. 더욱 더 놀라운 것은 1세기가 넘도록 연간 자살

---

169) 위의 책, pp. 91.
170) 위의 책, pp. ,26.
171) 오진탁, 자살, 세상에서 가장 불행한 죽음, 세종서적, 1992, p. 25.

수치가 일정하다는 것이다.[172)]

햇빛이 모자란 국가들이 햇빛이 풍부한 국가들보다 자살률이 더 높게 나타난다. 예외는 잉글랜드와 아일랜드다. 여성보다 남성이 자살률이 높다. 예외는 인도다. 인도 여성은 죽은 남편을 따라 자발적으로 많이 죽었기 때문이다. 가톨릭 국가보다 프로테스탄트 국가에서 자살률이 높다. 예외는 헝가리다.[173)] 그리고 농촌보다 도시에서 자살률이 높다.

프랑스의 사회학자 E. 뒤르켐에 의하면, 자살의 종류에는 이기적(利己的) 자살과 애타적(愛他的) 자살, 아노미(anomie: 無規制狀態)적 자살의 세 가지가 있다고 한다. 이기적 자살은 개인이 사회에 결합하는 양식(樣式)에서 과도한 개인화를 보일 경우, 즉 개인과 사회의 결합력이 약할 때의 자살이다. 애타적 자살은 그 반대로 과도한 집단화를 보일 경우, 즉 사회적 의무감이 지나치게 강할 때의 자살이다. 아노미적 자살은 사회정세의 변화라든가 사회 환경의 차이 또는 도덕적 통제의 결여(缺如)에 의한 자살이다.

동반자살에는 애타적 자살이 복합되어 있다. 노자의 표현을 빌리자면, 인간은 생이불유(生而不有), 즉 생명을 낳았으되 자기 소유로 삼지 말아야 한다. 인간에게는 자기 생명을 자기 멋대로 결정할 수 있는 권리가 존재하지 않는다. 실제로 생명은 자기 소유가 아니기 때문이다, 이런 점에서 자녀나 배우자와의 동반자살은 살인 행위나 다름없다. 설령 부모가 자녀를 낳아 키웠다 해도 자녀의 생명을 함부로 좌지우지할 권리는 없는 것이다.[174)]

집단자살도 마찬가지다. 1944년 사이판에서 발생한 일본인들의 집단자살이 그 한 사례다. 미군이 사이판을 점령하자 수 천 명의 일본인들은 섬의 북쪽 끝에 있는 마피라는 가파른 절벽에서 뛰어 내렸다. 그리고 비슷한 집단자살이 서기 74년경 유대의 마사다 요새에서도 일어났다.[175)] 위

172) 박상칠, 조용범 공저, 자살, 학지사, 1998, p. 89.
173) 위의 책, pp. 89-94.
174) 오진탁, 자살, 세상에서 가장 불행한 죽음, 세종서적, 1992, p. 55 .
175) 박상칠, 조용범 공저, 자살, 학지사, 1998, p. 25.

의 두 가지 사례들은 이들이 항복 후 처벌을 받을 것에 대한 두려움 때문에 일어난 것이라 볼 수 있다.

## 결론

지금까지 우리가 다루었던 자살 문제에 대한 결론으로서 자살에 대한 대책에 관해서 언급하려고 한다. 선진국에서는 자살에 대한 사회적 안전망을 구축하기 위해 노력한다. 우리는 자살을 더 이상 고도성장과 사회적 풍요에 따른 후유증으로 본다거나 개인의 정신 병리학적 문제로만 볼 수는 없을 것이다. 우리는 사회가 발전하면 발전할수록 그 사회로부터 탈락되는 낙오자들이 증가해 간다는 사실을 인식해서 사회적 안전망을 더욱 치밀하게 구축하려고 노력해야 할 것이다.[176]

오진탁 교수에 의하면, 자살을 예방하는데 있어 생사학의 관점이 가장 적절한 대책이라고 한다.[177] 생사학(thanatology)은 건강한 죽음문화를 모색하고 삶과 죽음의 균형 있는 관계를 설정하기 위해 고심하는 학문이다. 생사학의 관점에서 보면 자살현상의 근저에는 '죽음에 대한 잘못된 인식'이 자리 잡고 있다.[178]

생사학은 자살해서는 안 되는 이유를 다음 6가지로 제시한다. 첫째, 자살은 더 큰 고통을 가져오기 때문이다. 둘째, 자살한다고 문제가 해결되지 않기 때문이다. 셋째, 자살은 끝이 아니며, 자살한다고 모든 것이 끝나는 것이 아니기 때문이다. 넷째, 우리에게는 자살할 권리가 아니라 인간답게 죽을 권리만 있기 때문이다. 다섯째, 자살은 남은 사람에게 더할 수 없는 고통을 안겨 주기 때문이다. 여섯째, 우리가 태어난 이유는 영혼의 성숙을 위해서이기 때문이다.[179] 20세기에 생사학을 창시한 퀴블러 로스(Elisabeth Kubler-Ross) 여사의 목표는 사람들이 자연사 할 때까지 존

---

176) 오진탁, 자살, 세상에서 가장 불행한 죽음, 세종서적, 1992, p. 148.
177) 위의 책, p. 11.
178) 위의 책, p. 33.
179) 위의 책, pp. 38-39.

엄성을 지키다가 후회 없이 다음 생을 맞이하도록 돕는데 있다.[180]

퀴블러 로스는 사후의 삶에 대한 연구 결과, 인간에게는 영혼이 있으며 인간의 삶에는 단순히 이 세상에서의 생존 이상의 이유가 있다고 말한다. 죽음에 대한 정의는 물질적이거나 육체적인 것을 넘어 영혼, 정신, 삶의 의미와 같이 물질 이상의 무언가 지속되는 것이 있음을 고려해야 한다고 그녀는 강조한다.

죽음을 육신의 죽음이 아니라 영혼이 육신으로부터 분리되는 과정으로 보게 되면, 여러 가지 문제가 자연스럽게 풀릴 수 있다. 육신의 죽음으로 모든 것이 끝나는 게 아니므로 사람들은 육체에 매달리는 삶, 지나치게 세속적이고 물질적인 삶만을 추구하는 태도를 버려야 할 것이다. 죽음에 대한 이해가 바뀐다면, 죽음의 질이 달라짐은 물론이요 우리 삶의 질도 달라질 것이다. 왜냐하면 자신의 존재를 삶과 죽음을 거치는 영혼의 여행으로 이해하는 사람에게 삶이란 포기할 수 없는 성숙 과정이 될 것이기 때문이다.[181]

우리는 어떻게 해야 죽음을 평화롭고 자연스러운 과정으로 받아들일 수 있을까? 어떤 사람은 죽음의 마지막 모습을 9가지로 구분한다. 첫째, 절망과 두려움, 둘째, 부정, 셋째, 분노,  넷째, 슬픔, 다섯째, 삶의 마무리 또는 타협, 여섯째, 순응 또는 수용, 일곱째, 희망,  여덟째, 마음의 여유와 웃음, 아홉째, 밝은 죽음이다.[182] 치료결과 환자는 현재의 삶의 어려운 상황을 회피하지 않고 하나씩 풀어 나가는 것만이 올바른 삶의 자세라는 태도를 가지게 되었다.[183]

자살에 대한 대책으로서 심리학자 빅터 프랭클(Victor Frankl)은 로고테라피 (Logotherapy) 즉 의미치료를 이렇게 제안하였다. “나는 그 불행한 상황 너머에 있는 의미를 발견하고 무의미한 고통으로 보이는 것을 진정한 인간적 성취로 변화시킬 수 있다는 것을 알고 있다. 결국 우리가

180) 위의 책, p. 43.
181) 위의 책, pp. 62-63 .
182) 위의 책, p. 55.
183) 위의 책, p. 42.

처한 모든 상황은 그 안에 의미의 씨앗을 품고 있다."[184)]

그리고 우울증에 대한 대책으로는, 주변사람들에 대한 좋은 기억을 떠올리고, 실내조명을 밝게 하고, 과일, 야채, 해조류와 물을 많이 섭취하는 방법이 있다. 그 밖에도 요리, 청소 등 부지런히 몸을 움직일 수 있는 일거리를 찾고, 화가 날 때 춤을 추거나 고함을 지르는 것이 좋은 방법이다.[185)]

** 토론거리

- 당신은 자살이 인간의 자유의 표현이므로 존중해야 한다고 생각하는가?
- 당신은 자살에 대한 책임이 개인에게 있다고 생각하는가, 아니면 사회에게 있다고 생각하는가?

** 주요 읽을거리

- 노용면, 자살이냐 타살이냐, 청년사, 1997.
- 박상칠, 조용범 공저, 자살, 학지사, 1998.
- 오진탁, 자살, 세상에서 가장 불행한 죽음, 세종서적, 1992.
- 육성필, 자살, 심리치료의 실제, 학지사, 2006.
- 토마스 브로나쉬 저, 이재원 역, 자살, 이끌리오, 2002.

---

184) 위의 책, p. 44 각주.
185) 위의 책, p. 89.

# 기독교와 대중문화

이 신 형

## I. 기독교 대중문화 형성의 필요성

문화는 인간의 사회적 삶을 지탱하는 터전이다. 사회적인 존재로서의 인간은 자신을 둘러싼 문화의 터전에서 존재의 의미를 획득한다. 따라서 문화를 벗어나서 인간의 의미를 논한다는 것은 어불성설이다. 실존주의 철학에서처럼 인간을 고독한 실존으로 규정함으로 말미암아 인간의 존재 의미는 문화의 틀을 벗어날 수 있는 것처럼 생각할 수도 있다. 그렇지만 고독한 실존도 본질적인 이해에 있어서 문화를 배경으로 갖고 있다. 인간 존재의 의미를 규정하는 사회적인 그물망으로서의 문화의 개념이 있기에 고독한 실존이라는 독특한 인간존재의 의미지평이 열려지는 것이다. 즉 실존주의 철학이 제시한 고독한 실존의 인간이해는 인간 개개인을 둘러싼 사회적 환경으로서의 문화를 배격하는 관점에서 상정한 개념이다.

따라서 고독한 실존의 기본 개념은 탈문화적인 성격을 지향할 뿐 아니라 나아가 문화에 대한 부적합 혹은 부적응을 암시한다. 하지만 고독한 실존의 인간이해가 탈문화적인 성격을 지향하는 한 관념적이고 추상적인 존재일 수밖에 없다. 물론 행동하는 자유의 개념에 근거해서 고독한 실존이 인간의 내면에 침착한 인간됨의 의미를 구현하는 것은 실제적이고 구체적이다. 하지만 그렇게 구현되는 인간됨의 의미는 아더 밀러의 『세일즈맨의 죽음』이나 카뮈의 『이방인』에서처럼 소외된, 혹은 상실된 존재의 허무로 귀결되거나 아니면 도스토예프스키의 『부활』에서처럼 구원을 희망하는 것으로 귀결된다.

상실, 소외, 허무의 실존의 개념은 문화의 산물이다. 서구사회가 20세기로 진입하면서 발견된 개념이다. 즉 고독한 실존의 개념을 발견한 실존주의의 인간이해는 20세기 초반의 서구사회가 만들어낸 문화에 대한 반작용으로 성립된 것이다. 20세기에 접어들면서부터 세계는 급변했다. 전통적인 가치체계가 붕괴되고 새로운 가치체계가 들어섰다. 종교의 사회적인 기능이 축소되고 개인적인 내면의 세계로 후퇴한 대신에 물질에 대한 욕망의 증대와 풍요에 대한 갈망이 대중문화의 현상으로 자리매김하기 시작했다. 고독한 실존의 탈문화적인 인간이해가 인간됨의 추구로 이해된 것은 욕망의 문화에 대한 반성적인 정신의 현존에 대한 갈망이 표출된 것이다.

하지만 상실, 소외, 허무로 귀결된 고독한 실존의 탈문화적인 인간이해는 욕망의 문화의 수레바퀴를 멈추게 할 수는 없다. 탈문화적인 인간이해가 고도의 정신의 작용에 의해서 획득되는 것임에 반해서 욕망의 문화는 본능에 속한 것이다. 따라서 정신적인 사유가 가능한 소수의 사람들만이 고독한 실존의 탈문화적인 인간의미를 지향하지만 정신적인 사유를 실존의 제일원리로 채용하지 못하는 다수의 대중들은 본능에 근거한 욕망의 문화에 종속한다. 욕망의 문화는 우리시대의 문화의 모습이다. 대중문화라는 이름으로 대변되는 우리시대의 문화는 욕망의 문화이다. 물질적 풍요에 집착하는 욕망, 대중에게 각인되고 싶어 하는 욕망이 우리시대의 욕망의 단적인 표상이다.

욕망의 문화에서도 상실, 소외, 허무의 개념은 지속된다. 모두의 욕망을 만족시킬 수 없기 때문이다. 소득의 불균형, 물질과 재화의 편중에 따른 양극화 현상에서 다수의 밀려난 사람들에게 소외, 상실의 감정이 자연스럽게 다가온다. 욕망을 만족시킨 소수의 사람들에게도 허무의 감정이 들어온다. 물질과 재화의 점유에 따른 풍요함이 정신의 허무로 이어지기 때문이다. 욕망을 추구하던 시점에서 상실, 소외, 허무는 낯선 개념이었다. 하지만 욕망이 좌절되거나 달성된 이후에 나타난 현상은 정신의 허무와 존재의 낮아짐으로 이어진다. 현대사회에서 우상으로 자리매김한 연예인들의 일탈된 모습은 좋은 실례이다.

문화는 인간을 둘러싼 의미지평의 터전을 제공한다. 그렇기에 인간의 삶은 문화의 영향력에서 벗어날 수 없다. 인간됨의 의미도 문화의 영향력에서 벗어날 수 없다. 문화가 인간됨의 실체를 만든다는 것이 아니다. 인간이 문화를 만든다. 문화는 인간됨의 모습을 찾아가는 과정에서 만들어진 이차적인 산물이다. 그런 의미에서 문화는 인간됨의 자화상이 투영된 실체요 인간의 자의식의 형상인 것이다. 하지만 실질적으로는 문화가 인간됨의 의미를 실체화하고 형상화한다. 대중매체가 잘 발달된 현대에선 문화가 인간을 규정하는 것이 더욱더 분명히 드러난다.

그러나 대중문화에 의해서 규정된 인간됨의 의미의 끝은 정신의 황폐화로 이어진다. 대중문화가 근거한 욕망의 추구는 인간의 본질적인 깊이에 내재된 정신의 욕구를 대치할 수 없다. 정신에 근거한 인간됨의 욕구는 물질에 대한 본능적인 욕구와 마찬가지로 인간의 본질에 속하는 것이다. 따라서 물질주의 사상에 근거한 욕망의 추구만이 인간됨의 목표가 되어버린다면 인간 내면의 분열과 갈등을 불러일으킨다. 마찬가지로 물질을 도외시한 정신의 추구만이 인간됨의 이상이 된다면 그것 또한 정신의 황폐화로 이어진다. 물질적 바탕이 되어있지 않는 정신의 추구가 비현실적이라면 정신을 지향하지 않는 물질의 추구는 공허감으로 이어진다.

물질과 정신이 조화된 인간됨이 대중문화의 표상이 될 수는 없는 것일까? 정신의 깊이와 물질의 안정감에 근거한 삶의 의미체계를 형성하는 문화를 만들어 갈수는 없는 것일까? 기독교적 세계관에 입각한 대중문화에 대한 논의는 두 가지 목적을 갖고 있다. 첫째는 문화현상의 내면을 인식하는 깊이의 관점에서 종교적 인식의 필요성을 확인하는 것이며, 둘째는 대중문화에 대한 기독교계의 비판에 대한 적합성을 검토하는 것이다. 전자에는 반개신교적인 견해를 교정하려는 관점이, 후자에는 비판만 있는 기독교계의 현상을 넘어서려는 의도가 내재되어 있다.

## II. 기독교적 세계관에 입각한 대중문화 바라보기

그러나 기독교적 세계관으로 대중문화 바라보기는 대중문화의 깊이에 있는 종교의 차원을 드러내고 있지 못하고 있다. 두 가지 문제가 내재되어 있다. 첫째는 기독교적 세계관에 대한 명확한 개념이 확립되어 있지 않는 것과 둘째는 대중문화에 대한 판단과 비판이 비 기독교인들에게 비합리적이다. 기독교적 세계관에 대한 학자들의 논의를 살펴보자. 김경완은 "기독교 대중문화 연구: 기독교문화교육의 관점에서" "기독교세계관은 예수 그리스도를 구주로 믿고 영접하게 될 때 구원(속죄와 거듭남)을 얻게 된다는 관점에서 우주와 인간세계를 바라보는 것이다."[186] 라고 정의하며 "그리스도 안에서 새로워질 때 이 세상 모든 것이 하나님의 진리이며, 인간의 진리가 됨을 발견하게 되는 것이다. 이것이 기독교 세계관의 목적이며, 가치다."[187] 라고 선언한다. 김경완에 의하면 기독교인이 세상을 인식하는 시선에는 타락-구원-거듭남-새로워진 인간이라는 교리적인 인식이 담겨져 있다.

기독교 세계관을 교리적 관점에서 접근하는 것은 김경완만이 아니다. 최태연은 '유교와 기독교가 바라본 대중문화'에서 기독교세계관을 기독교인이 받은 특별은총에 입각해 세상을 바라보는 관점에서 이해한다.[188] 나아가 최태연은 "일반은총과 특별은총의 교리에 근거해서 기독교 문화관이 지향해야할 방향은 하나님 나라와 전우주적 구속이다"라고 천명한다.[189] 최태연도 김경완처럼 기독교 세계관에 대한 근본적인 이해는 교리적이다. 김경완처럼 타락-구원-거듭남-새로워진 인간이라는 용어를 사용하지 않았을 뿐 근본 구도는 구원론이다. 최태연이 김경완과 다른 것은 구원론을 우주전체에 대한 구속으로 인식하자는 것이다.

---

186) 김경완, "기독교 대중문화연구: 기독교문화교육의 관점에서," 『기독교 교육정보』 제12집 (서울: 한국 기독교교육 정보학회, 2005), 433-434.

187) 앞의 글, 434.

188) 최태연, "유교와 기독교가 바라본 대중문화," 『학술세미나』 Vol.1 (천안: 백석대학교, 2004) p.27.

189) 앞의 글.

하지만 기독교 세계관을 구원론에 입각해서 바라보는 것은 대중문화의 깊이에 침잠된 종교적인 차원을 인지하는데 바람직하지 않다. 본질적으로 구원론적 세계관은 배타적인 이원론에 근거한다. 성과 속, 교회와 세상, 세상과 하나님나라를 배타적으로 이해하면 교회는 거룩하고 세상은 속되기 때문에 교회문화는 거룩하고 세상문화인 대중문화는 타락한 것으로 보인다. 실지로 성과 속의 이원론에 근거한 배타적인 관점을 가진 사람들이 대중문화에 대해서 갖는 태도는 매우 부정적이다. 한준철은 '기독교 대학과 대중문화'에서 "이 세상의 유력한 문화의 배경에는 사단적 동기가 있다는 것은 이 세상이 사단에 속했기 때문일 것이며 대중문화도 이에 예외가 될 수 없다."[190] "사탄은 대중매체를 그의 무기로 사용하여 대중문화에 깊이 침투하여 많은 영혼들을 그의 자리로 붙들어 둔다."[191] "이제 록음악은 사탄을 위한 것이 되었다. 사단은 록 음악을 통해서 그의 악의 메시지를 전하고 있다."[192] 이장형은 "청소년과 대중문화"에서 하드락의 4분의 1이상이 사탄적 이거나 사탄을 찬미하는 말로 이루어졌다는 빌리 그래함의 말을 인용하면서 "청소년이 팝음악에 심취하게 될 때 음란서적, 사탄숭배, 약물중독, 성적인 난잡함에 연속적으로 빠질 우려가 있다."[193]고 주장했다.

한준철과 이장형이 극단적 실례 일수도 있다. 하지만 한준철과 이장형의 모습에서 드러난 것은 근본적인 배타적 이원론에 입각한 인식이며 이는 또한 대다수의 목사와 교인이 광범위하게 갖고 있는 인식이기도 하다. 물론 대다수의 목사들과 교인은 그들처럼 대중음악 특히 팝음악에 대해서 사단적 이라는 말을 사용하지는 않을 것이다. 대다수의 기독교인들이 교회와 세상, 성과 속의 이원론적이며 대립적인 가치구조를 갖고 있다고 하더라도 팝음악을 사단의 음악이니 사단의 메시지를 전파하는 수단이라

---

190) 한준철, "기독교 대학과 대중문화," 『學生生活硏究』 Vol.7 (부산: 高神大學校 學生生活硏究所, 1992), 43.
191) 앞의 글.
192) 앞의 글, 45.
193) 이장형, "청소년과 대중문화," 『교육교회』 Vol.242, (서울: 장로회신학대학교 기독교교육연구원, 1996), 51.

는 용어의 사용은 거부감을 느낀다는 것이다.

그렇다고 하더라도 한준철과 이장형의 주장이 전혀 근거 없는 이야기는 아니다. 실지로 많은 하드록의 가사가 사탄과 관련된 것이 많기 때문이다. 최근에 개봉된 영화 "터네이셔스 D"에 수록된 노래가 좋은 실례이다. 그렇다. 록음악에는 사탄에 대한 가사가 들어있다. 사탄이 등장하는 수많은 영화가 있다. 그것을 부정할 수는 없다. 하지만 대중들은 그들의 노래를 사탄을 찬양하는 종교음악으로 받아들일까? 대다수의 사람들은 그들의 노래를 종교적 관점에서 해석하지 않을 것이다. 많은 기독교인들도 그렇게 생각할 것이다. 대부분의 사람들은 음악이나 영화를 이원론적인 관점에서 바라보는 시각을 이해하지 못할 것이다.

내용이 문제가 아니다. 시각이 문제이다. 거룩함과 속됨의 배타적 양식으로 바라보는 종교적인 관점이 문제가 된다. 보편적인 이성과 충돌한다. 주관적인 판단에 대한 무비판적인 신뢰가 보편적인 상식과 어긋난다. 보편적 이성과 상식은 대중문화를 종교적인 가치판단에서 바라보지 않는다. 대중문화를 무비판적으로 수용한다는 것이 아니다. 대중은 대중문화를 비판한다. 대중문화에서 특히 영화와 음악 및 텔레비전의 프로그램을 가치판단 한다. 그러나 그들의 비판은 배타적인 이원론에 입각한 가치판단이 아니다. 그들의 가치판단은 종교적인 가치판단이 아니라 보편적인 이성에 입각한 윤리적인 판단이다.

대중문화에 대한 기독교적 가치판단과 보편적인 윤리판단은 상치되는 것일까? 기독교적 세계관이 한준철과 이장형처럼 배타적인 이원론에 입각한다면 기독교 세계관의 대중문화읽기는 보편적 이성과 상치될 수밖에 없다. 하지만 탈 교리적인 관점에서 기독교 세계관이 제시된다면 대중문화에 대한 보편적인 이성과의 대화는 가능하다. 탈 교리적인 관점에서 구성된 기독교 세계관이란 예수의 시각으로 세상을 바라보는 것이다. 세상에 대한 예수의 시각에는 성과 속의 구분이 없다.[194] 예수의 시선에 비쳐진 세상은 모두가 얽매여 있는 세상이었다. 바리새파 사람들은 종교적인

194) 이신형, 『산상설교해설』(서울: 한들출판사, 2006), 143.

거룩 의식으로 얽매여 있었으며, 대중들은 가난과 질병과 절망에 얽매여 있었다.

예수는 자신이 만난 현실에서 복음을 선포했다. 거룩함의 위선에 얽매여 있는 자에게 거룩함의 위선을 벗으라고 말하였다. 질병이 있는 자에게 질병을 치유시켜 주었으며, 가난한 자에게 참된 자유는 물질의 풍요가 아니라 사랑의 수고 안에 있는 것임을 주지시켰다. 예수의 복음은 자유를 의미한다. 억압을 당한 사람이 자유의 신성한 가치를 안다. 자유는 거저 주어진 것이 아니다. 자유를 획득하기 위해서 인류는 무수한 갈등과 희생을 대가로 지불했다. 프랑스 대혁명, 수많은 국가들의 독립전쟁, 폭력과 정치적 억압에의 저항, 경제적인 박탈과 빈곤으로부터의 자유를 위한 투쟁의 역사는 인류가 자유를 얼마나 갈망하는지를 가르쳐준다.

자유는 인간에게 있어서 가장 고귀한 가치이다. 그렇기에 자유는 타인에 의해서 침해받지 않을 권리이며 반드시 지켜야 하는 것이다. 하지만 자유는 의무가 뒤따르는 행위이다. 자유가 방종과 다른 점은 지켜야할 보편적인 규범에 따른 행위가 책임으로 뒤따른다는 데에 있다. 따라서 자유는 인격적인 것이다. 성숙한 인간만이 참된 자유의 가치와 의미를 안다. 예수가 자유를 세상에 가져온 것은 자유가 참된 인간이 되는데 있어서 제일 되는 원리이기 때문이다. 기독교적 세계관과 보편적인 이성이 대중문화에 대해서 같은 궤적을 가질 수 있다면 그것은 자유의 개념에서다. 대중문화에 대한 기독교 세계관의 비판이 보편적인 윤리관에 입각한 가치판단에 적합할 수 있는 것은 대중문화에서 표상된 것이 인격을 파괴하고 자유를 왜곡하고 있다는데 있다. 역으로 대중문화의 현상에 대한 반성적 고찰이 기독교 세계관에 합치할 수 있는 것은 자유에 근거한 인격개념을 인간됨의 본질로 바라보고 있기 때문이다.

인격개념에 기초한 자유의 바탕에 근거한 기독교 세계관은 성과 속의 배타적인 이분법을 배격한다. 따라서 교회와 세상의 대립적인 문화의식도 배격한다. 교회와 세상 모두가 자유가 확립되어야할 장소로 인식한다. 인간됨의 본질을 왜곡하는 억압은 교회와 세상 모두에서 발견되기 때문이다. 예수의 시선으로 바라본다면 교회는 거룩함의 종교의식으로 자유를 억압하고 세상은 물질과 권력을 유지하기 위해서 자유를 억압한다. 예수의 복음이 자유를 의미한다는 명제는 문화가 지향하는 가치가 참된 인격의 자유에 있음을 자각하게 한다. 대중문화가 보편적 윤리의 파괴를 지향할 때 인성이 파괴되고 자유가 억압되며 인간됨의 가치가 왜곡된다. 반면에 대중문화가 보편적 윤리와 규범 안에서 - 때로는 보편적 윤리와 규범을 고양시키고 때로는 새로운 보편적 가치를 창출할 때 - 인격이 성숙해지고 인성이 풍요로워지며 인간됨의 가치가 고양된다.

기독교 문화에 대한 대중문화의 읽기도 같은 궤적을 취한다. 기독교문화가 대중문화에 긍정적인 역할을 하려면 기독교인만의 하위문화의 양식을 벗어나야 한다. 즉 기독교문화가 종교의 이상을 표상하는 특수한 문화임에도 불구하고 전체 삶의 테두리 안에서 인간됨의 본질을 표상하는 문화의 양식이 되어야한다. 바흐의 음악, 헨델의 음악, 르네상스 시대의 미술 및 많은 문학작품들이 기독교의 가치를 표현양식으로 채택했음에도 불구하고 인류의 문화유산으로 사랑받는 것은 종교의 테두리를 벗어났기 때문이다.

기독교 문화가 기독교인들만의 문화에서 벗어나 문화 전반에 걸쳐 긍정적인 역할을 하기 위해서는 종교적으로 고착된 틀을 벗어나야만 한다. 다시 말해서 기독교적 세계관의 관점에서 또는 기독교인의 시각에서 바라본 문화에 대한 인식이 비 기독교인들에게도 타당하기 위해서는 기독교적인 틀을 벗어나야 한다. 기독교적인 틀을 벗어난다는 것은 탈기독교를 말하는 것이 아니다. 기독교 세계관의 형식과 내용을 구분하고, 형식에 얽매이던 관점에서 벗어나 내용에 충실한 것을 의미한다.

따라서 대중문화에 대한 균형 있는 시각을 갖추기 위해서는 대중문화를 바라보는 기독교적인 관점과 기독교 문화를 바라보는 대중문화의 시각이 교차되어야 한다. 대중문화는 본질적으로 종교적 관점에 입각한 문화가 아니지만 종교인이 대중문화의 대상이 된다는 면에서 기독교적인 시각에서 대중문화를 바라봄은 필요하다. 동시에 기독교 문화가 기독교인만의 전위문화에서 벗어나 대중문화의 한 장르로서 자리매김하기 위해서는 기독교 문화를 비판적인 시각으로 바라보는 것이 필요하다.

## III. 대중문화에서 바라보는 기독교 문화

기독교 문화는 일차적으로는 교회를 기반으로 행해지는 기독교인들만의 문화이다. 기독교 방송이나 기독교 출판, 또는 기독교 영화 같은 문화는 대중을 대상으로 행해지는 문화행위이다. 전자는 교회 또는 기독교인의 집회에서 행해지는 문화행위이기 때문에 종교의식과 관련된 문화행위이다. 후자는 대중을 대상으로 하는 문화행위이기 때문에 종교의식과 관련성이 적다. 종교의식과 관련된 기독교인의 문화행위는 통상적으로 CCM 이라고 불리는 음악활동이 주를 이룬다. 대중문화가 음악과 영화 텔레비전, 인터넷을 통해서 인간됨과 삶의 의미의 가치관을 형성하는 것처럼 교회를 근거로 하는 기독교 문화는 CCM을 기독교인 됨의 의식과 신자의 삶의 윤리적인 가치를 고양한다.

대중문화는 CCM을 어떻게 인식할까? 종교의식에서 사용되는 음악이기에 대중음악은 다른 음악장르로 인식할까? 아니면 가사와 음악이 연주되는 장소만 다른 것을 제외하면 대중음악과 구별이 되지 않는 것일까? CCM이 열린 예배라는 이름으로 교회에서 예배의식의 일부로 자리매김한 작금의 시점에서 CCM은 대중음악, 그중에서도 록 음악과 구별되는 기독교 음악처럼 인식된다. 하지만 CCM에서 사용되는 악기의 구성이 록 음악과 동일할 뿐 아니라 같은 노래를 반복적으로 계속해서 부르는 경우가 다반사이기 때문에 대중음악과 구별되지 않는다. 드럼과 기타 키보드를 축으로 록 음악과 같은 비트와 리듬을 반복하는 CCM은 하드록처럼 중독성을 지닌다. 최근에는 랩을 사용하는 CCM이 청소년들의 집회에서 사용되는 경우도 늘어나고 있다.

CCM은 기독교음악일까? CCM의 가사만 보면 기독교 음악이다. 하지만 악기와 음악의 장르 및 노래에 몰입하는 모습만 비교한다면 록 음악과 대동소이하다. 록 음악에서 바라보면 대중음악을 차용해서 가사만 바꾼 음악처럼 보인다. CCM과 록 음악이 비트와 기교에서 유사성을 보인다면 CCM이 기독교음악이라는 주장은 설득력이 떨어진다. CCM은 록음악의 영향을 받은 음악이다. 종교에 대한 관심이 멀어진 청소년들을 교회로 끌어들이기 위해서 예배에 도입한 음악이다. 그렇기에 CCM이 록음악과 구별되지 않는다. 대중음악에 깊이 영향 받는 청소년들을 교회에 효과적으로 끌어들이기 위해서 록음악을 예배에 사용하기에 예배의 경건성과 가사와 곡조의 경건성이 문제가 된다. "교회의 대중음악 수용" 이라는 논문에서 우순태는 CCM이 복음성가와 달리 팝, 록, 댄스, 랩 등 대중음악의 모든 형식을 제한 없이 사용하고 있다는 것에 대해서 우려를 표명한다. CCM이 복음적 대중음악으로서 가치를 지니기 위해서는 대중적인 호감도 보다는 경건성이 중요하다고 믿기 때문이다.[195] CCM은 대중문화에 깊은 영향을 받은 신세대를 대상으로 발생한 음악이다. 그러나 열린 예배가 교회에 도입되어진 이후에 청소년들만이 아니라 기성세대들이 예배에서 CCM을 접하고 있다. 물론 예배에서 CCM이 찬송가처럼 사용되는 것은 아니다. 교회에서 CCM은 통상적으로는 예배가 시작되기 전 또는 특별찬양 같은 방식으로 자리매김을 하고 있다. 문제는 CCM이 대중문화에서 영향을 받은 음악이라는데 있다. 대중문화는 대중의 욕구에 따라서 수시로 변화한다. 따라서 CCM이 언제 어떠한 변화를 겪게 될지는 아무도 모른다는 것이다. 반성적 고찰도 없이 CCM이라는 이름의 대중음악을 예배음악으로 이미 끌어들인 교회는 그때도 아무런 반성적 고찰 없이 대중음악에 교회음악의 자리를 내어줄 것인가? 이철은 '현대 대중음악을 통한 기독교적 문화읽기'에서 교회에 스며들어온 대중문화에 대한 우려를 표명하고 있다.

기독교가 사회적 영향력을 갖지 못하는 상황에서.....부정적인 사회문화

195) 우순태, "교회의 대중음악수용" 『활천』 Vol.546, (기독교대한성결교회 활천사, 1999), 74.

적 모습들이 기독교 안에서도 발견되는 것이 우리의 현실이다. 음악 안에서도 발견되는 것이 기독교 안에서도 발견되지 않기를 바라는 것은 논리적으로, 또한 실제적으로 타당하지 않지만 그래도 '교회는 달라야한다'는 생각은 우리의 마음속에 자리 잡고 있는 변할 수 없는 여망이다.[196]

비록 이철이 교회 안에 스며들어온 대중문화를 CCM이라고 명기하고 있지는 않지만 그가 비판적으로 바라보는 대중문화가 음악이라는 것에 국한되었다는 것을 인지할 때 교회 안에서 발견되는 부정적인 사회문화 현상은 CCM임을 암시한다. CCM은 교회 안에 자연스럽게 스며들어온 대중문화의 영향을 받은 청소년 중심의 음악이다. 따라서 CCM이 록 음악과 같은 양식을 가지면서 가사가 다르고 음악이 사용되는 환경과 목적이 다르다고 해서 CCM에 대한 반성적 고찰을 하지 않는 것은 정당한 것이 아니다.

교회가 대중문화에 영향을 미치는 것이 아니라 대중문화가 교회에 영향을 미치고 있다. 교회가 대중문화의 영향을 받을 때 교회의 본질은 흐려진다. 교회는 대중문화를 선도해야 한다. 교회는 대중문화가 그려내는 인간됨의 모습을 종교적인 깊이의 차원으로 승화시켜야 한다. 기독교 대중문화는 물질과 정신으로 이루어진 인간의 의미와 가치를 대중이 발견하도록 선도해야 한다.

CCM이 대중문화에 영향을 받아서 교회에 들어온 음악이라면 대중음악의 장르에 자리매김한 기독교 음악이 있다. 70년대 보니 엠이 불렀던 '바벨론 강가 옆'에서 (By the river of Babylon)나 크리스 크리스토퍼슨이 불렀던 'Why me' 같은 노래는 대중의 사랑을 받았었다. '바벨론 강가 옆에서'는 시편 137편에 곡을 붙인 노래로서 롯데 자이언트가 개사해서 응원가로 부르고 있다. 시인과 촌장의 멤버였던 하덕규가 작곡한 가시나무새는 90년대 말 조성모가 리메이크해서 대중의 깊은 사랑을 받았다. '가

196) 이철, "현대 대중음악을 통한 기독교적 문화 읽기." 『문화연구논총시리즈』 Vol.5, (숭실대학교 한국기독교문화연구소, 2003). 40.

시나무 새'는 그 후 SG 워너비, 패티김 등도 불렀다. 80년대에는 이영화가 부른 '저 높은 곳을 향하여'가, 90년대 중반 빌리 조엘의 'In the middle of night'이, 최근에는 시크릿 가든이 부른 'You raise me up'이 큰 히트를 기록했다.

믿음, 결단, 구원 등 하나님을 만난 경험을 팝 혹은 대중가요로 세상에 내놓았던 예전의 노래는 기독교음악이 대중문화로서 충분히 자리매김할 수 있다는 것을 증명한다. 하지만 대중문화로서의 기독교 음악이 신세대를 위한 교회음악으로서의 CCM과 다른 것은 교회음악으로 정착되지 않았다는 것이다. 어쩌면 기독교 대중음악이 교회음악으로 정착되지 않았기에 대중의 사랑을 받았을지도 모른다. 왜냐하면 교회음악으로 정착이 되면 고립되기 때문이다. 기독교 문화가 교회문화가 되지 말아야하는 이유가 여기에 있다. 교회문화가 되면 고립된다. 기독교문화는 대중문화의 장에서 기독교 문화로서 자리매김해야 하며 물질주의 사상에 물들어 있는 대중문화에 정신적인 고결함, 종교의 참된 가치의 발견의 의미를 일깨워야 하기 때문이다.

CCM이 대중문화와 유리된 채로 교회문화로 정착하는 동안 대중문화에서 삶의 의미와 존재의 깊이를 명찰하는 기독교 음악은 대중문화에서 사라져갔다. 기독교 음악만이 아니라 서정적인 아름다운 노랫말도 대중음악에서 사라져가고 있다. 감각적이고, 자극적이며, 도전적인 가사들로 채워진 댄스음악과 힙합음악이 대중음악의 주류가 되어가고 아이돌들을 우상시하는 문화현상이 대세가 되어버렸다. 정신적 가치의 고상함과 정서의 깊이에서 우러나는 삶에 대한 철학적이며 종교적인 해석은 대중문화에서 더 이상 만나기 어렵다. 기독교 문화가 대중문화를 답습하는 한, 종교 또한 물질적인 가치관을 벗어나지 못한다.

CCM과 기독교 대중음악이 다른 것은 CCM이 청소년들을 교회로 인도하기 위한 목적을 지닌 음악이지만 기독교 대중음악은 포교적인 목적을 가진 것이 아니라 인간내면에 내재한 종교적이고 철학적인 질문을 음악으로 표현한 것이다. 따라서 CCM은 교회음악으로서 자리매김을 했지만 기독교 대중음악은 교회음악에서 배재되었다. 교회에서는 기독교대중음악의 자리는 없다. 예배음악이 되기에도 부족하고 CCM처럼 포교음악이 되기에는 여의치 않다. 그렇지만 기독교대중음악은 기독교문화가 나가야할 바를 표상한다.

기독교 대중문화는 대중문화의 하위문화가 아니다. 기독교 대중문화가 교회문화가 되어버리면 대중문화와 고립된 교회만의 문화가 되어버린다. 교회만의 문화는 대중이 외면하는 포교 혹은 교회성장을 목적으로 만들어진 문화이다. 교회성장을 목적으로 한 교회문화는 대중문화를 종교적인 차원으로 승화시킬 수 없다. 대형교회의 발전에 견인차 역할을 한 CCM은 대중문화의 영향을 받은 교회음악이다. CCM과 함께 교회는 물질적인 가치관에 깊이 노출되어 버렸다. 물질주의의 가치관에 물들어버린 교회문화는 정신적 가치의 숭고함을 일깨울 수 없다.

## VI. 대안문화로서 기독교 대중문화의 가능성

대중문화는 대중의 삶을 소비중심으로 만드는 문화이다. 따라서 대중문화는 상업화된 거대자본에 의해서 인위적으로 만들어지는 시장경제의 산물이다. 대중문화는 텔레비전, 영화, 인터넷 등 대중매체를 통해서 개인들의 삶과 사회적인 삶에 지대한 영향을 미친다. 현대사회에서 개개인이 대중문화를 선택할 만한 자유는 많지 않다. 개개인의 선택과 상관없이 대중매체를 통해서 대중문화의 콘텐츠가 제공되고 있다. 대중들은 대중매체를 통해서 전달된 콘텐츠를 중심으로 사회적 삶의 관계를 형성한다.197)

197) 여자들의 삶의 사회적 관계는 드라마를 중심으로 형성된다. 드라마의 스토리와 패션이 여자들의 사회적 삶의 안정감과 소외감을 결정짓는 중요한 요인이다. 반면에 남자들은 인터넷을 통해서 사회적인 삶의 소통과 존재감을 확인한다. 스토리를 공유하고 패션을 채택하는 것과 사회적인 이슈에 대해서 비판적인 반응을 하는 것은 개인의 자유에 속하는 것이다. 하지만 선택의 자유는 어디까지나 제공된 콘텐츠에 대해서 반응하는 것에 국한된다. 따라서 선택의 자유가 이슈를 만들어내는 창조적인 자유가 되지 못하고 이슈를 소비하는 소비적 자유로 제한된다.

따라서 대중은 대중문화에 있어서 창조적 주체가 아니라 소비의 주체다. 대중문화를 창출하는 주체는 자본이다. 자본이 대중문화를 창출하고 대중은 그것을 소비한다.

기독교 대중문화가 시장에서 대중을 문화의 소비자로 만들어가는 상업자본과 경쟁할만한 역량을 갖고 있는가? 기독교 대중문화가 만들어내는 스토리는 대중들의 사회적 삶의 존재의식을 고양할 만한 스토리인가? 기독교 대중문화는 대중들을 소비자가 아니라 인간됨과 사회적 삶의 존재의식을 일깨우는 문화의 창조자가 되는 역할을 수행 할 수 있을 것인가? 기독교 대중문화는 소비자가 되어버린 대중들의 의식을 일깨워서 종교의 본질과 대면하게 할 수 있을까? 기독교 대중문화는 삶의 의미에 대한 물음이 신에 대한 물음과 관련해서 대답되는 것을 대중들에게 주지시킬 수 있을까?

기독교 대중문화는 대중문화와 콘텐츠를 갖고 경쟁한다. 그러나 기독교 대중문화가 거대자본이 제공하는 볼거리와 경쟁에서 대중의 시선을 끌어들일 가능성은 별로 없다. 그렇기에 기독교 대중문화가 지향해야할 방향은 대중으로 하여금 신에 대한 물음과 직면하도록 하는 것이다. 신에 대한 물음은 인간의 내면에 침잠되어 있는 근원적인 것이다. 따라서 기독교 대중문화가 대중들의 내면의 깊이에 침잠되어 있는 신에 대한 질문을 의식의 차원으로 끌어낼 수 있다면 볼거리로 무장한 대중문화에서도 충분히 자리매김할 가능성은 있다.

기독교 대중문화가 인간됨의 의미와 가치의 종교적인 차원을 일깨우기 위해서는 교회문화를 벗어나야할 필요가 있다. 기독교 대중문화가 교회문화를 벗어날 수밖에 없는 근본적인 이유가 있다. 사회전체를 아우르는 정신적인 기초를 종교에 근간시키는 것이 현대사회에서는 본질적으로 불가능하기 때문이다. 우리사회의 근간을 형성하는 정신적인 기초는 기독교정신이 아니다. 법과 윤리가 우리사회의 근간을 형성하는 규범이다. 정치와 종교가 분리된 현실에서 종교가 사회의 공적인 자리로 들어서는 것을 사회는 용납하지 않는다. CCM이 대중문화에서는 외면당했지만 교회

문화로 자리 잡은 것은 교회가 사적인 영역이기 때문이다.

기독교 대중문화는 포교를 위한 문화가 아니다. 기독교 대중문화는 사회라는 공공의 영역에서 수행되는 기독교 문화행위이다. 따라서 기독교 대중문화는 공공의 영역에서 대중문화와 경쟁하는 문화다. 대중문화는 기독교 대중문화를 경쟁하는 문화로 인식하지 않겠지만 기독교 대중문화는 대중문화와 경쟁한다. 기독교 대중문화는 물질적인 가치관에 입각한 대중문화에 정신적인 가치관의 고상함과 고결함이 개인적 삶과 전체적인 삶에서 중요한 것임을 인식시킨다는 면에서 대중문화와 경쟁한다. 기독교 대중문화는 배금사상에 물들어 있는 현대인의 정신을 인간됨의 깊이에서 새롭게 재구성한다는 면에서 대중문화와 경쟁하는 대안문화다.

기독교 대중문화가 대안문화가 될 수밖에 없는 이유가 있다. 대중문화를 종교문화로 채색하는 것이 본질적으로 불가능하기 때문이다. 그렇기에 기독교 대중문화가 공공의 영역에서 인간사회에 긍정적인 역할을 할 수 있는 것은 삶의 의미에 대한 반성적 성찰을 제공할 경우이다. 기독교 대중문화는 본질적으로 감각적인 재미만을 추구해서 수많은 볼거리 들을 만들어 내는 대중문화에 비해서 사람들의 시선을 이끌어낼 만한 콘텐츠를 개발하기가 용이하지 않다. 대중문화에 비해서 소비층이 제한되어 있기 때문이기도 하지만 보다 근본적인 이유는 기독교 대중문화가 성찰하는 삶의 본질이 대중들의 소비적 삶을 파고들만큼 충분한 힘을 갖지 못하고 있기 때문이다.

문화는 본질적으로 창작행위이다. 따라서 신과 인간에 대한 진지한 성찰을 내용으로 하는 기독교 대중문화가 활발하게 진행되기 위해서는 자유로운 창작행위가 보장되어야 한다. 자유로운 창작행위가 보장되기 위해서는 탈교리화 즉 교리적인 논쟁으로부터의 자유가 필수적이다. 교리논쟁으로부터 자유롭지 못한 기독교 대중문화는 인간됨의 깊이에 대한 진지한 성찰에 도달하기 전에 생명력을 상실한다. 다시 말해서 기독교 대중문화가 타락-구원-거듭남-새로워진 인간의 모습의 전달에 고착된다면 신과 인간에 대한 진지한 고민과 성찰의 문화는 퇴락한다.

또한 기독교 대중문화는 삶에 대해서 총체적 성찰을 하는 문화이다. 따라서 정형화된 교회와 종교행위에 대한 비판과 반성적 성찰은 삶의 총체적 성찰에서 필수적으로 수반되는 것이다. 삶의 총체성에서 바라보면 거룩함과 속됨으로 양분한 교회문화는 삶을 왜곡시킨다. 삶은 거룩함과 속됨으로 나누어질 수 있는 것이 아니다. 삶은 본질적으로 거룩함의 영역에 속한다. 동시에 삶은 속됨에 속한다. 삶이 거룩함의 영역에 속한다는 것은 삶을 대하는 태도에 기인한다. 또한 삶이 속됨에 속한다는 것은 삶을 종교적 삶에 귀속되어있는 삶이 아니기 때문이다. 동일한 삶이 거룩함과 속됨으로 인식되는 것은 삶을 바라보는 태도가 삶의 방식보다 우선된다는 것을 가르쳐준다.

'지저스 크라이스트 수퍼스타', 『다빈치 코드』 '밀양'의 성공은 대중들을 신에 대한 물음과 마주하게 하는 것이 충분히 가능한 것임을 보여준다. '지저스 크라이스트 슈퍼스타'와 『다빈치 코드』, '밀양'이 성공 할 수 있었던 이유는 무엇일까? '다빈치 코드'와 '밀양'이 대중들에게 어필한 것은 기독교 비틀기었기에 가능했을 것이다. 하지만 한 가지 분명한 것은 기독교 비틀기었기 때문만이 아니라는 것이다. 신에 대한 진지한 물음이 작품에 내제되어 있지 않았다면 단순한 기독교 비틀기만으로 전 세계적인 호응을 받지는 못했을 것이다. 뿐만 아니라 이문열의 『사람의 아들』, 조성기의 『야훼의 밤』, 엔도 슈사코의 『침묵』이 제기한 신에 대한 질문과 종교적 삶의 의미에 대한 성찰이 대중들에게 어필 한 것은 기독교 대중문화가 대중과 소통할 방식에 대한 안내를 한다.

기독교 대중문화는 삶에 대한 진지한 성찰을 바탕으로 인간됨의 본질을 추구하는 문화이다. 따라서 기독교 대중문화가 대중문화와 경쟁하는 문화가 되기 위해서는 삶에 대한 태도를 중시해야 한다. 삶에 대한 경외의 태도는 신에 대한 질문과 만남에서 기인하기 때문이다. 따라서 기독교 대중문화가 진정한 의미에서 대중과의 소통을 하려면 신에 대한 물음이 활발하게 일어나야한다. 나아가 종교의 본질에 대한 물음과 교회에 대한 비판적인 성찰이 자유로운 문화로 형성되어야 한다. 자기종교에 대해서 비판적인 성찰을 하는 성숙한 기독교인의 의식이 전제될 때에 기독교 대중문화는 실질적인 대안문화로서 자리매김 할 수 있을 것이다.

지금까지 필자는 기독교대중문화 담론에 대한 기초적 구상을 논의했다.[198] 하지만 필자의 논의가 기초적 단상을 넘어서 실제적인 기독교문화로 자리매김하기 위해서는 신학적인 물음의 내용을 문화의 양식으로 옮겨놓는 콘텐츠의 개발이 필요하다. 하지만 콘텐츠의 개발에 앞서 우선되어야할 것이 있다. 이야기를 찾아내는 작업이다. 기독교대중문화에서 스토리의 중요성은 아무리 강조해도 지나치지 않다. 모든 것이 다 이야기다. 성경도 이야기며, 삶도 이야기다. 삶에 대한 성찰이나 신학적인 성찰을 막론하고 이야기를 통해서 전달된다.[199] 기독교대중문화는 이야기를 담아야 한다. 기독교대중문화가 담는 이야기에 따라서 기독교대중문화의 미래가 결정될 것이다. 기독교대중문화에 무슨 이야기를 담을 것인가? 우리 모두 고민할 과제이다.

** 토론거리**

1) 삶을 가볍게 대하는 현대인을 삶에 대한 진지한 성찰로 이끌어 내기 위해서 기독교 대중문화는 무엇을 해야 하는가?
2) 대중의 관심이 기독교 대중문화에 머물게 하기 위해서 기독교 대중문화가 갖추어야 할 콘텐츠는 무엇인가?

** 주요 읽을거리**

- 김영한, "한국대중문화에 대한 기독교적 조명-사조적 측면에

198) 기독교대중문화에 대한 최인식과 김영한의 논의는 기독교대중문화에 형성담론에 유용한 가치를 제공한다. 최인식 "기독교와 대중문화-대중문화론에 대한 기독교복음주의의 입장,"『성결교회와 신학』 Vol.7 (현대기독교 역사연구소, 2002), 44-69. 김영한의, "한국대중문화에 대한 기독교적 조명-사조적 측면에서," 『신앙과 학문』 Vol.1, No.3 (기독교학문연구회, 1996),63-80. 참조.

199) 기독교대중문화의 스토리텔링에 대해서 권도경, "2000년대 한국대중문화콘텐츠의 기독교문화스토리텔링 방식과 그 의의" 『인문학연구』 Vol.37 (충남대학교 인문학연구소, 2010)을 보라.

서," 『신앙과 학문』 Vol.1, No.3. 기독교학문연구회, 1996.

- 이철. "현대 대중음악을 통한 기독교적 문화 읽기." 『문화연구논총시즈』 Vol.5. 숭실대학교 한국기독교문화연구소, 2003.
- 최인식. "기독교와 대중문화-대중문화론에 대한 기독교복음주의의 입장,"

# 기독교와 예술 - 미술

신 명 숙

## 1. 기독교와 예술과의 상관성

기독교와 예술, 더 넓은 의미로 종교와 예술, 이 두 개념은 인류의 역사와 함께 발달해 왔다. 예술과 종교는 역사를 통해 항상 밀접한 관계를 가져 왔었는데 종교에서 예술을 빼놓을 수 없듯이 예술 또한 종교와 분리할 수 없다. 예술은 '사람의 내면의 것(이성, 감정, 의지)을 여러 가지 매개들을 통하여 밖으로 표현해내는 것으로 결과적으로 아름다움을 만들어내는 것, 또는 창조해내는 것(create)' 으로 정의된다. 즉 예술은 아름다움을 추구하는 행위라고 할 수 있다. 톨스토이에 의하면 참된 예술의 사명은 현재 만연해 있는 폭력 대신에 하나님의 나라를, 즉 인류 생활의 최고 목적이라고 생각할 수 있는 사랑의 왕국을 건설하는 것이다[200].

모든 인간은 예술 활동에 참여하는 존재로서, 또한 종교적인 존재로서 자신을 표현하고 있다. 어떤 양식에 준하든 아니하든 생활의 모습 속에서 또는 직접적인 예술 활동으로 우리의 삶을 영위하고 있는 것이다. 그러므로 모든 인간은 각자가 개성 있는 예술가라고 말할 수 있다. 예술에 대하여 프랑키 페퍼는 예술, 창조적인 인간의 표현 그리고 아름다움을 즐기는 것, 이 모든 것은 하나님에게서 오는 선하고 자비로운 선물이라고 언급하면서 예술은 기독교의 가장 중요한 필수요소라고 강조하고 있다. 예술의 근거 자체가 하나님이므로 예술은 하나님의 뜻 안에 있으며 예술을 할 수 있는 능력은 하나님의 은사이다. 따라서 예술은 하나님께서 주신 선물로서 예술의 모든 영역에 기독교적인 가치관이 구현되어야 한다고 비이스는 주장하며 니이체도 예술의 세계를 신의 축복으로 보고 신성시했

200) L. N. Tolstoi, 이철 역, 『예술이란 무엇인가』 (서울: 범우사, 2008, 2판5쇄), 11

다[201]. 이렇게 예술은 역사적으로 오랫동안 소외되었던 자들에게 긍정적인 삶을 영위하게 해주고 인생의 희락과 생명력을 양성시키는데 그 역할을 해왔다. 예술성 없는 종교는 한 시대에 잠깐 나타났다가 사라져 버리지만 예술성을 창조하는 종교는 시대를 거슬러 인간의 역사와 정신문화에 끊임없이 영향을 준다.

성서에는 하나님이 이 세상과 모든 만물을 창조하실 때 마다 '하나님 보시기에 참 좋았다'라고 표현되어 있다. 하나님 스스로 아름답고 보기 좋은 것을 창조하시고 만들어 낸 분이시다. 예술이란 '인간의 창조적 활동을 통하여 아름다움을 만들어 내는 제반 활동'[202]이라고 볼 때 하나님의 창조활동은 최초의 예술 활동이라고 할 수 있다. 이렇게 아름다움을 창조하시는 하나님의 형상으로 지음을 받은 인간은 오랜 기독교 역사 속에서 자신이 믿고 있는 기독교 신앙을 하나님이 인간에게 주신 창조적 능력을 통하여 아름답게 재 표현해 왔다. 그 결과 기독교 가치관을 가진 많은 미술가, 음악가, 건축가, 문학가들이 자신의 신앙을 미술, 음악, 건축, 문학을 통해 표현하고 탄생시킨 것이다. 그러므로 "시인, 화가. 음악가, 조각가, 이 가운데 하나가 아닌 사람은 그리스도인이 아니다"라는 말처럼 하나님의 형상대로 지으심을 받은 피조물이라면 직업적인 것을 떠나 누구나 시, 그림, 음악, 조각을 통해 아름다움을 창조할 수 있는 것이다.

따라서 기독교에서 예술의 의미를 다음 다섯 가지로 요약할 수 있다. 첫째, 하나님의 창조질서에 대해 재인식하게 하고 하나님이 창조하신 피조물의 아름다움을 유지하고 하나님의 형상으로 지음 받은 인간이 계속해서 창조되어 있는 재료를 이용해 창의성을 발휘해 나가는 것이다. 인간은 하나님의 형상으로 지음 받았으므로 하나님 형상의 일부인 창조의 능력을 가지고 있다. 그러므로 창의성을 발휘하거나 창조의 능력은 하나님

---

201) 프랭키 쉐퍼, 드버니아 자네트 토리 역,『창조성의 회복』 (서울: 예영커뮤니케이션, 1996); 조규청, "움직임 예술과 기독교문화의 상관성 연구", 「한국스포츠리서치」 Vol.18, No.1 (한국스포츠리서치, 2007), 345에서 재인용.

202) 김도일, "예술과 함께 하는 기독교교육", 「교육교회」 Vol.383, No.0 (장로회신학대학교 기독교교육연구원, 2010), 14.

의 형상을 닮은 인간성의 고유한 부분이다. 그러므로 말씀으로 무에서 유를 창조하신 하나님과는 다르지만 이미 창조되어 있는 재료로 창조행위를 한다는 의미에서 인간의 예술은 계속적인 창조행위의 결과이며 그 자체로 가치가 있다.

둘째, 예술을 통해 하나님에 대한 경험을 인간이 주관적으로 표현하는 것이다. 예술가는 자신의 작품을 통해 예술가의 세계관을 나타낸다. 여기서 세계관은 예술의 내용이라고 할 수 있는데 그리스도인에 의한 예술작품이라고 할 때 그의 작품은 그의 세계관의 반영이기 때문에 기독교적인 세계관의 측면에서 평가 할 수 있다. 그러므로 그리스도인이 예술을 통해 눈에 보이지 않는 창조주를 주관적으로 인지적, 감성적으로 표현하며, 또한 예술을 말하고자 하는 메시지의 구체적 표현의 결과이기 때문에 예술작품 자체가 하나님을 향한 찬양이 될 수 있다.

셋째, 하나님의 형상의 일부인 창조성으로 만들어 낸 인간의 예술은 그리스도의 주재권[203] 아래 있다. 예술은 이미 그리스도인의 삶에서 실제적으로 어떤 역할을 하고 있다. 하나님은 영혼뿐만 아니라 육체도 창조하셨고 하나님의 구속 사역은 전인을 대상으로 하고 있다. 그러므로 예술을 영적이고 종교적인 것과는 거리가 먼 것으로 여기고 단순한 삶의 가장자리로 밀어내고 격하시키는 것이 아니라 하나님의 창조질서에 상응하는 하나님을 찬양하는 아름다운 도구로 활용할 수 있다. 이러한 의미로서 예술적 행위가 성경 여러 곳에 나타나고 있다[204]. 하나님이 모세를 통해 성막 짓는 방법을 구체적으로 지시한 내용(레25:9, 출25:40), 솔로몬을 통한 성전건축(대하3:6,4:3-5), 애굽으로부터 탈출 후 히브리인들의 노래(출15:20-21), 성전에서의 음악사용(역상23:5, 대하 29:25-26) 등.

넷째, 예술은 인간 상호간의 의사소통 수단의 하나이다. 모든 예술작품은 과거, 현재, 미래를 통해 그것을 만든 사람과 그것을 감상하는 사람과의 교류가 일어난다. 즉, 예술이라는 상징적 언어를 통해 예술가와 그

---

203) F. A. Schaeffer, 김진선 역, 『예술과 기독교』 (서울: IVP, 2011), 13.
204) F. A. Schaeffer, 15-37.

것을 감상하는 사람 사이에 의사소통이 이루어지는 것이다. 두 사람은 직접적으로 만나고 있지는 않지만 예술 작품을 통해 예술가가 말하고자 하는 주제를 감상하는 사람이 이해하고 개인적으로 감정적 반응을 창조해 낼 수 있다. 따라서 예술을 통해 주관적으로 경험된 하나님을 간접적 의사소통으로서 제3자가 만나는 것이다. 이것은 신앙 진리란 추상적인 것이므로 직접적으로 파악될 수 있는 객관적인 것이 아니기 때문에 간접적인 사상 지각과 결단을 자극하여 보이지 않으나 대화하기를 원하고 만나기를 원하시는 절대자와의 만남이 예술을 통해 이루어지게 되는 것이다[205].

다섯째, 참된 예술은 쾌락을 쫓는 것이 아니라 궁극적으로 '선(善)'의 개념이 포함된 하나님의 나라, 즉 사랑의 왕국을 건설하는 것이다[206]. 예술이라는 이름으로 많은 사람의 노력과 생명이 희생되고 인간 상호간의 애정까지 파괴되는 예술행위는 진정한 예술에서 벗어난 모습이다 - 수십만의 노동자, 목수, 석공, 실내장식가 등이 예술의 요구를 충족시켜 주기 위해 가혹한 노동 속에서 일생을 보내는 경우, 따라서 예술의 목적이 미에 있는 것이 아니라 선에 있으며 선을 내포하고 있는 것만이 미로 인정될 수 있으며 도덕적 완성이라고 주장하기도 한다.[207]

## 2. 기독교 역사에 나타난 예술: 기독교가 예술에 끼친 영향

그렇다면 역사 속에서 기독교가 예술 발달에 어떠한 영향을 끼쳤으며, 예술을 통해 어떻게 신앙을 표현해 왔는가? 예술은 기독교의 2000년 역사와 함께 성서시대, 초기 기독교, 중세 교회, 종교 개혁 시기, 종교 개혁 이후부터 현대에 이르기 까지 예술도 그 시대마다 많은 변화와 차이를 보이고 있다. 성서에는 그 시대에 성막과 솔로몬의 성전 건축을 통해 하나님을 찬양하기 위한 아름다운 예술 작품에 대한 구체적인 언급이 있으며

---

205) Sara Little, 사미자 역, 『기독교교육 교수방법론』 (서울: 한국장로교출판사, 1988), 124.

206) L. N. Tolstoi, 31.

207) L. N. Tolstoi, 36.

그 밖에 조형예술, 음악, 무용과 연극 등과 같은 예술을 통해 하나님의 메시지를 전하고 있다.

초기 기독교는 기독교가 공인 종교로 인정된 밀란 칙령을 기점으로 공인 종교가 되기 전과 공인 종교가 된 이후로 나눌 수 있다. 기독교가 공인 종교로 되기 전에는 기독교 박해로 교회 활동이 억압되었기 때문에 예술 활동 또한 제한을 받았지만 공인 종교가 된 후에는 예술도 크게 발달함과 동시에 자유로운 창작활동으로 인하여 교회가 세속주의 문화와 갈등하게 되기도 한다.

종교개혁 전까지의 중세기 예술은 교회와 수도원을 중심으로 크게 발달하였고 그 주제가 '신과 기독교 신앙'이라고 말할 수 있을 정도로 교회와 매우 밀접한 관계에 있었다. 중세기까지는 거의 많은 사람들이 문맹이었으므로 예술로 기독교 사상을 표현하고 전달하였다. 기독교와 관련된 주제 표현으로 음악과 미술, 그리고 성당건축물로 나타났다. 그러나 창작활동은 교회의 엄격한 간섭을 받았으며 성경에 위배되거나 자유로운 종교적 상상력에 의한 창작이 금지 되었다.

그러나 종교개혁 이후 교회가 국가로부터 분리되고 또한 예술작품에 대한 우상화 문제로 인해 시각 미술은 현저하게 줄어들게 된다. 특히 개혁교회는 다양한 교파로 나누어지고 예술에 대한 교회의 태도가 서로 달라지면서 예술의 주제가 다양화되기 시작했다. 17세기 바로크 시대 이후 기독교 예술이 급격히 쇠퇴현상을 맞이하게 되고 19세기 이후 기독교 예술의 세속화 현상이 두드러지게 나타난다. 역사적으로 19세기와 20세기 초에 걸쳐 기독교 안에서 영성과 실생활과의 분리 운동이 시작되면서 기독교는 영적인 성령만이 종교적인 것으로 여기고 기독교적인 진리를 생활 속에서 실천하는 일들에는 관심을 두지 않는 경건주의에 빠지게 되었다. 따라서 기독교인의 생활이 경건생활로 한정되고 과학, 예술, 경제, 정치, 철학 등 기독교 외의 영역이 세상으로 넘겨져 영적인 것과 세속적인 것이 명확하게 구분이 되었다.

## 3. 기독교와 미술의 만남

미술은 그 시대의 정신적 상황을 대변하는 성격을 가지고 있다.[208] 특히 중세 이후 미술은 교회를 위해 존재했고 성서의 이야기를 그림과 조각 그리고 건축을 통해 사람들에게 알리고 일깨워 주는 역할을 하였다. 그러한 역할을 한 대표적인 교회가 성 베드로 성당으로서 교회 건축은 서양 건축의 중요한 맥을 제시하고 있으며 내부의 조각, 장식, 그림이 모두 서양미술의 역사를 말해 주고 있다.[209] 그러나 종교적인 전달의 수단으로서만 미술 작품의 역할을 한 것이 아니라 시대에 따라 미적 가치를 찾아 새로운 양식을 개발해 나갔다. 시대별로 어떻게 기독교 사상과 정신을 미술이라는 예술을 통해 나타냈는지 살펴보기로 한다.

1) 신성과 성서 이야기 전달을 위한 역할

기독교적인 색채가 두드러지게 많았던 중세시대에는 그림이 글자를 대신했다. 그러므로 이 당시 화가들은 글을 읽지 못하는 사람들에게 성경을 설명하기 위해서 그림을 그렸기 때문에 성경 이야기 가운데 어떤 이야기를 그림으로 그릴까에 많은 신경을 썼다.[210] 중세 초기는 고전적 형식과 그리스도교의 상징, 주제가 결합된 카롤링거 미술이 나왔다.[211] 랭스의 에보 대주교의 복음서 안에 그려진 성 마르코(816-35년)는 고전 양식을 받아들인 작품으로서 마르코는 책을 쓰는 학자가 아니라 하늘의 인도를 받아 신성한 글을 전하는 사람으로 묘사되었다. 시인은 거룩한 영감을 받으며 초자연적 힘을 가지고 있다고 믿었던 고대인의 생각을 따른 것이다. 카롤링거 양식인 <린다우 복음서> 책 표지들은 귀금속으로 만들어졌고 보석으로 화려하게 장식되었다.

---

208) P. Tillich, *The Religious Situation*, in: John Dillenberger(ed.), *P. Tillich: On Art and Architecture*, Crossroad, New York 1987, 67: 채수일, "선교와 미술: 테오 순더마이어를 중심으로", 「한국기독교신학논총」 31, 한국기독교학회, 672.
209) 김현화, 『성서 미술을 만나다』 (서울: 한길사, 2008), 13-14.
210) 김영숙, 『미술관에 가고 싶어지는 미술책』 (서울: 휴머니스트, 2011), 14.
211) 로버트 램, 이희재 역, 『서양문화의 역사II』 (서울: 사군자, 2000), 107.

<린다우 복음서> 870년경, 금과 보석, 34.9 x 26.7cm.

서기 3세기 이후에 기독교인들은 예수의 발자취를 따라 성지 순례를 해 왔는데 768년에서 814년까지 프랑크 왕이었던 샤를마뉴 때는 성지 순례가 대규모로 이루어졌다. 그러한 성지 순례가 10세기에 이르면서 예수와 성인들의 거룩한 유물을 보면 하나님이 죄를 용서해주신다는 믿음으로 발전하여 유물을 간직한 교회들은 그러한 믿음을 부추기게 되었다. 따라서 교회 내부는 모자이크, 벽화, 프레스코, 또는 그림 장식 외에 교회건축 양식이 발달하여 순례 여정에서 중요한 자리를 차지했다. 특히 순례자들은 수도원을 주로 찾음으로 순례자들이 수도원 내 교회 건축에 많은 영향을 끼쳤다. 프랑스 오툉에 있는 생라자르 대성당의 박공 삼각벽에 새겨진 최후의 심판은 로마네스크 양식으로 지옥에 대한 공포감을 자극하여 죄인과 신도들에게 하나님의 심판에 대한 두려움과 각성을 하게 하는 설교와 같은 역할을 하였다.

### 2) 미술가에 따라 다르게 표현된 종교적 주제

프레스코와 템페라를 잘 그린 화가로 알려진 피렌체의 치마부에(1240?-1302?)가 그린 <옥좌에 앉은 성모>와 그의 제자인 서양 회화의 아버지라고 인정받은 지오토는 공간, 부피, 동작, 얼굴 표정에 뛰어난 현실감을 주어 치마부에게서 영향을 받은 <옥좌에 앉은 성모>에 그것이 분명하게 나타나고 있다.[212] 지오토 디 본토네(1267-1337)는 치마부에와는 달리 비잔틴 전통을 버리고 입체감을 살려 인물들을 표현하고 있다. 품위 있는 여인이자 어머니로서 성모 마리아와 아기예수를 고귀한 색체의 상징인 금빛을 배경으로 성스럽게 그린 템페라화이다. 화면에 아기를 안고 있는 성모 마리아는 상대적으로 크게 그려져 있는데 이것은 종교화에서 예수나 성모에 초점을 두어 신성을 강조하여 다른 인물들과 차별하기 위한 방법으로 르네상스 이전의 성화들에 사용되었다. 이 시대는 얼마나 진짜같이 그리느냐가 중요한 것이 아니라 얼마나 거룩하게 신성을 전하는가 하는 것이 중요했기 때문에 아기 예수도 어색하게 어린아이 같은 모습이 아니라 근엄하고 거룩하게 표현되고 있다.

212) 여기서 언급되어진 지오토와 치마부에 대하여 주로 로버트 램, 『서양문화의 역사II』 140-142와 김현화, 『성서 미술을 만나다』 79-97 에서 요약 인용하였다.

치마부에, <옥좌에 앉은 성모>, 1280-90년경, 성소피아 성당, 이스탄불

지오토 디 본도네, <옥좌에 앉은 성모>, 1310년경, 아레네 소성당, 파도바, 이탈리아

또한 그리스도교 미술주제의 하나인 세계의 종말과 심판의 사상은 『구약성서』(단 12:2 이하)와 『신약성서』(마 24:30-32)에 나타나는데, 특히 「요한의 묵시록」에는 장대한 우주극으로 말해지고 있다. 이런 성서적 심판사상은 성 아우구스티누스의 『신의 나라』나 시리아의 에프라임 전례가 등에도 영향을 주었다. 이 때문에 최후의 심판이 기본적으로 복음서에 근거하면서도 전해 내려온 여러 문헌에서 세상종말을 나타내는 다양한 요소를 도입하여 점차 복잡하고 장대해져 갔다. 초기 그리스도교 미술에서 「마태복음」 25장 32절에 바탕을 두고, 양과 산양을 나눈다는 비유적인 도상으로 쓰였으나 (예: 라벤나, 산 아폴리나 레 누오보 성당, 520년경) 비잔틴 미술에서는 심판자를 정점으로 하는 위계적인 대구도가 9세기에 형성되었다고 생각된다. 거기에 포함된 주요테마는 디시스, 에티마시아, 사도의 좌(使徒의 座), 휘감기며 사라지는 하늘, 바다와 육지에는 죽은 자의 부활과 환호하는 정복자(淨福者)의 무리, 지옥, 아브라함의 주머니에 있는 가난한 사람 라자로와 착한도적 등으로서 대부분은 시리아의 에프라임 전례가(典禮) 속에 나타나는 것이다.(예 : 테살로니키, 파나기아 파르키온 성당벽화, 1028년경) 서방(西方)에서도 9세기 초기에 이미 대구도가 존재해서(예 ; 스위스의 뮤스텔, 장크트 요한 성당벽화, 800년경) 로마네스크, 고딕기를 통하여 성당 서정면(西正面) 팀파눔을 장식하는 중요한 주제가 되었다.(예 ; 오탄, 생 라자르 대성당, 12세기) 동방과는 달리 심판자, 사도 등의 상을 다른 인물에 비하여 크게 나타내고 혼을 저울질하는 천사, 지옥의 괴물 레비아탄 등의 주제가 가해졌다.

특히 대조적인 최후의 심판을 묘사한 두 화가가 있었는데 이탈리아 르네상스의 시작을 알린 초기 르네상스의 천재인 조토와 2세기 후인 전성기 르네상스의 천재인 미켈란젤로[213]이다. 지오토가 그린 <최후의 심판>은 이탈리아 파도바의 아레나 소성당의 좌우 벽면에 <예수와 마리아의 생애>가 재현된 양 벽면 가운데 묘사되고 있다. 아레네 소성당은 그

213) 미켈란젤로에 대하여 주로 김현화, 『성서 미술을 만나다』 53-62에서 요약 인용하였다.

당시 베네치아 근처 파도바에서 고리대금업자로 유명했던 아버지를 둔 부유한 상인 엘리토 스크로베니가 거금을 헌납하여 성모 마리아에게 헌정한 것이다.[214] 지오토의 <최후의 심판>에서 그리스도는 화면 중앙의 원 안에 거룩하게 앉아 있고 원 둘레에는 천사들이 최후의 심판을 알리는 나팔을 불고 있다. 예수의 양옆에는 열두 사도들이 근엄하게 앉아 아래에서 일어나고 있는 심판의 동요를 지켜보고 있다. 지오토의 <최후의 심판>이 미켈란젤로의 것과 다른 것은 미켈란젤로가 구원받는 오른쪽 사람들과 지옥으로 떨어지는 왼쪽 사람들을 색채와 형태로 분명하게 분리하고 있지 않는 반면 지오토는 구원받는 오른쪽 사람들은 화려하고 장식적인 옷을 입고 질서정연하게 천국으로 들어가려고 준비하고 있으면 왼쪽에는 무섭고 공포스러운 지옥의 광경이 묘사되고 있다. 지옥에 대한 명확한 표현은 죄에 대한 경각심을 나타내는 듯하다. 이러한 지오토의 <최후의 심판>에 대한 묘사는 악명 높은 고리대금업자였던 아버지를 둔 엔리코가 교회에 많은 헌금을 하고 헌당을 함으로써 아버지의 죄를 용서받을 수 있다는 믿음과 또한 그러한 믿음에 동참한 조토의 생각에서 나온 결과이다. 따라서 그림의 가장 하단, 십자가의 오른편에 소성당을 기증하는 엔리코의 모습이 함께 표현되어 있다. 이것은 최후의 심판날에 부자가 돈을 교회에 바침으로 천국에 올라갈 수 있다는 물질만능의 자본주의적인 사고에서 비롯된 것이라고 할 수 있으며 이 그림을 통해 죽은 후에 지옥에 가는 것을 두려워하는 많은 부자들에게 기회를 주어 구원을 보장받고자 하는 바람이 담겨 있다. 이렇게 엔리코가 교회의 헌금으로 천국행을 약속받고 싶어 하는 소망은 16세기 초의 교황 레오 10세가 죄를 사하여 주고 천국행을 약속하는 면죄부를 판매하게 되는 역사적 사건으로 이어진다.

214) 김현화, 『성서 미술을 만나다』, 82-84.

지오토, <최후의 심판>, 1305, 이탈리아 아레네 소성당

미켈란젤로의 시스티나 성당의 <최후의 심판> 벽화(1536~41)는 지오토의 <최후의 심판>에 나타나고 있는 이러한 신앙관과는 다르게 표현되고 있다. 미켈란젤로가 <최후의 심판> 제작에 착수했을 때의 시대적 개인적 상황은 <천지창조>를 그릴 때와는 분명 다르다. 개인적으로는 젊었을 때 가질 수 있는 미래에 대한 희망보다는 과거에 대한 회한과 함께 삶의 무상함을 느끼는 노인이 되어 있었고, 사회적으로는 신성로마제국 황제 칼 5세의 연합군이 로마를 점령하여 약탈하는 혼란과 불안의 시기였다. 또한 종교적으로는 1517년 마틴 루터가 교황 레오 10세의 면죄부 판매에 반기를 들고 1517년 '95개조의 반박문'을 발표하면서 종교개혁이 시작된 시기다. 미켈란젤로는 독실한 가톨릭 신자였지만 로마 교황청의 모순과 부패에 회의를 갖고 프로테스탄트를 어느 정도 긍정적으로 받아들였으며 그러한 자신의 변화가 <최후의 심판>에 반영되었을 수 있다.

미켈란젤로는 <최후의 심판>에서 예수를 근엄한 하나님의 모습이 아니라 생동감 넘치는 젊은 남자의 모습으로 묘사하여 전지전능한 절대자의 두렵고 성스런 모습은 아니지만 예수의 표정은 세상을 개혁하고 싶은 강한 의지와 열정으로 진지하고 단호한 모습을 보여주고 있는 것으로 보아 미켈란젤로는 교황청에 속해서 미술활동을 하고 있지만 그도 역시 로마 교황청이 개혁될 필요가 있다고 생각하였을 수도 있다.[215)]

미켈란젤로, <최후의 심판>, 1536~41년, 로마 시스티나 성당 벽화,

누가복음1장 30~38절에는 아담과 하와의 원죄를 씻기 위해 구원을 약속하는 구세주 예수를 성령으로 잉태하게 된다는 이야기가 나온다.[216)] 여기서 성령으로 잉태한다는 종교적 신비에 대하여 천사가 마리아에게 예수의 잉태를 알리는 장면을 그림으로 여러 번 표현한 수사신부 화가 안젤리토의 <수태고지>가 있다. 피렌체의 산 마르코 수도원에 그린 <수태고지>는 회화적 기교를 최대한 절제시키고 장식적인 부분도 전혀 삽입하

215) 김현화, 『성서 미술을 만나다』, 57.
216) 여기서 언급되는 안젤리코의 수태고지에 대하여 주로 김현화, 『성서 미술을 만나다』, 68-72에서 요약 인용하였다.

지 않은 순결하고 겸손한 예수의 어머니 마리아의 신앙심을 돋보이게 묘사하고 있다. 성서에는 마리아가 천사의 잉태 예고를 받자, 놀라 "나는 남자를 알지 못하는데, 어떻게 이런 일이 있겠습니까?"(눅1:34)라고 반문하지만 안젤리코의 수태고지에서 마리아의 표정은 놀라는 모습보다는 순종의 모습이 더 두드러지게 나타나고 있다. 그리고 마리아가 수태고지를 받는 장소가 일반 가정집이 아닌 수도원이라는 것과 성모의 순결을 상징하는 백합이나 눈부신 광휘, 비둘기 등 어떠한 화려한 장식이 없는 것으로 보아 가난하고 검소한 절제의 생활을 하는 수도원의 분위기가 지배적인 것은 안젤리코가 수사신부라는 것과 이 그림을 매일 보는 사람들이 수도원에 거주하는 수도사들이라는 것을 감안한 것이라고 여겨진다.

또 다른 프라도 미술관에 소장된 안젤리코의 수태고지는 수도원 배경의 수태고지와는 다르게 화려한 장식과 색감으로 표현되고 있다. 이 그림에서 천사와 마리아는 화려한 옷을 입고 하나님이 마리아에게 보내는 빛을 타고 비둘기 형상의 성령이 마리아에게 비춰지고 있다. 또한 그림 왼편에 에덴동산에서 쫓겨나는 아담과 하와의 모습과 그들을 부드럽게 끌어안듯이 인도하는 천사의 모습이 나타나고 있는 것으로 보아 아담과 하와에 의한 원죄가 예수 탄생으로 사하여진다는 것을 암시하고 있다. 특히 천사가 무릎을 구부리고 몸을 숙이며 장차 구세주의 어머니가 될 마리아에게 경배의 태도를 취하고 있고 마리아는 두 손을 가슴에 얹고 공손한 자세를 보이고 있지만 의자에 앉아 있음으로 천사보다 높은 위치에 있음을 알려주고 있다. 그것은 마리아를 구세주의 어머니로서 강조하는 수도원의 수사인 안젤리코의 신앙심을 나타내는 것이기도 하다.

안젤리코, <수태고지>, 1438-50, 산마르코 수도원, 피렌체

안젤리코, <수태고지>, 1426년경, 마드리드 프라도 미술관

### 3) 예수의 삶을 닮고자 했던 화가 반 고흐[217](1853-1890)

빈센트 반 고흐는 1853년 네덜란드 태생으로 할아버지와 아버지가 목사인 가정에서 비교적 중 상류층의 좋은 교육을 받으며 성장하지만 종교적으로는 아버지의 권위적이고 보수적인 신앙 속에서 성장하였다. 그 당시 미술계에 영향을 주었던 화상인 숙부의 영향으로 헤이그와 런던의 구필 화랑에서 화상 수업을 받다 1874년 런던의 하숙집 딸에게 고백한 사랑이 받아들여지지 않아 실연의 아픔으로 기도와 성서에 몰입하게 되고 목회자의 길을 가기로 결심하게 된다. 그러나 신학교 입학시험에 실패하고 1878년 보리나주 광산촌으로 들어가 성서를 가르치며 광부들을 모델로 그림을 그리기 시작한다. 그곳에서 광부들의 삶은 육체적으로나 경제적으로 매우 열악한 환경에 처해 있었으며 매우 가난하였다. 거기서 고흐는 그리스도가 가장 낮은 자가 되어 고난 중에 죽음을 맞이한 것처럼 고흐는 가장 가난한 자가 되어 '광산촌 사람들과 고통을 함께 나누기를 원했다. 그래서 광부들보다 조금이라도 더 소유하는 것을 부끄럽게 여겼고, 자신이 가진 모든 것을 그들과 나누기를 원했다. 반 고흐는 "모든 것을 다 팔아 가난한 사람들에게 나누어 주라"는 말씀대로, 마치 성 마틴처럼 자기 옷을 모두 벗어서 가난한 사람들에게 나누어주었고, 성 프랜시스처럼 쓰러질듯 한 오두막집에서 살면서 마른 빵과 물로 음식을 삼으면서 최소한의 삶을 살았다. 그는 믿음을 행동으로 실천하기를 원했고 '슬픔의 사람' 그리스도의 사랑과 자비를 그대로 삶을 통해 본받으려 했다. 반 고흐에게 이러한 삶과 사상에 영향을 준 것은 토마스 아켐피스의 『그리스도를 본받아』와 번연의 『천로역정』이었다. 그러나 그의 이러한 고행자적이고 극단적인 행동과 생활은 보수적이고 권위적인 점잖은 목회자들과 목사인 아버지에게 눈에 거슬리는 행동이었으며 성직자의 권위를 훼손시키는 것이라 여겨 교단에서 파문을 당한다. 그 당시 그를 도왔던 선교회

---

217) 반 고흐의 그림에 대한 설명과 해석은 주로 최종수 역편, 『고흐의 영성과 예술』 (서울: 한국기독교연구소 2000)과 김현화, 『성서 미술을 만나다』, 115-143에서 주로 인용하였다.

가 설교를 강조한 반면 고흐는 신앙의 실천인 그리스도를 본받아 가난한 사람들을 섬기고 청빈한 생활 가운데 병자들을 돌보는 일에 더 열심이었기 때문에 갈등이 있을 수밖에 없었다. 그는 성직자들의 말과 행동이 일치하지 않는 위선과 기만, 권위의식에 실망하고 목사인 아버지와도 심한 갈등을 겪고 결국 목회자의 길을 포기하고 교회를 떠나게 된다.

고흐는 자신의 그림에서 벨기에 탄광촌 보리나주 사람들의 일상생활을 밀레처럼 종교에 가까울 만큼 경건하게 묘사했다. 그의 그림 속의 보리나주 사람들은 십자가를 지고 골고다 언덕을 오르는 수난 받는 그리스도처럼 경건함을 불러일으킬 정도로 그리스도인으로서 고행과 삶의 절제를 그림으로 표현했다. 보잘것없이 가난하게 살아가는 농부들에게 신성한 경건함을 찾은 밀레의 영향을 받아 반 고흐도 땅을 갈고 정직하게 살아가는 농부와 광부에게서 노동을 통한 신성한 종교적 가치를 발견한다. 그의 <감자 먹는 사람들> 그림은 힘든 하루를 마친 가난한 농부들이 삶은 감자만으로 저녁식사를 하고 있는 모습은 엄숙하고 경건하여 가난하고 평범한 농부들의 생활에서 종교적인 도덕적 가치를 찾게 한다. 그림에 나오는 감자는 비록 작지만 서로 돌려가며 나누어 먹는 모습은 초대교회의 주의 이름으로 함께 모여 떡을 떼던 소박한 경건을 회상시켜 준다. 특히 노랑 불빛의 등불은 고흐가 즐겨 사용하는 사랑의 상징으로서 고흐와 아버지가 먼 길을 마다하고 밤에 등불을 들고 농부들이나 광부들을 심방하면서 전해 준 복음의 빛을 상기시켜 준다. 즉 등불은 높은 곳으로부터 비추는 빛으로서 근대적 의미의 그리스도의 임재를 나타내 주고 있다.

반 고흐, <감자 먹는 사람들>, 1885, 반 고흐 미술관, 암스테르담

제도교회를 떠난 뒤 고흐는 르낭의 『 예수전 』을 통해 자기처럼 교회를 떠났던 사람을 발견하면서 참 종교는 외적 양식에 관계없이 청결한 마음에 기초를 두고 있다는 르낭의 사상을 받아들이면서 경건과 실천, 예수의 생애에 기초를 둔 단순 신앙, 그리고 기독교적 자선의 실천이라고 믿으며 살아가게 된다. 그러면서도 성서와 예수 그리스도의 인간상을 존경하던 신앙, 가난한 사람들에 대한 관심, 혁명으로 이 땅 위에 하나님 나라를 이룩한다는 신념, 지상 신앙 여정에서는 고난을 당하는 사람들이 내세의 보상을 받는다는 신념 등은 지속되었다.

이러한 그의 신념이 그의 그림 곳곳에 나타나고 있다. 자신의 귀를 자르는 자해를 하고 스스로 자청하여 정신병원에 1889년에 입원했을 때 그린 <별이 빛나는 밤>은 평범한 밤하늘의 모습이지만 밤하늘의 생기와 에너지를 주는 듯한, 그리고 그리스도의 승천을 보는 듯 한 광경으로, 병으로 인해 한없이 절망에 빠진 고흐가 종교적 믿음을 통해 평화와 구원을 찾으려고 애쓰는 모습이 담겨있다. 이 그림은 마침내 하나님과 신비적 합일을 이룬다는 승리의 비전을 나타내 주고 있으며 예수 그리스도의 임재를 상징적으로 묘사하고 있다. 또한 이러한 전통적 사상으로 <나사로의

소생>과 <삐에따>를 그렸는데, 두 작품 모두 고난과 구원을 그리고 있다. 그의 병이 거의 호전이 되어 병원에서 퇴원하였지만 마을사람들은 그를 거부하여 집으로 돌아가지 못하고 오베르 쉬르 와즈에 정착해서 새로운 삶을 개척하고자 했다. 성서의 나사로처럼 건강을 되찾아 다시 힘차게 살고 싶은 그의 희망이 은유적으로 표현된 것이 그의 그림 <나사로의 소생>이다. 그는 자신의 자화상으로서 나사로를 묘사함으로 구원에 대한 갈구를 강하게 드러내고 있으며 그리스도의 구원으로 나사로가 소생했듯이 자신도 고통과 질병으로부터 벗어나고자 했지만 1890년 7월 27일 절망의 늪으로부터 헤어 나오지 못하고 자신을 향해 권총을 쏘고 고통스러운 삶을 마감하고 만다.

반 고흐, <별이 빛나는 밤>, 1889, 현대미술관, 뉴욕.

반 고흐, <피에타>, 1889, 반 고흐 미술관, 암스테르담

반 고흐, <나사로의 소생>, 1890, 반 고흐 미술관, 암스테르담

#### 4) 십자가에 못 박힌 유대인 샤갈[218](1887-1985)

샤갈은 유대계 러시안으로 태어났다. 샤갈의 그림에서 종교적 주제는 특별한 신념, 신앙심을 드러내기 위한 것이라기보다는 러시아에서 보낸 어린 시절의 향수와 추억이 담긴 평범한 일상생활 중 한 장면으로 나타난다. 샤갈의 그림에서 나타나는 근본적인 사상은 우주와 자연의 모든 만물의 영혼이 서로 교류되며 신과 인간은 일치된다고 믿었던 러시아의 유대인들의 신앙관에서 출발한다. 따라서 사람과 동물, 꽃 등이 그의 그림에서는 중력의 법칙에서 벗어나 자유롭게 하늘을 날아다니기도 하고 이러한 범신론적인 사상을 어린 시절에 대한 향수와 그리움으로 표현하였다. 성서가 인류의 가장 위대한 시적 근원이라고 생각했고 삶과 예술의 근원을 성서에서 찾았던 샤갈은 초기 작품에서 한가롭고 평화로운 어린 시절의 향수를 담은 환상적이고 꿈속 같은 성서이야기가 1930년대 후반으로 들어가면서 어둡고 암울한 분위기로 바꾸게 된다.

그가 태어난 시대적 배경은 제2차 세계대전 당시 독일 나치에 의해 수많은 유대인이 죽어갔던 시대로 교황 요한 바오로 2세는 유대인 수용소였던 아우슈비츠를 '현대의 골고다'라고 불렀고 전쟁이 끝난 후 수용소 향하는 길은 '십자가로 가는 길'이라고 불렀다. 그러나 아이러니하게도 2천 년 전 골고다에서 십자가에 못 박혀 죽은 예수는 유대인이었고, 그의 학살을 주장하며 광기로 들떴던 사람들도 유대인이었다. 그리스도를 못 박으라고 소리친 유대인들의 외침은 현대에 와서 유대인 모두에게 내려진 저주가 되어 나치 대학살의 희생자가 되었다. 20세기를 전후해서 유대인으로서 나치의 박해를 직접 받은 당사자이면서 유대인 모두가 겪는 고통을 예수의 수난과 십자가 처형에 비유해서 그림으로 표현한 대표적인 화가가 샤갈이다. 십자가에 못 박히는 그리스도는 때로는 고통 받는 화가의 자화상이 되기도 하고 때로는 유대인의 자화상이기도 하다. 왜냐하면 기독교에서 예수는 인류를 구원하러 오신 구세주이지만 유대교에서 예수

---

218) 샤갈 그림에 관한 해석과 설명은 주로 서울시립미술관 편,『색채의 마술사, 샤갈』 (서울: 한국일보사, 2010)과 김현화, 『성서 미술을 만나다』, 173-189에서 주로 인용하였다.

는 선지자에 지나지 않기 때문에 러시아의 전통적인 유대인 집안에서 태어나 유대인 교육을 철저히 받았던 샤갈에게 예수는 전지전능한 하나님의 아들이라기보다는 고통 받는 유대인의 표상이나 상징이었다.

그러므로 샤갈은 그의 그림 <흰색 십자가 처형>을 통해 1938년부터 나치가 본격적으로 저지르는 대규모 유대인 박해의 만행을 고발한 것이다. 골고다에서는 증오와 저주로 가득 찬 인간 무리의 광기어린 외침이 있었지만 샤갈의 <흰색 십자가 처형>에서는 직접적인 살육과 파괴, 약탈의 혼란과 공포의 외침이 있다. 샤갈은 자신의 그림을 통해 개인적인 사생활의 고통을 묘사하기 보다는 시대의 비극과 아픔을 대변하는 역사적 사건을 나타내 주고 있다. 예수가 유대인이기는 하지만 샤갈의 초기 작품에서는 예수를 유대인으로 묘사하지 않지만 나치가 등장한 1930년대 이후부터는 유대인이 겪는 박해와 고통의 상징으로서 예수가 유대인임을 강조한다. 특히 <흰색 십자가 처형>에서 예수의 머리 위에 '나사렛 예수, 유대인의 왕'이라는 의미의 'INRI'라는 글자가 보이고, 오른쪽 하단에는 가슴에 팻말을 걸고 있는 유대인이 보이는데 이것은 그 당시 독일에서 나치들이 유대인들에게 'Ich bin Jude(나는 유대인이다)'라는 글이 새겨진 팻말을 가슴에 걸고 다니게 한 사건의 비유다. 그 당시 유대인들이 달고 다니던 팻말과 십자가에 못 박힌 예수의 머리 위에 붙어 있는 글은 서로 관계를 이루며 유대인의 수난을 상징하고 있다.

샤갈, <흰색 십자가 책형>, 1938, 시카고 아트 인스티튜드

5) 종교가 현대인에게 주는 의미를 묘사한 뭉크(1864-1944)[219]

뭉크는 노르웨이의 기독교 집안에서 태어났다. 뭉크라는 성이 성직자를 의미하듯이 증조할아버지와 할아버지가 목사였고 아버지는 신앙심이 깊은 독실한 기독교 신자였다. 그러나 뭉크는 이러한 전통적인 기독교 집안의 내력과는 반대로 종교의 가르침이나 교리, 성서에 관심이 별로 없고 오히려 자유롭고 개방적인 사고를 가지고 그 당시 기독교, 도덕, 법전을 거부하고 성과 예술의 자유를 부르짖는 크리스티아니아 보헤미아 그룹에 가입을 한다. 그러나 그 그룹 안에서 조차 자유롭기를 바라면서 자유에 대한 갈망이 크면 클수록, 사랑에 대한 갈증이 충족되면 될수록 뭉크의 불안은 더해 갔다. 사랑할 때면 구속될까봐, 자유로울 때면 자유를 박탈당할까봐, 건강하면 질병이 찾아올까봐 두려워 강박관념이 되었고 평생 언제 죽을지 모른다는 죽음에 대한 공포와 불안이 뭉크에게 떠나질 않았다. 그래서 뭉크는 자신의 이러한 상태를 그림을 통해 현대인의 갈등과

219) 뭉크에 대하여 주로 김현화, 『성서 미술을 만나다』, 273-287에서 요약 정리하였다.

고독, 소외감, 강박관념, 위기의식으로 대변했다. 그의 그림 <절규>와 <병든 아이> 등은 개인적인 경험에서 비롯된 것이지만 시대가 안고 있는 불안의 병적 징후를 표현했듯이 뭉크의 개인적인 불안이 시대와 사회 전체의 불안으로 연결된다.

이러한 죽음의 두려움, 불안, 질투로 멍든 뭉크는 다가오는 희망찬 20세기를 예수가 처형당한 절망의 땅인 <골고다>로 표현한다. 우울한 청색을 배경으로 노란 그리스도가 못 박혀 있고, 예수가 흘린 피는 구름이 되어 잿빛 하늘을 가로지르고 있으며 심리적 긴장감을 불러일으키는 듯 예수가 반듯하게 십자가에 못 박혀 있다. 그리고 십자가 아래로 여러 사람의 얼굴이 나타나는데 이 얼굴들은 뭉크의 주변 사람들로 나타난다. 이 군중들은 예수를 정점으로 산등성이처럼 모여 있지만 이 군중 각자는 자신만의 고통으로 예수에게는 관심이 없는 듯하다. 군중은 고통이 힘들어 타인의 위로가 되어 줄 만한 여유도 없고 타인이 자신을 위로해 줄 수 있다는 것도 믿지 않는 듯 각자의 길을 가고 있다. 십자가의 그리스도도 개개인이 겪는 고통을 대변하는 상징적 존재이지 사람들에게 위안이 되거나 그들을 구원해 줄 수 있는 존재가 아니다. 그러므로 군중은 십자가의 그리스도는 관심이 없다. 뭉크는 현대와 현대인에게서 종교가 치유해 줄 수 없는 불안과 고통, 무관심을 보았으며 <골고다>의 사람들은 예수가 죽든지 말든지 모두가 각자 자기 생각과 문제에 몰두해 있을 뿐이다. <골고다>는 확실히 기독교를 대변하는 종교화이지만 종교적인 감동을 주지 않는 것처럼 현대인에게 그리스도가 어떠한 감동을 주지 않는다는 것을 뭉크는 <골고다>를 통해 말하고 있다.

뭉크, <골고다>, 1900, 국립미술관, 오슬로, 노르웨이

## 4. 기독교 세계관에서 미술의 역할과 과제

지금까지 기독교 역사 속에서 미술이 어떤 역할을 해 왔으며 화가의 미적 상상력을 발휘하는데 성서가 어떤 역할을 해 왔는지 살펴보았다. 그러나 분명한 것은 기독교적인 주제를 선택한 많은 미술가들은 각자 자신이 살고 있는 시대적 상황과 자신의 신앙관을 떠나서 그림을 그릴 수는 없다는 사실이다. 무엇을 그리든 자신이 속한 시대의 삶과 신앙관에 관한 이야기를 그림에 담을 수밖에 없는 것이다.

과거 글자를 알지 못하던 중세기까지는 그림을 통해 성서를 이해하고 깨달았지만 르네상스 시대에는 모든 것이 신 중심이었던 중세의 생각에서 벗어나 고대 그리스나 로마의 인간중심적인 문화가 되살아나 인간에 대한 관심을 갖기 시작했다. 그러나 그림의 대상을 똑같게, 또는 닮게 그리는 사실적인 고대 로마시대와는 달리 그리거나 조각의 대상을 사실보다 더 아름답게 포장하고 이상화시켰다.[220] 대표적인 그림이 미켈란젤로의 <최후의 심판>이다. 여기서 예수는 근엄한 신적 권위를 보여주는 하나님의 모습이 아니라 생동감 넘치는 젊은 남자의 모습으로 심판관처럼

220) 김영숙, 『미술관에 가고 싶어지는 미술책』, 21.

보이며 예수를 비롯하여 천사, 성자 악인 모두 나체로 묘사되고 있다. 누가 천사이고 누가 성인인지, 그리고 누가 지옥에 떨어질 인간인지 구별되지 않을 정도로 예수와 천사 그리고 성인 모두 지극히 인간적인 모습으로 표현하고 있는데 이것이 바로 르네상스 시대 인간 중심의 인본주의의 영향이라고 추측할 수 있다.[221] 그러나 현대에 접어들면서 그림을 통해 성서를 이해하는 것이 아니라 종교화를 통해 그것이 나타내고 있는 현실을 인지하게 되었다. 즉 현대 미술은 종교적 주제를 가지고 현대인의 개인적 고통과 전쟁의 비극을 은유하면서 시대와 개인의 구원을 갈망하기도 하고 인간 실존의 문제를 제시하기에 이르렀다. 종교화를 통해 종교를 알았던 과거와는 달리 종교화를 통해 시대적 현실을 바라보는 미술의 세계로 전환이 되었다고 할 수 있다. 그렇다면 예술로서 미술이 앞으로 기독교에서 어떤 역할을 해야 하며 현대 미술이 기독교 세계관을 어떻게 표현하고 제시할 수 있는가?

첫째, 예술로서 미술은 그 시대와 문화를 대변해 주기 때문에 자기 시대와 하나님의 길을 이해하고 조명하는 예언자적 기능을 가지고 있다.[222] 그것은 시대와 문화의 상태를 항상 앞서 이해하기 때문에 우리 신앙의 선조들이 말로 할 수 있었던 것 보다 더 많이 마음으로 느끼고 경험한 것을 그림이라는 또 다른 매체로 선포할 수 있었던 것이다. 이것은 그림이 말씀보다 더 깊고 폭넓은 차원을 포괄하며 표현해 주기 때문이다.

둘째, 미술은 계시사건으로서 하나님의 '자기-의사소통적 장소'의 역할을 감당한다. 즉 "예술에서 우리는 단지 종교적 전통의 비언어적 표현들을 발견할 뿐만 아니라, 또한 인간의 의식과 자유에 의해 수용되어지고 있는 계시, 즉 하나님의 자기-의사소통의 장소를 발견"[223]하는 것이다. 하나님의 말씀은 언어를 통해서만 전달되는 것이 아니라 미술을 포함한 모

---

221) 김현화, 『성서 미술을 만나다』, 56-57,

222) 채수일, "선교와 미술: 테오 순더마이어를 중심으로", 「한국기독교신학논총」 31집 (서울: 기독교학회, 2003), 686

223) Richard Viladesau, *Theological Aesthetics God in Imagination, Beauty, and Art* (NewYork: Oxford University Press, 1999), 55: 채수일, "선교와 미술: 테오 순더마이어를 중심으로", 691에서 재인용,

든 예술도 하나님이 전달하고자 하는 메시지가 될 수 있는 것이다.

셋째, 현대 기독교 미술의 역할은 기독교 세계관과 현대적인 삶의 양식과의 만남을 연결시켜 주는 다리의 역할이다. 현대 기독교 미술이 기독교적 세계관과 현대의 다양한 양식 사이에서 부조화를 경험하면서 한편으로는 현대 양식에 대한 거부나 도피로 지나치게 종교적인 자신의 신앙 고백에만 치우쳐 하나님의 창조성과 현대 사회와 문화로부터 고립되기도 한다. 그러나 현대의 삶의 틀에서 살고 있는 한 현대 사회와 문화의 양식에 대한 적절한 수용과 적용은 불가피하다. 따라서 그리스도 안에서 현대 문화 양식이 기독교 세계관에 의해 새로워질 수 있는 가능성을 현대 기독교 미술에서 찾을 수 있다.[224] 현대의 기독교 미술은 현대 미술의 양식 속에서 기독교 정신과 세계관을 구현하여 현대의 사회와 문화를 변혁시킬 수 있는 기회를 만들 수 있다. 즉 부정과 회의, 비판적 양상으로 전개되는 현대인들의 삶을 대변해 주는 현대 미술의 상황 속에서 하나님의 형상으로 다시 회복되기를 기대하는 기독교적 인간이해에 기초한 현대 기독교 미술의 표현으로 부정적인 이미지의 현대 사회와 문화를 변화시킬 수 있는 것이다.

넷째, 한국인의 심성과 한국의 전통적인 문화 양식에 스며들어 있는 하나님의 창조 계시가 한국 기독교 미술에도 반영되어야 할 것이다. 한국의 전통 기와지붕을 교회건축에 적용하거나 명창 박동진이 시도한 판소리 '예수전', 나운영의 한국적인 가락을 활용한 '여호와는 나의 목자시니' 성가, 화가 김기창의 삿갓 쓴 예수의 모습을 표현해 준 '예수전' 은 하나님의 창조계시가 한국적인 정서와 전통문화를 통해 새로운 기독교 예술을 창출해 낸 좋은 시도라고 할 수 있다.[225] 따라서 한국 기독교 예술이 단지 과거, 또는 서양의 형식을 쫓아 가는 것이 아니라 전통 문화예술 형식을 현대적으로 상황화 하고 기독교 신앙과 세계관이 반영될 수 있는 문화 창조의 역할을 현대 기독교 미술이 해야 할 것이다.

---

224) 오의석, "현대 기독교 미술과 세계관", 「통합연구」 (서울: 통합연구학회, 1993), 44.
225) 김영한, "제1장 한국사회와 기독교문화", 「한국기독교 연구논총」 4 (서울: 숭실대 한국기독교문화연구소, 1986), 24.

※ 토론거리

1) 하나님의 창조성을 재현할 수 있는 예술의 다양성을 이야기해 봅시다.
2) 그림을 통해 신앙을 경험한 경우가 있는지, 있다면 무엇을 느끼고 경험하였는지 나누어 봅시다.
3) 자신이 경험한 기독교를 그림으로 표현해 봅시다.

※ 주요 읽을거리


- 최종수 역편, 『고흐의 영성과 예술』, 서울: 한국기독교연구소 2000.
- 김현화, 『성서 미술을 만나다』, 서울: 한길사 2008.
- 김영숙, 『미술관에 가고 싶어지는 미술책』, 서울: 휴머니스트, 2011.

# 효(孝)문화와 조상제사

김 은 수

조선시대의 유교사회를 거치면서 한국의 지배적인 문화로 뿌리를 내린 것이 효 사상이다. 이때 전파된 기독교는 효 문화와 만나게 되었고, 기독교복음이 한국 땅에 뿌리내리기 위해서는 한국의 효 사상을 어떠한 형태로든 반드시 받아들이고 함께 품고 가야할 필수적 과제가 되고 있다. 그런데 한국사회에서 효라고 하면 조상제사를 가장 먼저 떠올린다. 조상제사는 혈연과 족보로 연결된 이승의 사람들과 저승의 사람들을 하나로 묶어주는 중요한 역할임과 동시에 이로 통해 후손들은 계속 조상의 돌봄과 축복을 받고 있음을 확인하게 된다. 지금은 보이지 않는 조상이 보이는 후손들에게 절대적 영향을 미친다고 종교적으로 믿는 사람은 매우 적지만 아직도 제사를 잘 드리는 사람이 마치 효를 다하는 도덕적인 사람으로 여겨져 온다. 하지만 제사와 관련하여 대부분의 한국교회는 혼합주의의 위험성을 들어 매우 부정적인 자세로 대처하여 왔다. 이제는 보다 적극적인 토착화를 위한 시도가 필요할 때다. 토착화는 복음이 문화와 만나 뿌리내리는 선교의 필수적 과정이기 때문이다.

효 역시 토착화가 되기 위해서는 먼저 다음의 3가지 전제조건이 충족되어야 한다.[226] 먼저, 기독교인은 그리스도 안에서와 자신의 문화 안에서 그 정체성이 확보되어야 하기 때문에 조상제사를 비롯한 효 문화 등 한국의 문화유산과 편견이 없는 폭넓은 대화가 필요하다. 둘째, 기독교의 정체성은 이 세상을 사랑하시며 구원하시는 하나님의 활동 즉, 삼위일체 '하나님의 선교'(missio Dei)안에서 확보될 수 있다. 하나님의 현재적 활동은 성령으로 존재하기 때문에 한국인의 삶을 지배해온 제사문화와의 갈등과 장벽을 극복하기 위해서는 하나님의 선교의 성령론적 시각이 필요

226) 김은수, 『현대선교의 흐름과 주제』, 대한기독교서회 2010(개정증보), 362-364 참조

하다. 성령은 문화, 인종, 종교적 장애를 넘을 수 있게 해주기 때문이다. 셋째, 기독교와 문화는 둘로 나누어지지 않기 때문에 텍스트와 컨텍스트의 창조적 관계구조가 유지되어야 한다. 효를 비롯한 한국의 문화가 일방적인 컨텍스트로만 취급되어서는 안 된다. 문화는 인간이 지니고 있는 세계관과 가치관을 가지고 삶의 자리에서 오랜 세월 구체적으로 창출된 인간행위와 생각의 총체적 결과이기 때문에 쉽게 옳고 그름이 판단되어서는 안 된다.

## 1. 불효(不孝)의 종교로 오해된 기독교

대부분의 한국인들은 기독교를 효의 종교라고 생각하지 않는다. 긍정적으로 평가할 때에도 대부분 사랑의 종교라고 부른다. 그리스도의 2대 계명은 하나님 사랑, 이웃 사랑이다. 이웃 사랑의 기본은 가족에서 출발한다. 특히 부모님에 대한 사랑과 공경은 십계명에서 하나님에 대한 계명(1-4)과 이웃에 대한 계명(5-10)으로 나눌 때 이웃에 대한 첫 계명으로서 율법의 기본이다(출 20:12). 뿐만 아니라 부모에 대한 불경은 극형에 처하여지는 절대 명령이다: "아비나 어미를 저주하는 자는 반드시 죽일지니라"(출 21:17). 이처럼 부모에 대한 사랑과 공경이 기독교의 근본정신임에도 불구하고 한국인들에게 불효의 종교로 인식된 이유는 무엇일까? 사랑은 효의 근본임에도 불구하고 사랑의 종교인 기독교가 어떻게 한국에서 불효의 종교가 되었는가?

헨드릭 크래머(H. Kraemer)에 의하면 선교사는 복음과 문화의 유일한 접촉점이 된다. 즉 선교지 문화에 대한 영향력 있는 첫 번째 선교사가 어떻게 판단하고 받아들이느냐에 따라 새로이 유입되는 종교에 대한 원주민들의 인식이 결정된다는 것이다. 한국에 기독교가 전래되었을 때 로마 교황청은 이미 1742년 법령에 의해 조상제사를 금하였는데, 그 이유는 조상을 기념하는 효도행위가 나빠서가 아니라 조상의 영혼이 후손들과 관계를 맺는 다는 것과 지상을 떠돌고 있는 조상의 혼을 위한 제사가 영혼숭배라고 판단하였기 때문이다. 이러한 맥락에서 천주교가 한국에 전파된 후 첫 번째 부딪힌 문제가 조상제사인 것은 어쩌면 당연한 일인지도 모른다.

천주교가 공식적으로 조선에 전래된 사건은 이승훈이 1783년 사은사(謝恩使)를 따라 청나라에 가게 되어 그 곳에서 천문학과 수학의 과학적 견문을 넓히며 예수회 선교사들을 만나 학문적 토론을 하는 과정에서 기독교의 가르침에 끌려 신앙을 고백하고 1784년 2월 북경의 그라몽(M. de Gramont)에게 베드로(Piere)라는 세례명을 받고 돌아온 일이다. 이승훈은 당시 서학(西學)에 조예가 깊었던 이설, 권일신에게 세례를 베풀었으며 정약용, 이가환, 이덕조 등과 함께 천주교를 적극적으로 연구하고 믿음생활을 하였다. 또한, 이들은 친지들을 통하여 충청도, 전라도 지방으로 전파함으로써 중인과 서민층까지 확대되었다.[227] 이러한 과정 속에서 제사문제가 천주교 신앙의 중요한 쟁점이 되었다. 이에 1790년 9월 중국 황제의 생일축하 사절의 일행으로 북경에 갔던 윤유일이 그 당시 북경에 있는 프랑스 신부 구베아(Alexandre de Gouvea) 주교에게 조상제사가 천주교 교리에 합당한지 아닌지를 문의한 결과 교리에 어긋난다는 회답을 듣게 되었다.[228] 이제 천주교와 봉건적인 유교와의 대립은 불가피하게 되었을 뿐 아니라 조상에게 제사하지 않는 불효막심한 사교(邪交)라는 비난을 면치 못하게 된 것이다. 크래머의 지적대로 이것은 제사로 대표되던 한국의 효(孝)문화에 대해 영향력 있던 첫 선교사인 천주교 신부가 매우 부정적

227) 금장태, 『한국유교의 재조명』, 전망사 1983, 127; 유동식『한국종교와 기독교』, 대한기독교서회 1983, 119; 민경배, 『한국기독교회사』, 연세대학교 출판부, 1995, 56-60 참조

228) 류순하, 『기독교예배와 유교제사』, 양서각 1989, 111-112. 중국에 진출하여 많은 선교의 열매를 거두게 된 예수회 소속의 마태오 리치는 유교적 문화와 세계관에 적응하여 제사를 허용하였으나 뒤 늦게 진출한 프란시스 수도회와 도미니카 수도회는 제사문제를 금지하였을 뿐 아니라 예수회를 혼합주의라고 비난함으로써 결국 1773년 예수회가 해체되었다. 이와 같이 제사를 금지하고 있었던 때에 조선이 천주교를 받아들였기 때문에 신해사옥을 초래하게 되었다. 그러나 예수회가 재건되고 제사가 다시 허용되자 천주교 전래 200년이 되던 1984년 교황이 한국을 방문하여 신해사옥 등으로 순교한 103인을 성자로 추앙하는 시복식을 가진 것은 똑같은 제사문제로 교황청의 결정에 따라 죽고 살게 된 것은 참으로 역사의 아이러니라고 하지 않을 수 없다.

인 판단을 함으로써 기독교에 대한 한국인들의 인식이 불효의 종교로 각인되어 지금까지도 그 영향력을 강하게 미치고 있는 것이다.

유교와 천주교의 충돌은 제사문제를 둘러싸고 있어난 신해교난에서 시작되었다. 이러한 갈등이 기독교와 유교와의 단순한 충돌이상으로 큰 파장을 일으키게 된 것은 이씨조선의 고질적인 당쟁이 배후에 숨어있었기 때문이다.[229] 1791년 전라도 진산(鎭山)에 살던 윤지충과 그의 외종사촌형 권상연이 유교의 상례와 제사를 폐지하고 신주(神主)를 불태운 일로 그해 11월 13일 전주의 남문 밖에서 참수형을 당하게 되었다.[230] 이를 즈음하여 천주교를 사교(邪交)로 비난하여 배척하는 일들이 나타나게 되었는데, 같은 해 11월 3일에는 이승훈, 권일신 등을 투옥하는 한편 서양서적을 가진 자들을 수배하고, 12일에는 홍문관에 있던 서양서적을 모두 불살랐다. 이를 계기로 천주교 신자들 가운데 제사를 저버릴 수 없었던 자나 금교령이 두려워 배교한 자들도 있었고, 천주교교리의 순수한 실천을 위해 순교를 각오하고 제사를 거부하는 자들이 생겨나게 되었다.

조상제사에 대한 더욱 철저한 비난과 금지는 1839년 기해교난(己亥敎難) 때 발표된 척사윤음(斥邪綸音)에 잘 나타나있다.[231] 즉 조상제사를 금하는 천주교는 짐승만도 못한 사도(邪道)에 불과하다는 것이다. 이에 대해 정하상은 천주교를 변호하는 '상제상서(上帝上書)'를 1839년 6월 1일 만들어 관리들 앞에서 그의 뜻을 진술하였다. 그는 여기서 기독교의 제5계명은 효의 기본원리로써 유교와 다름이 없음을 밝히고, 죽은 영혼에게 음식을 바치고 신주를 만들어 제사를 지내는 것은 무의미하다는 기독교 최초의 변증서를 발표하였다.

---

229) 이영헌, 『한국기독교사』, 컨콜디아사 1978, 33. 남인에는 시파(時派)에 이승훈, 권철신, 황사영, 윤지충, 권상연, 정약용 형제가 있었고, 벽파(辟派)에는 홍의호, 이기영, 윤극배, 홍낙안 등이 있었는데 윤지충 등을 고발한 자는 홍낙안이었다.

230) 금장태, 『유학사상의 이해』, 집문당 1996, 367. 천주교인의 첫 순교지인 이곳에는 현재 한국에서 가장 아름다운 바로코 양식의 전동성당이 세워져있으며, 순교자들의 모습이 조각되어 있어서 많은 순례자들이 찾고 있다.

231) 이 책은 천주교의 폐해를 적어 이를 배척해야할 이유를 적고 끝에는 한글로 주석을 달아 만든 조선조 24대 헌종 5년(1839)과 26대 고종 18년(1881) 때 각각 간행되었다.

"음식은 육신에 바치는 것이요, 도덕은 영혼의 양식이다. 비록 지극한 효자라도 부모가 잠들어 있는 앞에 음식을 바칠 수 없는데 하물며 영원히 잠든 앞에 서랴! 제수(祭需)가 헛된 것이 아니라면 거짓된 것이다. 사람의 자식 된 자로서 헛되고 거짓된 예로서 어찌 죽은 부모를 섬길 수 있겠는가? 참으로 충서(忠恕) 효제(孝悌) 인의예지(仁義禮智)가 모두 십계명 속에 들어 있으니 무엇이 티끌만큼이라도 부족한 것이 있사오리까. 이 도(道)로 한 집안에 행하면 그 집은 가히 무사할 것이요, 한 나라에 행하면 그 나라는 가히 다스려질 것이요, 천하에 행하면 천하가 태평 하오리이다."[232)]

그는 천주교의 가르침이 공자와 맹자의 가르침과 다를 바가 없을 뿐 아니라 천주교가 나라를 망치는 원수의 무리가 아니라 군주에 충성하고 나라를 사랑하는 신민임을 분명히 밝힘으로써 천주교도들에게 자비를 베풀어 달라고 호소하였던 것이다. 그럼에도 불구하고 기해교난으로 인해 무려 113명의 순교자가 발생하였으며, 계속적인 탄압정치로 인하여 1866년부터 1869년까지 베르느 주교를 포함하여 8천여 명에 이르는 순교자가 생겨났다.[233)]

이러한 기독교 박해의 근본적인 이유에는 분당에 의한 당파싸움의 정치적 이유도 있었으나 그 핵심에는 제사를 거부하는 종교적인 이유가 불씨가 된 것이다. 이것은 수백 년간 한국의 문화를 형성하고 지배해오던 유교적 가치관과의 대결로 이어져 내려오고 있다. 오늘날에도 민족의 명절이라고 하는 설날이나 추석이 되면 모든 언론매체들이 앞 다투어 각 가정에서 이루어지고 있는 조상제사를 우리 민족의 정신과 얼을 이어주는 가장 중요한 예식으로 소개하고 있다. 우리 삶 속에 깊이 뿌리내리고 있는 한국인의 제사는 기독교와 결코 조화될 수 없는 우상숭배이며, 기독

---

232) 정하상(1775-1839, 세례명 바오로)은 초기 천주교인으로서 한국천주교 초대회장인 정약종의 차남이다. 유홍렬, 『한국천주교회사』, 가톨릭출판사 1962, 99

233) 민경배, 59-60

교의 정체성을 심하게 훼손시키는 혼합주의인가? 아니면 한국인의 심성과 문화 속에 복음을 뿌리내리게 하는 하나의 토착화선교의 방안이 될 수는 없는가?

## 2. 조상제사를 토착화해야 할 필요성

이씨 조선 500년의 기본 통치이념이었던 유교는 아직도 한국인의 전통문화의 근간을 이루며 삶의 전반에 영향을 끼치고 있다. 유교의 중심개념은 효(孝)로서 부모에 대한 자식의 도리를 말하며, 살아 계시는 부모에 대한 효도는 돌아가신 부모와 조상에 대한 효로 확대된다. 이러한 효의 연장사상은 조상제사에 대한 중요성으로 나타났다. 즉 "죽은 사람 섬기기를 산 사람 섬기는 것과 같이 하는 것이 효도의 지극한 것"이라는 교훈에 따라 죽은 조상을 받들어 공양하게 된 것이다.[234] 이러한 맥락에서 조상제사를 조상에 대한 존경심의 표현이라는 윤리적인 차원에서 이해하고 수용하려는 시도가 있는가 하면, 조상제사는 분명히 예배의 행위에 해당하기 때문에 십계명의 첫째와 둘째의 계명을 범하는 우상숭배이며 혼합주의라는 입장이 한국교회에 상반되게 존재하고 있다.

한국교회 대부분은 아직도 후자의 의견을 지지하고 있으며, 유교는 유교대로 기독교가 조상제사를 금지함으로써 부모와 조상을 받들 줄 모르는 불효막심한 집단이라고 배척하고 있어서 대립과 갈등이 계속되고 있다. 한편 전자를 지지하는 최길성은 제사가 죽은 자를 산 사람 모시듯 하는 부모에 대한 경배일 뿐이지 신앙은 아니라고 보았다. 즉 죽은 사람을 숭배한다는 넓은 의미에서 종교의 범주에 들긴 하지만, 관념적으로 사자(死者)에 대한 추모 일 뿐이지 신앙은 아니라는 것이다.[235] 정진홍은 종교를 궁극적인 관심에 의한 삶의 방식으로 생각한다면 유교를 종교의 범주에 포함시킬 수 있으나, 유교가 신(神)을 전제로 하거나 초월적인 존재로

---

234) 주희, 『중용』 한상갑 역, 삼성출판사 1981, 366: "事死如事生하며 事亡如事存이 孝之至也니라".

235) 최길성, 『한국의 조상숭배』, 예전사 1991, 65

부터 비롯된 절대적 계시에 근거하지 않기 때문에 학문적인 의미에서 '문화'로 볼 수 있다는 것이다.[236)]

금장태는 유교의 핵심을 예(禮)로 보고, 예는 유교사상의 본질적 내용이 형식적인 표현을 통하여 실현되는 과정을 제도화시켜 의례화한 사상체계로써 중국인의 생활습관을 지배하는 요소가 되었다는 것이다. 즉 예는 길례(吉禮), 흉례(凶禮), 군례(軍禮), 빈례(賓禮), 가례(嘉禮)로 나누어지는데, 제례(조상제사)는 길례에 속하는 것으로 그 원천이 고대 민족 신앙에 까지 거슬러 올라간다.[237)] 제례는 인간이 초월적인 신적 존재에 대한 인간의 행위를 의례화하는 과정에서 비롯되었기 때문에 인간은 이 제례를 통해서 자기 존재의 근원을 회복하고, 나아가 세계의 질서를 확보하고 신의 축복을 구하는 신앙적인 의례의 성격을 가진다. 따라서 유교가 전체적으로 문화의 범주에 속한다고 할지라도 그 핵심적 요소인 예가 제례로 나타남으로써 종교적 요소를 지니고 있다는 것이다.

또한 유교의 효사상이 죽은 후에도 효를 계속한다는 인간 윤리의 차원을 넘어 조상을 추모할 뿐 아니라 조상신에 대한 제사로써 종교적 의미를 지닌다. 따라서 조상을 귀신으로 여긴다는 것이며, 제사를 드림으로써 재액(災厄)이나 재앙(災殃)을 피하게 되는 수단이 된다는 점에서 제사를 단순한 문화로 볼 수 없는 요소를 지니고 있다. 이와 같은 논란에도 불구하고 한국교회가 조상제사에 대한 문제를 적극적으로 대처하지 않고 단순히 방치한다면 기독교는 막대한 장애물을 그대로 안고 감으로써 선교에 큰 지장을 초래하게 될 뿐 아니라 불효막심한 종교로 영원히 인식될 수밖에 없을 것이다.

---

236) 정진홍, 『한국종교와 기독교』, 전망사 1985, 91-92.

237) 공자는 예기(禮記)에서 "백성이 지켜야 할 규칙 가운데 '예'(禮)가 가장 중요한 것이다. 예가 없으면 우주가 신령을 섬기기 위해 어떻게 제사지내야 할지를 모를 것이다. 군주와 신하, 치자(治者)와 피치자(被治者), 연장자와 연소자 사이에 바른 신분의 질서를 세울 방법을 모르게 되고 남편과 아내 간, 부모 간, 자녀 간, 형제 자매간에 어떻게 도덕적 관례를 바로 잡을지 모르게 된다. 그러므로 군자는 예를 크게 존중하여 그 원리를 백성들에게 가르치고 그들의 사회생활의 모든 형식을 정하는 일에 열중해야 한다."고 가르침으로써 인간관계의 기본원리를 예에 두고 있다. 금장태, 『한국유교의 재조명』, 전망사 1983, 46

천주교는 선교초기에 조상제사를 금지함으로써 수많은 신자들이 목숨을 잃게 되는 큰 상처를 안고 있음에도 불구하고 20세기에 들어 조상숭배를 허용하는 방향으로 정책의 변화를 가져오고 있다. 이러한 변화의 열매는 1990년대 이후 한국의 개신교 성장이 급격히 둔화되는 것과는 달리 천주교의 급격한 수적인 성장으로 나타나고 있는 것과 결코 무관하지 않다는 점에서 찾아볼 수 있다. 천주교가 조상제사를 허용하는 방향으로 전환한 것은 1939년 12월 8일 교황 피우스12세(Pius XII)가 교서를 내려 제사를 시민의례이며 조상에 대한 효의 한 형태일 뿐 종교의식은 아니라고 규정함으로써 비롯되었다.[238] 다만 한국고유의 상제법에서 미신적인 것과 그렇지 않은 것을 구별하도록 가르쳤다.[239] 천주교가 이렇게 죽은 자를 위한 제사를 허용하게 된 것은 시대적 환경에 적응하기 위한 것도 있었으나, 교리적으로 연옥설을 지지하고 있으며 죽은 자를 위한 기도를 가르치고 있기 때문에 신학적으로 개신교보다 좀 더 용이하게 허용할 수 있었다.

---

238) 이원순, 『한국천주교회사』, 탐구당 1980, 32. 이 교서를 받아들인 한국 천주교 주교단은 그 이듬해부터 제사는 물론 신사참배까지 허용하였다.

239) 강연희, "조선후기사회에 있어서의 서학의 조상숭배문제", 「사목(司牧)」 1975/1, 96

가. 한국에서 허용될 수 있는 상제의식

1. 사체, 무덤, 사망자의 사진, 사망자의 이름만 적은 명비 앞에서 절하는 것 - 서구사람들도 시체 앞에서 무릎을 꿇어 예를 표시하며 죽은 이를 위해 기도하기 때문이다.

2. 시체 앞에 서나 제사 때 향을 피우는 것은 가하다.

3. 제사 때 음식을 차리는 것은 가하다. 생전에 즐겨 잡수시던 음식을 차려 망령(亡靈)을 기억하는 예이기 때문이다.

나. 천주교에서 완전히 금지한 상제의식

1. 반함(飯含): 죽은 사람의 입에 밥이나 물에 담근 쌀, 엽전이나 조개 혹은 진주를 넣는 예식

2. 사자상(死者床)을 차리지 못한다.

3. 고부(告訃): 죽은 이의 겉옷이나 속옷을 벗겨서 지붕 위나 높은 언덕에 올라가서 북쪽을 향하여 죽은 이가 남자면 성명을, 여자면 자를 부르고 세 번 반복하여 외쳐서 죽은 이의 혼을 불러들이는 의식

4. 합문(闔門): 제사 음식을 조상의 혼이 먹는 시늉으로 밥에 수저를 꽂아 두는 등의 모습을 갖추고, 어른이 밥을 잡수시는 동안 문을 닫고 대개 15분가량 뜰에 나갔다가 다시 헛기침을 하고 제사장으로 다시 들어오는 행위

5. 축문(祝文): 유교의 제문

개신교회의 대부분은 아직도 "절하지 말라"는 제2계명을 문자적으로 해석하여 부모가 돌아가실 때 그 시신에 절하는 일이나 사진에 절하는 일은 물론 무덤 앞에서 절하는 일체의 행위를 종교적인 예배행위로 규정짓고 우상숭배라 하여 금지시켜오고 있다.[240] 고대 중국으로부터 비롯된 제사의 근본정신에 비추어볼 때 하늘에 대한 제사와 조상에 대한 제사는 분명히 구별되었음을 알 수 있다. 이러한 맥락에서 한국교회는 조상제사에 대한 이해 역시 그것이 하나님께 대한 예배와는 전혀 다른 것으로 해석하는 적극적인 시도가 필요하다. 이러한 선교적 노력이 있을 때 조상에 대한 사모(思慕)의 정(情)을 가지고 그 시신이나 무덤 앞에서 절하는 사람들에게 적극적으로 복음을 전할 수 있을 뿐 아니라 기독교가 더 이상 서양종교나 외래종교로서가 아닌 우리 문화에 뿌리내리는 토착화된 구원의 종교로 자리매김 할 수 있을 것이다.

한국인들의 조상제사에서 기독교의 정체성(Identity)을 심각하게 훼손하는 요소들을 제하거나 변화시키고 그렇지 않은 요소들은 과감하게 수용함으로써 조상에 대한 효를 다하고자 하는 사람들이 복음을 받아들일 수 있게 선교하여야 할 것이다. 앞에서 전제한 바와 같이 기독교와 문화는 서로 분리되지 않고 밀접한 관계를 가지고 있기 때문에 창조적 관계구조 속에서 서로의 접촉 가능성을 찾아야 한다. 절대 다수의 한국인들이 제사를 드리고 있으나 이를 근간으로 하는 유교를 자신의 종교로 신봉한다는 응답자는 한국인 전체의 0.4%에 불과하다. 즉 조상을 신(神)으로가 아닌 자신의 선조이기에 존경의 대상으로 대부분의 한국인들이 제사를 드린다는 것이다. 따라서 제사를 드리는 모든 사람을 종교인으로 간주할 것이 아니라 그들의 제사문화를 이해하고 기독교적 예식으로 제사를 드릴 수 있도록 대안을 만들어 주어야 한다. 왜냐하면 20대와 30대의 비교적 젊은 한국인들도 36.3%가 제사를 반드시 드려야 한다고 응답한 것을 비추어 볼 때 고연령자가 될수록 제사를 중히 여기는 보수적 경향이 된다는 점을 감안하면 제사문제를 그냥 버려둘 것이 아니라 한국기독교의

240) 윤기석, "조상숭배에 대한 윤리적 연구", 「기독교사상」 1969/11, 89

미래를 위해서 반드시 풀어야 할 과제임이 분명하다.[241)]

### 3. 제사의 대안으로서 추모예배의 고려할 점

제사를 드리던 사람이 처음 기독교인이 되어 큰 결단을 하고 제사를 포기하는 대신 추도예배를 드리고 난 후의 대체적인 반응은 '무엇인가 아쉽고 허전하다'는 것이다. 즉 한국인들의 제사의례와 한국교회가 권장하는 추도예배의 형식이 너무나 이질적이어서 공감대(共感帶)를 형성하지 못하기 때문이다. 이미 제사문제를 그들 나름대로의 입장에서 정리한 교회 내에서는 큰 문제가 되지 않는다고 무관심해서는 안 될 것이다. 제사를 금지하거나 폐지하고 기독교인들이 된 교인들이 대부분이기 때문에 더 이상 제사문제를 다루지 않고 있는 실정이다. 하지만 지금까지의 전통과는 다른 교회의 이질적인 문화와 예식 때문에 주저하거나 특히, 제사문제로 기독교인이 되기를 거부하는 자들에게 복음을 전하기 위해서는 그들의 삶의 자리에 전해 내려오는 관혼상제 등의 전통을 이해하는 적극적인 자세가 필요하다.

먼저, 추도(追悼)와 추모(追慕)는 서로 다른 뜻을 가진 개념이기 때문에 그 용어부터 분명히 할 필요가 있다. 추모는 '죽은 이를 생각하며 그리워하는 것'(cherishing one's memory)이지만, 추도는 '죽은 이를 생각하며 슬퍼하는 것'(mourning)다. 따라서 기독교적 의미에서 보았을 때 추모가 더 적합한 의미이기 때문에 과거부터 한국교회가 사용하여 오던 '추도예배' 혹은 '추도식'은 적절하지 못하다. 이러한 의미에서 지금부터는 '추모식'(追慕式) 또는 '추모예배'(追慕禮拜)라고 부르는 것이 옳을 것이다.

한국교회 추모예배의 기원에 대해서 확실하게 알려진 것은 없다. 다만 중국에서 선교방법의 하나로 고인을 추모하면서 유족들에게 천국의 소망을 가지게 하고 위로하며, 하나님께 예배드리던 것이 한국으로 전해진 것

241) 「경향신문」 2005년 9월 15일자; 유교에 대해서는 김은수, 『비교종교학 개론』 대한기독교서회 2011(6쇄), 186-213 참조

으로 추정되고 있다.[242] 성경에서의 근거도 찾기가 어렵기는 마찬가지다. 다만 비슷한 의미로서의 분향(焚香)을 통해 열조 선왕들을 추모하는 모습들을 찾아볼 수는 있다. 야웨께서 유다 왕 시드기야에게 네가 죽으면 사람들이 슬퍼하며 열조 선왕들에게 분향하던 것처럼 네게 분향할 것이라고 말씀하셨고(렘 34:5), 아사왕이 죽었을 때 백성들이 분향했다고 하였으며(대하 16:14), 악한 왕 여호람이 죽었을 때는 백성들이 그 열조 선왕들에게 분향하던 것같이 저에게는 분향하지 아니했다고 기록되어 있다(대하 21:19). 그러므로 엄밀한 의미에서 인간에 대한 추모예배를 드렸다는 기록은 성경에 없으며, 다만 하나님의 사역에 대한 추모만이 있을 뿐이다.

한국교회의 이 추모예배는 세계교회 어디에서도 찾아볼 수 없는 한국교회의 고유한 의식으로써 오늘날에는 기독교 가정의례로 확실하게 자리를 잡아 가고 있다. 그러나 아직 신학적인 근거가 불분명하고 의식에 대한 기독교적인 모델도 정의되지 못한 채 각양각색의 형태로 교회와 교인의 가정에서 이루어지고 있다. 따라서 이제 더 이상의 혼선을 예방하고 복음전파의 장애가 되지 않기 위해서는 조상제사를 좀 더 적극적인 방법으로 기독교적인 예전으로 받아들이고 수정 보완하여 분명한 자리매김을 해야 할 것이다.

조상제사를 추모예배로 변환(變換)하여 수용하기 위해서는 다음의 몇 가지 문제들을 해결해야 할 것이다. 첫째, 추모예배에 대한 신학적 정립이 필요하다. 조상제사가 우상숭배라는 인식 때문에 제사를 추모예배에 제대로 반영하지 못함으로써 제사를 드리는 사람들에게 현재의 추모예배가 기독교적인 대안이 되지 못하고 있다. 십계명의 제1계명은 예배와 숭배의 대상이 오직 야웨 하나님이며, '나 외에는'(알 파나이) 즉 '나를 넘어서서', '나를 대적하는' 어떤 헛된 신도 허용하지 않는 다는 말씀이다(출 20:3). 이것은 그 당시 가나안의 다신교(polytheism)나 범신교(pantheism)를 경계하고 유일신관(monotheism)을 확립함으로써 야웨보다 우선하거나 대신하는 우상숭배를 금지하였던 것이다. 우상숭배는 특히 어떤 신의 형

242) 김병화, 『제사문제와 기독교』, 보문출판사 1986, 90

상을 조각하여 섬기는 행위가 대표적이었기 때문에 이를 제2계명에서 상세히 규정하고 있다(출 20:4-5). 본질적으로 우상숭배란 인간의 생각과 욕망을 형상화한 것이기 때문에 자아숭배의 표현이며, 하나님 자리를 빼앗는 행위다.

이러한 맥락에 비추어볼 때 조상제사를 하나님과 선조의 위치를 혼돈하거나 뒤바꾸는 우상숭배라고 쉽게 단정하기는 어렵다.[243] 제사에 대해 한국인 대부분은 조상에 대한 효(孝)의 행위로 인식하고 있기 때문에 조상을 신으로 섬기는 우상숭배와는 분명히 구분할 필요가 있다. 이것은 제사에서 문제가 되고 있는 몇몇 혼합주의적인 요소들을 제거하고 제사의 상당 부분을 수용한다면 복음을 받아들이고 싶으나 제사문제로 가족, 친지와 갈등하고 있는 이들에게 기독교적 대안을 제시할 수 있는 충분한 가능성을 보여준다.

둘째, 배례(拜禮)에 대한 문제다. 산자나 죽은 자에게 절하는 예(禮 혹은 배례)는 한국 등 동아시아 문화의 민속 양식(樣式)이다. 그러므로 절은 동아시아 문화전통 안에서 관혼상제와 관련하여 이해되어야 한다. 즉 한국의 전통 제례(祭禮)에서 상(喪)제례 때 고인의 영정이나 묘소 앞에 절을 함으로 고인에 대한 조의(弔意), 추모의 정을 표하는 행위다. 따라서 이를 두고 우상 앞에 절하는 우상숭배로 규정하여 금지시킨 것은 성경말씀을 지나치게 문자적으로 해석한 나머지 십계명의 참뜻을 깨닫지 못한 결과라는 주장이다.[244]

제사를 드리던 자들이 지금까지 행하여온 추도예배에서 가장 만족하지 못하는 부분이 바로 절을 못하게 하는 것이다. 그러나 절하는 행동 자체만으로 제2계명을 어기는 것이며, 우상숭배라고 주장하는 것은 무리한

---

243) 박봉배, "그리스도와 조상숭배", 「기독교사상」 1963/제64권, 21

244) "성경에서 말하는 "우상 앞에 절하는 행위"란 유한한 피조물을 하나님처럼 높이고 그 앞에 인간의 모든 것을 맹목적으로 복종시키는 잘못된 행위로서 인간을 비인간화시키고 우상의 노예로 만들어 버린다. 그러한 우상숭배행위와는 본질적으로 다르게 상제례에서 절하는 몸짓은 고인에 대한 조의, 추도, 추모의 심정의 뜻을 말없이 전인적(全人的) 몸짓에 담아 표현하는 전통적 예법일 뿐이다." 경동교회 가정의례연구위원회, 『기독교인의 가정의례지침』, 경동교회 1995, 23 참조

판단이다. 도리어 제사에서 혼합주의와 관련하여 더 큰 문제가 되는 것은 죽은 자를 산 인격체처럼 여기고 행하는 반함(飯含)이나 합문(闔門) 등이다. 그러나 이것들을 금지시키는 것에 대해서 관대하고 절을 금지하는 것보다 훨씬 쉽게 받아들이는 이유는 '절하는 예법'으로서 조의와 추모의 뜻을 나타낸다고 여기고 있기 때문이다. 경상도 지방에서는 지금도 어른이 출타했다가 돌아오시면 절을 하고, 자녀들이 부모를 방문했을 때 가장 먼저 절을 하는 풍습이 있다. 물론 제사 때 신위(神位) 앞에서 절하는 것이 전혀 문제가 없다는 것이 아니라 효를 나타내는 최고의 예법이 절이라고 여기는 것에 비하면 신학적으로 가장 심각한 문제는 결코 아니라는 것이다. 그러므로 절에 대한 새로운 인식과 적극적인 수용을 위한 대화와 신학적 검토가 필요하다.

셋째, 신주(神主)와 지방(紙榜)의 문제다. 제사상 위에는 조상의 신체(身體)로 여기는 신주나 지방을 모신다. 신주는 지체가 높은 명문가에서 볼 수 있는 것으로 높이는 약 20Cm이고, 닭이나 개소리가 들리지 않는 깊은 산 속의 밤나무로 만들어야 하며, 옹이가 없고 결이 좋은 나무로 사용해야 한다. 사당(祠堂)이 없는 일반 가정은 신주 대신 지방을 사용하며, 세로 22Cm, 가로 6Cm의 한지에 먹으로 벼슬이 있으면 관직명을 쓰고, 없으면 '학생부군'(學生府君)이라고 쓴다. 사용 후에는 불에 태워버린다.[245]

오늘날 점차 신주는 사라지고, 지방 대신 사진을 사용하는 경향이며 문구도 '아버님신위'등 간단히 쓰고 있다. 지방에는 두 가지 의미가 있는데, 떠도는 조상의 혼백에게 의빙처(依憑處)를 제공하는 의미와 섬기고자 하는 대상의 그 형상을 보기 원하는 의미가 있다. 둘 중에 조상을 섬기기 위해 눈으로 볼 수 있도록 형상화시킨 후자의 의미가 더 강한데 그 이유는 지방이 보편화되기 전에는 조상의 형상대로 인형을 만들어 거기에 조상들이 입던 옷을 입혔던 것에서 기원되었기 때문이다.[246] 결국 신주나

245) 임돈희, 『조상제례』, 대원사 1996, 93-95
246) 최기복, "천주교 신앙과 제사의 의미", 『기독교와 관혼상제』, 박근원 편, 전망사 1984, 84

지방을 사용하거나 인형을 사용하거나 그 의미는 동일한 것으로써 죽은 이에게 의빙처를 편하게 해드리고자 하는 마음과 산자에게는 죽은 이와 지속적인 친밀한 관계로 공경코자 하는 뜻이 담겨있다. 또한 사람이 죽음으로서 끝나는 것이 아니라 어떤 형태로든 그 생이 이어진다는 소망의 표현이기도 하다.

넷째, 축문(祝文)의 문제다. 축문이란 조상이 살아 있을 때에 자녀들이 일상을 문안하고 보고 드리듯이 죽은 뒤에도 제사상과 묘소 앞에서 고하는 문장을 말하며, 축문을 읽는 행위를 독축(讀祝)이라고 한다.[247] 이것은 신주나 지방에 조상의 혼령이 거하고 있는 것처럼 여기듯이 축문은 살아 있는 인격체를 대하듯이 조상께 고하는 행위다. 이 두 가지 행위는 기독교의 영혼관과는 차이가 있는 것으로써 신학적 검토가 필요하다. 그러나 지방은 조상에 대한 그리움과 사모하는 마음에서 발전된 것이고, 축문은 죽은 후에도 살아있을 때처럼 효도하고자 하는 애정의 발로임을 감안한다면, 그 근본정신은 추모예배에서 얼마든지 수용할 수 있을 것이다.

다섯째, 제수(祭需)의 진설(陳設)에 대한 문제다. 제수는 제사에 사용되는 음식들을 말하며 진설은 제사상에 제수를 배열하는 것을 말한다. 진설은 아무 음식이나 놓는 것이 아니며 일정한 범위의 제수를 정해진 법에 따라 진설하는데, 차리는 제수의 양은 자손의 형편에 따라 차이가 있다. 그러나 무엇보다 중요한 것은 지극한 정성이 반드시 담겨야 한다고 유가(儒家)에서는 가르치고 있다.[248]

제사에서 제수를 진설하는 것은 죽어서 구천(九泉)을 떠도는 혼백에게 먹을거리를 봉양하여 얼마동안 그 존재를 연장시키려는데 목적이 있다. 그러나 이것은 제사를 드리는 후손들의 막연한 주관적 감정일 뿐 결코 돌아가신 조상의 혼백이 제삿날에 찾아와서 자손들이 진설한 음식을 결

247) 축문은 제사의례 중 하나로서 그 절차를 보면, 신위봉안(神位奉安), 강신(降神), 참신(參神), 초헌(初獻), 독축(讀祝), 아헌(亞獻), 종헌(終獻), 삽시(揷匙), 합문(闔門), 계문(啓門), 헌다(獻茶), 철시(撤市), 사신(辭神), 철찬(撤饌), 음복(飮福) 등의 순서로 진행된다.

248) 임돈희, 『조상제례』, 대원사 1996, 96-98. 요즘은 제사상을 업체에 주문하여 그것으로 조상에게 제사드리는 경우가 점차 늘어나고 있는데 이것은 본인의 정성이 반드시 담겨야 한다는 근본정신에 비추어보면 제사를 드리는 의미가 상실한 것이다.

코 먹을 수 없다. 따라서 그 의미를 찾는다면 생전에 못 다한 효도를 다하기 위한 자손들의 정성이자 후손들이 위안을 얻기 위함이라고 할 수 있다.

지금까지 우리는 조상제사를 추모예배에 수용하고자 할 때 고려해야 할 5가지 문제점을 살펴보았다. 처음 두 가지는 기독교적인 예식으로 받아들여 추모예배에 적극적으로 반영할 수 있을 것이다. 다른 세 가지는 분명한 종교적인 의미를 갖기 때문에 제사의 본래적 의미 그대로 받아들이기는 힘든 것들이나 다만, 부모를 공경하고 그리워하는 효도의 뜻은 살려서 부분적으로 추모예식에 반영할 수 있을 것이다. 그러나 오늘날 제사는 종교적 의미보다는 자손으로서 효를 다하고자하는 윤리적 의미로 대부분 이루어지고 있기 때문에 후손들이 제사를 통해 표현하고자 하는 조상에 대한 정성과 애정은 충분히 수용할 필요가 있을 것이다. 따라서 제사를 드리던 자들이 기독교에 입교하였을 경우에 부모에게 불효(不孝)를 저지른다는 죄책감을 가지게 하기 보다는 새로운 형태로 부모에게 효도(孝道)를 더욱 잘하게 되었다는 공감대(共感帶)를 형성할 수 있는 추모예배를 개발해야 할 것이다.

## 4. '효(孝)의 종교 기독교'를 만들기 위한 일

1) 효를 뿌리내리는 기독교 정립

복음을 이 땅에 뿌리내리기 위해서는 효의 기독교적 정립이 있어야 한다. 이 효의 기독교적 정립은 서두에 전제한 '하나님의 선교', 특히 성령 하나님의 선교에 근거할 때 가능하다. 선교명령에는 반드시 성령의 약속이 따르며(요 20:21-22; 행 1:8), 문화와 종교의 장벽을 넘게 도와준다. 이러한 맥락에서 효 문화의 토착화도 성령 하나님의 선교에서 그 가능성을 찾아볼 수 있다.(행 11:17)[249] 하나님의 선교는 잃어버린 인간에 대한

---

249) 베드로가 가이사랴의 이방인 고넬료에게 세례를 주었을 때 베드로 자신도 지금까지의 유대교신앙(할례와 정결법 등)에 얽매임에서 회심하여 초대교회가 율법에서 해방되는데

하나님의 사랑에 기초하며, 그의 선교에 참여한다는 것은 이웃을 사랑하는 일에 참여하는 것이다. 따라서 한국 그리스도인들이 조상에 대한 효의 표시로서 추모예배(혹은 적극적 의미에서 제사)를 드리며 예전을 통해 하나님께 감사드리는 것은 효를 중히 여기는 우리 민족을 사랑하는 하나님의 선교에 참여하는 일이 아니겠는가?

기독교 복음을 뿌리내리는 실천은 신학적 작업이 뒷받침되어야 그 정당성이 확보된다. 복음전파는 결코 '꿩 잡는 것이 매'라는 식이 되어서는 안 된다. 비록 그렇게 해서 눈에 보이는 결과가 있다고 하더라도 신학적 정당성이 없이 행하는 실천은 인간의 일과 업적은 될지언정 하나님의 일과 교회의 본질은 되지 못한다. 왜냐하면 그 일을 행하는 사람의 주관적인 판단으로 언제든지 유보하거나 변경할 수 있고 심지어 포기할 수도 있기 때문이다. 그러나 신학적 정당성 위에서 행하는 기독교의 실천은 눈에 띄는 결과에 관계없이 계속적으로 해야 할 하나님의 일과 교회의 본질적 사명이 되기 때문에 결코 중단될 수 없다. 따라서 기독교가 효의 종교이고, 효가 복음의 본질에 위배되지 않는다면 한국교회는 이를 토착화하기 위한 기독교 신학의 정립이 반드시 있어야 한다. 비록 초월적인 하나님의 계시라고 할지라도 인간의 문화를 통하지 않고는 전달될 수 없기 때문에 한국의 기독교는 한국의 문화와 뗄 수 없이 연결되어 있다. 따라서 오랫동안 한국인의 문화로 자리 잡은 효와 그의 구체적 실천으로 나타난 조상제사는 반드시 침체된 한국교회의 부흥과 발전은 물론 한국사회의 화합을 이루고 갈등을 해소하기 위해서 토착화되어야 한다.

2) 한국을 사랑하는 우리의 자세

싯다르타 이후 10억 인도인이 가장 위대한 인물로 추앙하는 마하트마 간디는 "이슬람의 알라는 기독교의 신과도 힌두교의 이쉬와라와도 다르지 않습니다. 이러한 신에 대한 믿음은 곧 모든 인류가 형제라는 사실을

---

기여하였다. 김은수, 『현대선교의 흐름과 주제』, 대한기독교서회 2010(개정증보), 417-418 참조

받아들이는 것입니다. 또한 모든 종교가 동등하게 존중되어야 함을 의미합니다."[250]라고 하였다. 이 말은 분명히 혼합주의적인 사고라고 할 수 있을 뿐 아니라 종교다원주의의 주장과도 그 맥을 같이 하기 때문에 그리스도인이라면 쉽게 동의하기 어려울 것이다. 그러나 평생 인도의 선교사로서 그리고 세계에서 가장 존경받는 그리스도인 가운데 하나로 인정받고 있으며, 『인도의 길을 걷고 있는 예수』라는 저서를 통해 인도선교의 도전과 이웃사랑의 감동을 주고 있는 스탠리 존스는 다음과 같이 간디를 평가하였다.[251] 즉 마하트마 간디는 자기 자신을 기독교인이라고 부르지 않았고, 사실 그 자신은 힌두교도임을 분명히 하였음에도 불구하고 인도사람들이 예수 그리스도에 대해 그렇게 많은 관심을 갖게 된 것은 마하트마 간디의 덕분이라는 사실을 결코 부인할 수 없다는 것이다.

사도바울은 자기 자신이 예수 그리스도에게서 끊어지는 저주를 받는다고 할지라도 자신의 동족과 겨레를 위하는 일이라면 기꺼이 달게 받겠다고 고백하였다(로마서 9:3). 마찬가지로 이제 한국의 그리스도인들도 자신의 동족이 그리스도에게 돌아올 수 있다면 혼합주의자라는 비난도 기꺼이 받을 수 있는 각오가 있어야만 백년이상 끌어온 조상제사의 문제를 해결하는데 한 발자국이라도 전진할 수가 있을 것이다. 제사만 허용한다면 기꺼이 복음을 받아들이겠다는 자들에게 우리는 더 이상 망설일 필요가 없을 것이다. 제사보다도 더욱 긴급하고 중요한 일은 복음이다. 복음을 믿고 그리스도인이 된다면 제사는 그 이후에 생각해도 너무 늦는 일이 결코 아니기 때문이다. 왜냐하면 기독교는 효의 종교이고, 하나님이 인류 최초로 만들어주신 가정은 효로 건강하게 유지될 수 있기 때문이다. 하나님이 우리를 얼마나 건강한 가정의 일원으로 삼기를 원하셨으면 그 자신을 '절대자' 혹은 '신'(神)이라고 부르게 하지 않고 효도의 대상인 '아버지'라고 부르게 하시고 우리를 그의 자녀로 삼으셨는가? 마찬가지로 한

250) 스탠리 월퍼트, 『영혼의 리더십 - 마하트마 간디의 생애와 유산』 Gandi's Passion, 한국리더십학회 옮김, 시학사 2002, 358
251) 스탠리 존스(E. Stanley Jones), 『인도의 길을 걷고 있는 예수』, 김상근 옮김, 평단 2005, 122

국인의 심성에 깔려있는 윤리적 본질은 효이며, 가족중심적인 한국인들의 가장 소중한 가치도 효이다. 따라서 우리 민족을 구원하기 원하는 그리스도인이라면 사도바울처럼 기꺼이 자신을 희생하는 순교자적인 자세로, 또한 낡은 율법에 얽매이기 보다는 새 술은 새 부대에 담는 예언자의 태도로 복음을 전파해야 할 때이다.

** 토론거리

1) 우리가 명절이나 조상의 기일(忌日)에 제사문제로 가족이나 친지와 갈등을 겪거나 다투는 일을 경험해 본 적은 없었는지 서로 이야기 해보자.
2) 기독교가 한국에 효의 종교로 뿌리 내리기 위해서는 조상제사 외에 또 무엇이 필요한지 서로의 생각을 나누어 보자.

** 주요 읽을거리


- 경동교회 가정의례연구위원회, 『기독교인의 가정의례지침』, 서울: 경동교회 1995
- 김병화, 『제사문제와 기독교』, 서울: 보문출판사 1986
- 박근원, 『기독교와 관혼상제』, 서울: 전망사 1994
- 임돈희, 『조상제례』, 서울: 대원사 1996
- 최길성,『한국의 조상숭배』, 서울: 예전사 1991

# 환경파괴와 생태위기

김 은 수

## 1. 환경파괴의 현실과 생태계의 위기

오늘날의 환경파괴는 우주적 재난을 가져올 만큼 심각해졌다. 세계 곳곳의 기상이변으로 인한 가뭄과 홍수, 폭풍과 폭설, 지진과 해일 등은 이제 일상적인 뉴스가 되었고 계절이 파괴되어 어디에 어떠한 재난이 닥쳐올지 누구도 예상할 수 없게 되었다. 이러한 계절과 기후의 파괴는 '엘니뇨' 혹은 '라니냐' 현상 등 일반인들은 거의 들어볼 수 없었던 기상이변에 대한 전문용어까지도 일상화되어 버렸다. 더구나 기상이변과 환경파괴는 모든 인류를 멸종시킬 수도 있는 핵 재난으로 이어질 수 있다는 데에 그 심각성이 있다. 이러한 징후는 유럽의 체르노빌 핵발전소의 파괴로 인한 방사능의 누출사건 하나만 보아도 이미 충분히 입증되었다. 왜냐하면 1986년 핵 누출 당시의 재난으로 끝나지 아니하고 아직도 이로 인한 질병과 기형아 출산 등 인명피해는 물론 생태계 파괴로 심각한 후유증을 앓고 있다. 이러한 아픔은 2011년 4월 지진에 의한 엄청난 규모의 쓰나미가 일본 해안을 덮쳐 수만 명의 생명을 앗아갔을 뿐 아니라 후쿠시마에 있는 원자력발전소를 파괴하는 심각한 재앙으로 이어졌다. 그 결과 바닷물의 오염은 물론 물고기와 짐승, 심지어 사람에게도 방사능 물질이 검출되어 그 재앙이 어디까지 미칠지 아무도 모르는 지경에 이르고 있다. 여기서 우리가 주목할 것은 핵으로 인한 피해는 수십 년 혹은 여러 세대에 걸쳐 확산된다는 사실이다. 우리 스스로가 불러온 재앙으로 인류가 자멸해 버릴 수도 있다는 것이다.

대한민국은 2011년 7월 하순 중부지방에 집중된 폭우로 70 여명이 아까운 생명을 잃었으며, 수많은 집과 자동차가 부서지고 침수되었고, 수만 명의 이재민이 발생하였다. 이러한 자연재해는 인간의 자연에 대한 잘못된 태도에서 비롯되었다는 사실에 그 심각성이 있음을 알아야 한다. 즉 많은 재난이 인간들의 편의와 이익만을 생각한 난개발에서 비롯되었다는 것이다.[252] 인간의 욕심이 자연의 파괴로 이어지고 이것이 전 지구의 생태계를 위협함으로써 과거와는 비교가 되지 않는 크고 심각한 인명피해와 재산적 손실을 가져오고 있는 것이다. 이러한 지구의 모습은 하나님이 태초에 천지를 창조하시고 보시기에 좋았더라고 여러 차례 말씀하신 것과는 너무나 다르다. 그러므로 하나님의 말씀에 대해 책임적으로 살아야 할 그리스도인들의 중요한 과제 가운데 하나가 생태위기에 관한 것이다.

먼저, '생태'와 관련된 의미를 알아보자. 여기에서 과거에 많이 사용되었던 '환경'이라는 용어대신 생태를 사용하는 이유는 다음과 같다. 먼저 환경은 인간 생명을 강조하는 인간 중심적 개념인데 반해 생태는 모든 종류의 생명체가 강조되는 생물 중심적 개념이다. 또한 환경은 삶의 조건이나 생명의 둘러쌈을 뜻하는 구심적(centripetal) 중심주의 세계관을 나타내지만 생태는 삶의 장소인 거주지의 체계성을 뜻하는 관계적 세계관을 나타낸다. 셋째 환경은 원자적이며 단편적인 세계 인식의 틀을 반영하여 인간과 자연을 형이상학적으로 구별하지만 생태는 유기적이며 총체적인 세계 인식의 틀을 가지고 있어서 인간과 자연을 구별하지 않는다. 끝으로 환경은 인간과 자연의 이원론적 형이상학을 받아들이고 있지만 생태는 모든 생명의 뗄 수 없는 상호의존성을 강조하는 일원론적 형이상학을 받아들이고 있다.[253]

그러므로 '생태계'란 '생태학'(ecology)의 대상으로서 어떤 지역의 생물 군집과 이것을 둘러싸고 있는 환경의 물리적 화학적 요인을 총합한 물질계라 할 수 있다. 생태학의 어원을 살펴보면 ecology는 집이라는 의미의

---

252) 2011년 7월 25일부터 서울 경기 강원지방에 쏟아진 폭우로 수많은 산사태가 일어나 많은 목숨을 앗아갔는데 가령, 16명이 사망한 서울 우면산과 인하대 봉사학생을 비롯한 13명의 생명을 앗아간 춘천의 산사태 등은 난개발로 인한 인간들에 의한 재앙이었다. 1980년대 산사태로 인한 면적이 231헥타르였던 것이 2000년대 들어 713헥타르로 급증한 것에서 인간에 의한 자연 파괴의 심각성을 잘 보여준다. 2011.7.28. KBS9시뉴스 참조

253) 박이문, 『문명의 미래와 생태학적 세계관』, 도서출판 당대 1997, 71-72

헬라어 oikos에서 왔으며, oikos는 또한 economy의 어원이 되기도 한다.[254] 이 말은 생태학이 자연의 경제라는 의미다. 자연은 매우 경제적으로 움직이며 어떤 인위적인 설비나 장치도 그 효율성에 있어서 자연과 경쟁의 상대가 못된다. 자연은 그 운행에 있어서 완벽한 효율성을 뽐내며, 따라서 거기에는 에너지 또는 재료의 낭비란 없다. 즉 자연은 최소한의 노력으로 최대의 효과를 거두는 생태학적 원칙이 있다.

생태학적 원칙은 다음의 몇 가지 특성을 지닌다. 먼저 평형상태를 유지하려는 항상성(homeostasis), 다음으로 모든 생명체는 다른 생명체와 상호 관련되어 있다는 상호의존성(interdependence), 셋째는 생태계 구성자들은 복잡하고 미묘한 생태 그물로 서로 얽혀있다는 복합성(complexity), 끝으로 생명체는 주어진 외부 환경에 적응하거나 스스로 환경을 형성해 나가는 적응성(accomodation)을 지닌다.[255] 이처럼 생태계는 스스로 자정 능력을 가지고 있어서 오염물질이 유입되더라도 그것을 정화하여 원래상태로 회복시킨다. 그러나 오늘날 산업화로 인한 심각한 환경파괴는 이러한 능력을 무력화시키고 있다.

다음으로, '자연'에 대해 알아보자. 자연은 헬라어 physis에서 온 것으로서 실체를 의미하며, 현상계 안에서 운동하는 모든 것을 포괄한다. 즉 시간 안에 존재하며, 시간을 통해서 생성되고 소멸되는 모든 것들이 다 포함된 모든 우주를 말한다. 헬라어 physis는 라틴어 natura로 그 후 번역되었는데, natura는 physis가 말하는 소멸과정을 간과한 채 운동의 한 부분으로서 생성만을 가리키는 의미로 사용되었다. 즉 natura는 '사물'(res) 개념에 가까우며, 인간이 마음대로 처리할 수 있을 뿐 아니라 지배권을 행사할 수 있는 대상을 가리키게 되었다. 그 결과 자연은 고대 로마인들에 의해 모든 우주가 아닌 인간의 목적을 위한 자원으로 해석되었다.[256] 하지만 우리는 자연을 원래의 헬라어 개념대로, 환경은 물론 생태

---

254) *Webster's II: New Riverside University Dictionary*, Boston 1984, 416-417. ecology는 oikos와 logie(logy)의 합성어이고, economy는 oikos와 nemein(to manage)의 합성어이다.
255) 안기희, 『환경학』, 한국리공학사 1983, 55-57
256) 구경국, 『그리스도교 환경윤리』, 가톨릭대학교출판부 2000, 73

계까지 자연의 맥락에서 거시적으로 인식하여야 한다. 이러한 의미에서 자연의 파괴란 환경문제를 포함한 생태계 전반에 관한 위기로 받아들여야 한다.

일반적으로 생태계의 위기는 자연 자원의 고갈로 인한 자원부족과 환경오염으로 인한 자연 파괴로 나누어진다. 자연 자원은 농업, 임업, 수산업, 광업 생산물과 수자원 및 에너지 자원을 포함한다. 이것은 '재생 불가능한 자원'(nonrenewable resource)과 '재생 가능한 자원'(renewable resource)으로 나누어진다. 즉 재생 불가능한 자원이란 석유, 석탄 등 인간이 한번 사용하면 그 매장량이 점차 줄어들어 끝내 고갈되어 없어지는 자원이며, 재생 가능한 자원이란 곡식, 삼림, 물고기, 물처럼 이용 가능량이 시간대에 따라 변하기 때문에 그 물량이 유동적인 것으로서 일정한 시간이 지난 뒤에는 재생이 가능한 자원이다. 그러나 재생 가능한 자원이라고 하더라도 언제나 회복 가능한 것은 아니다. 자연의 파괴정도가 일정 수준을 넘어서면 그 회복이 영원히 불가능하기 때문이다. 재생 불가능한 자원의 경우는 더욱 심각하다. 1976년을 기준으로 세계 에너지 사용량에 관한 자료에 따르면 앞으로 약 645년을 더 사용할 수 있으나, 만약 연평균 2%의 성장이 지속된다면 133년, 5%의 성장이 계속된다면 70년 이내에 고갈될 것이라는 전망이다.[257]

한편 환경오염으로 인한 자연의 파괴 또한 심각한 수준이다. '환경오염'이란 인간 활동으로 인한 대기오염, 수질오염, 토양오염, 해양오염, 방사능오염, 소음, 진동, 악취 등으로 사람의 건강이나 환경에 피해를 주는 상태를 뜻한다.[258] 즉 매연, 분진, 악취, 유독가스 등으로 인한 대기오염과 공장 및 가축 폐수, 생활하수로 인한 하천오염, 화학비료 등으로 인한 토양오염, 그 외에도 소음, 진동으로 인한 보건 위생상의 피해 등이 속할

---

257) Global 2000, *Der Bericht an den Praesidenten*, Frankfurt am Main 1980, 68, 429-430

258) 환경오염이란 용어 외에도 공해라는 말이 사용되기도 한다. 즉 '공해'(public nuisance)라는 말 역시 인간 활동으로 인한 유해물질이 공기, 물, 토양 등을 매개체로 하여 공공의 건강이나 지역적인 자연환경에 피해를 주는 것을 뜻한다. 따라서 두 용어가 의미상 큰 차이가 없기 때문에 오늘날 공해보다는 환경오염이 널리 사용되고 있다. 허남오, 『환경의 법이념을 찾아서』, 넥서스 1966, 50 참조

수 있다. 이러한 오염물질이 생태계와 환경의 변화를 가져옴으로써 인간과 생물의 생존, 발육, 활동에 장애를 가져오고 있다.

대표적인 사례를 살펴보면, 대기오염 가운데 스모그(smog)는 연기(smoke)와 안개(fog)의 합성어로서 도시의 오염된 대기를 가리킨다. 1952년 12월 초 런던에서는 약 1주일간 지속된 스모그로 인해 3주 동안 4천여 명이 사망하였고, 스모그 이후 만성 폐질환으로 8천 명이 추가로 사망한 사건이 있었다.[259] 또한 공장이나 자동차에서 배출되는 이산화황과 질소산화물은 대기 중에서 습기와 화학반응을 일으켜 pH 5.6 이하의 산성비가 된다. 산성비는 산림을 황폐화시키고 호수나 하천에 서식하는 생물종을 멸종시키며, 농작물의 수확량을 감소시킨다. 한국은 최근 OECD가 발표한 자료에 따르면 아황산가스, 먼지, 이산화질소 등의 대기오염 물질 배출량이 산업국가인 미국과 프랑스보다도 10배 이상 높은 최악의 상태다.

물은 인간 몸의 70%를 차지하는 등 생명체의 가장 중요한 구성요소이기 때문에 수질오염은 생명에 치명적이다. 우리나라의 연 평균 강수량은 1,283mm로 세계평균(973mm)보다는 좀 높지만 인구 및 물 소비의 증가로 오래지 않아 물 부족국가가 될 전망이다. 특히 여름 장마철에 집중적으로 비가 올뿐 아니라 경사가 급한 산악 지대가 많아 물 이용률은 26%에 지나지 않는다.[260] 이 같이 중요한 자원이 수질오염으로 시달리고 있으며, 그 주요원인은 중금속이 포함된 산업폐수, 합성세제가 포함된 생활하수, 축산 폐수 및 위락시설의 오염물질 등이다. 수질오염은 인체 및 플랑크톤이나 어패류의 생장과 번식에 해를 입힐 뿐 아니라 각종 수인성 전염병을 발생시키는 무서운 재앙을 일으킬 수 있다.

---

259) 스모그에는 위 사례에서 유래한 '런던형'과 '로스엔젤레스형'이 있다. 런던형은 주로 공장과 가정의 화석 연료 사용에서 발생하며, 주로 겨울 이른 아침 상대습도가 높을 때 생기며 인체에 치명적인 이산화황이 발생하는 특징이 있다. 로스엔젤레스형은 자동차의 산화질소, 탄화수소, 일산화탄소가 광화학 반응을 일으켜 생기는데, 오존과 이산화질소가 주 오염원으로 주로 기온이 높은 화창한 여름날 한낮에 많이 발생한다. 김명자, 『동서양의 과학 전통과 환경운동』, 동아출판사 1995, 184-187 참조

260) 「동아일보」, 2001년 6월 3일

땅은 살아있는 모든 유기체들이 동적인 평형을 이루게 하는 중요한 생태계다. 이 땅이 농약과 비료 등의 화학물질에 의해 심각히 오염되고 있다. 농약은 현재 1천여 종에 달하고 있으며, 이것이 자연계에서 분해되는 시간이 적게는 10년에서 90년까지 걸리는 맹독성을 지니고 있어서 토양 생태계를 근본적으로 파괴하고 있다. 또한 무분별한 삼림 파괴와 과도한 방목 등으로 인해 토양의 질이 저하되고 토양 침식이 가속화되고 있다. 건조지대의 사막화 현상 역시 심각한 자연 파괴의 주범이 되고 있어서 지상의 약 29%가 경미하거나 중간 정도의 사막화를 겪고 있으며, 6%의 땅은 심각한 사막화 지역으로 분류되고 있다.[261)]

이러한 자연파괴는 그 지역의 생태계를 위협할 뿐 아니라 지구 전체에 영향을 미치고 있다. 특히 지구의 온실효과는 생물이 서식하기 적합한 기후를 형성하게 해준다. 즉 대기가 단파인 태양복사열에 대해서는 모두 통과시키고 지구의 외계로 방출하는 장파인 복사열에 대해서는 지구 표면에 가두는 역할을 하기 때문이다. 이 온실효과에 기여하는 가장 큰 요소는 이산화탄소인데 그 방출량은 숲의 광합성 작용을 통해 재 흡수됨으로써 조절된다. 이산화탄소의 양을 조절해주는 숲과 삼림의 파괴로 지구의 온난화가 가속되어 기후의 균형과 질서가 무너지고 해수면의 상승이 우려되고 있다.

오존층의 파괴로 인한 자외선의 증가 역시 여러 환경문제를 일으킨다. 오존은 고도 20-40km 사이의 성층권에 분포되어 있어서 끊임없이 만들어지고 없어진다. 그런데 염화불화탄소(CFCs)와 같은 기체들의 촉매 작용에 의해 파괴될 수 있다. 이는 특히 공업용 세척제, 에러로졸 스프레이의 분사제, 에어컨과 냉장고의 냉매, 플라스틱 발포제 등으로 사용되는 프레온가스가 핵심 원인으로 알려지고 있다. 성층권의 오존은 생물에 해로운 자외선 UV-B를 차단하고 흡수하는 천연 필터와 같은 역할을 한다. 그러나 이 오존층이 1%감소하면 피부암 발생률은 3%, 백내장 발생률은 0.6%씩 증가한다.[262)] 또한 식물이 자외선에 완전 노출될 경우 DNA가 손상되어

261) WCED, 조형준 & 홍성태 역, 『우리 공동의 미래』, 새물결 1994, 165-166

기형이 나타나고, 작물의 수확량이 감소한다.

자연의 파괴는 다양한 생물 종들을 소멸시키고 있다. 현재 지구에는 대략 3천만 종의 생물종이 있는 것으로 추정되고 있다. 열대림과 기타 서식지의 파괴로 1년에 최소한 5만종이 멸종되고 있다. 이 속도는 계속 빨라져서 20년 안에 전체 생물종의 1/5가 사라질 것으로 전망되고 있다.[263] 다양한 생물종은 식량을 공급하고 생태계의 균형을 유지시켜주며, 경제적으로 농업, 의학 및 공업의 중요한 토대가 될 뿐 아니라 모든 약 처방의 반가량이 야생 생물에서 원료를 얻고 있다. 이 외에도 핵연료 재처리 시설에서 방출된 방사성 물질 등에 의한 해양의 오염과 무분별한 수산 자원의 남획으로 인한 어종의 고갈도 생태계 전반을 위협하고 있다. 앞으로는 수명이 끝난 우주선이나 각종 통신, 기상 군사 위성 등으로 인한 우주의 쓰레기장화는 심각한 환경문제가 될 것이다.

오늘날 자연파괴는 과거의 상황과는 여러 가지 면에서 그 성격을 달리한다는 점에서 심각성을 더하고 있다. 즉 산업생산이나 인구의 증가 등을 볼 때 그 양적인 성장이 기하급수적이다. 또한 자연 파괴의 영역은 전 우주적으로 영향을 미칠 만큼 넓고, 오염의 질 또한 회복이 불가능한 악성이 많다. 그리고 문제의 원인이 복잡할 뿐 아니라 그 영향이 오랜 후까지 나타나고 있으며, 파괴의 속도가 점차 빨라지고 있다. 이러한 오늘의 생태적 위기는 온 피조물의 회복과 구원을 이루어 가시는 '하나님의 선교'에서 결코 제외될 수 없다.[264] 하나님이 창조하시고 보기에도 심히 좋

---

262) 이창복, "환경의 위기", 시민환경연구소 엮음, 『환경의 이해』, 환경운동연합 출판부 1993, 57. 한국의 경우 1978-94년 사이 서울의 오존전량은 3.8% 감소하였고, 이로 인한 자외선 UV-B의 양은 4.6% 증가하였다.

263) 코스모스피어 편집부 편, 『지구환경총람』, 도서출판 코스모피어 1992, 96. 3천만 생물종 가운데 대략 200만 종류 정도가 파악되고 있는데, 75만 종은 곤충이고 4만 1천 종이 척추동물, 25만 종이 식물이다.

264) '하나님의 선교'는 세계 제2차 대전이후 등장한 개념으로서 과거의 이방인 개종과 교회설립을 목표로 하는 선교가 아니라 이 땅위에 그리스도의 주권을 세우고 교회뿐 아니라 이 세상과 역사까지 포함하는 선교를 말한다. 그러므로 하나님이 창조한 이 세상의 모든 만물의 구원을 포함하기 때문에 세계교회협의회는 JPIC(Justice, Peace, Integrity of Creation) 즉 '정의, 평화, 창조의 보전'운동을 펼치고 있다. 즉 세계를 원래의 창조의 질서대로 잘 보

았던 온 피조물이 지금은 함께 탄식하고 고통하며 썩어짐의 종노릇에서 해방되어 구속되기를 기다리고 있다.(창 1장, 롬 8장) 그러므로 오늘의 그리스도인들은 자연 파괴로 인한 전 우주적 생태계의 위기에 대해 기독교적인 성찰이 있어야 한다.

## 2. 환경파괴와 생태위기에 대한 기독교적 성찰

### 1) 창조질서의 훼손과 관계성의 상실

헬라어 '자연'(physis) 개념에 상응하는 고대 히브리어는 존재하지 않는다. 그 대신 구약성서는 '창조' 혹은 '창조질서'라는 말을 사용한다. 따라서 창조 개념은 자연에 대한 신앙적이고 신학적인 해석을 담고 있다고 볼 수 있다. 창조신앙에 따르면 자연은 하나님의 피조물로서 스스로 존재하지도 않으며 동시에 인간의 숭배대상도 아니다. 창조주는 그의 피조물인 이 세상의 일부가 아니기 때문에 자연은 그 어떤 신적인 요소를 가지고 있지 않다. 이로써 기독교 신앙은 자연에 대한 공포와 두려움에서 자유롭게 하였고, 자연의 탈 신성화에 기여하였다. 이러한 창조질서는 자연이 원래 악하다거나 신성으로부터 나온 신적인 본질을 지녔다고 보는 이원론(Dualism)을 거부한다. 자연은 본래부터 악한 것도 아니며 그렇다고 신성을 지닌 것도 아니기 때문에 자연은 하나님의 피조물로서 창조적 질서 안에서 그 의미와 가치를 가진다. 또한 창조주가 세계라는 기계를 만든 후 그 스스로 움직이도록 내버려두고 있다는 이신론(Deism)도 거부한다. 하나님은 지금도 세계를 새롭게 창조하시며 창조질서의 훼손과 생태계의 파괴를 함께 아파하시며 돌보고 계신다.[265) 특히 히브리어의 '창조하다'라는 bara(창 1:1)는 구약성서에서 오직 신적인 행위에만 사용되는 개념으로서 자연은 인간이 아닌 하나님의 소유임을 분명히 나타낸다. 그

---

전하는 것이 '하나님의 선교'의 중요한 과제가 된다는 것이다. 자세한 내용은 김은수, 『현대 선교의 흐름과 주제』, 대한기독교서회 2010(개정증보) 참조

265) Juergen Moltmann, *Gott in der Schoepfung, Oekologische Schoepfungslehre*, Muenchen 1985 참조; H. G. Poehlmann, 이신건 역, 『교의학』, 한국신학연구소 1992, 179-180

러므로 자연은 인간의 가치평가에 따라 고유한 가치를 지니는 것이 아니라 하나님의 창조질서 안에서 그 가치를 지닌다. 창조질서는 이렇게 하나님과 자연, 자연과 인간과의 관계를 명확히 해주고 있기 때문에 인간에 의한 어떠한 자연의 착취나 생태계의 파괴는 결코 용납되지 않는다.

창조질서는 인간들의 관계에도 그대로 적용된다. 인간이 '하나님의 형상'(Imago Dei)으로 창조되었다는 표현은 단순하게 외형적으로 하나님을 닮았다는 그 이상의 의미를 나타낸다.[266] 과거 숫자에 포함되지 않던 여자와 노예들까지도 하나님의 형상으로서 평등하다는 뜻이며, 남과 여라는 두 성(性)을 가진 존재로 창조됨으로써 하나의 사회적인 존재, 사귐으로 결정된 존재라는 점이다. 이처럼 하나님의 형상으로 창조된 인간의 존엄성과 사랑의 관계는 올바른 창조질서회복을 가져오게 된다.

그러나 자연과 인간, 남자와 여자의 관계파괴는 창조질서의 심각한 훼손을 초래하게 된다. 여성 신학적 입장에서 생태학을 연구하는 생태여성학자(Eco-feminist)들은 자연에 대한 인간의 착취와 여성에 대한 남성의 억압 사이에는 직접적이고 분명한 상관관계가 있다는 전제에서 출발한다. 먼저 이원론적인 서구사상은 합리성, 문화, 자율, 정신 등 공적인 영역은 남성과 동일시하는 반면, 감정, 자연, 관계성, 몸 등 사적인 영역은 여성과 동일시한다.[267] 이러한 환원론적 사고가 가부장적 문화와 결합됨으로써 여성에 대한 남성의 지배와 아울러 자연에 대한 인간의 착취를 정당화한다. 고대 헬라시대의 이원론은 세상을 인간과 비인간의 두 범주로 나누어 파악하고 그 둘 사이의 깊은 심연이 존재하는 불연속으로 이해하였

266) '하나님의 형상'은 이외에도 두 가지의 의미를 갖는데, 하나는 지상에 있는 하나님의 피조물 가운데 인간이 최고의 지존으로서 존귀함과 존엄성을 가진다는 뜻이고, 다른 하나는 피조물에 대한 통치의 권한과 동시에 책임을 가진다는 뜻이다. 보다 자세한 내용은 김은수, 『기독교사회복지』, 형지사 2008, 19-27 참조

267) C. Spretnak, "Critical and constructive contributions of ecofeminist", ed. by Mary E. Tucker/John A. Grim, *Worldviews and Ecology*, London/Toronto 1993, 183. 여성에 대한 남성 지배를 정당화하는 서구사상은 베이컨(F. Bacon)에서도 나타난다. 즉 자연은 기계이며 여성으로 표현되고, 과학기술은 남성으로 이해된다. 따라서 자연과 여성에 대한 지배는 남성의 의무라고 본 것이다.

다. 즉 인간의 범주에 속하지 않는 종(species)은 비인간으로서 '다른 자연'으로 취급되었다. 그 당시에는 남성 시민만이 인간의 범주에 소속되었으며, 여성과 노예는 다른 자연의 범주에 속하여 다른 자연이었기 때문에 남성의 소유물이며 그들의 유용성에 의해서만 그 가치가 인정되었다.

또한 생태학적 위기의 문화적 뿌리는 자연을 여성적인 실체로 파악하여 그 자연은 남성보다 열등하다고 보는 가부장적인 이념이다. 물질적인 존재는 영혼과 생명이 없기 때문에 남성에 의한 착취의 대상이며, 여성과 자연은 영혼이 없는 실체로서 남성에 의해 지배되는 것이 당연하다는 인식은 생태계의 위기를 초래하였으나 관계성을 중시하는 여성적 윤리는 생태 친화적일 뿐 아니라 창조질서를 회복케 한다는 것이다.

인간은 창조의 위에 군림하지 않고 창조의 안에, 그리고 창조의 끝에 있다. 세상은 인간에 앞서 존재하기 때문에 세상은 인간에게 속하지 않으며 인간에게서 비롯되지도 않는다. 오직 창조자 하나님에게 속한다. 인간과 자연은 다함께 하나님의 피조물이며, 따라서 자연은 인간의 소유가 아니라 하나님의 창조질서 안에서 함께 더불어 살아야 하는 동반자임을 분명히 인식하여야 한다. 인간을 창조하신 하나님의 질서는 오랫동안 이어온 여성에 대한 남성의 지배와 억압으로 훼손되었다. 이것은 남자와 여자가 다함께 하나님과 대면적인 관계에 있는 축복의 대상임을 간과하고 있기 때문이다. 삼위일체 하나님은 사랑의 내적인 관계 구조 속에서 참여하고 파송하며 세계에 그의 선교를 펼치고 계신다. 이처럼 남자와 여자 역시 사랑의 관계 가운데 그의 선교에 참여할 수 있으며 창조질서가 회복되는 인간다운 공동체를 만들어 갈 수 있다.

2) 인간중심적 문화와 성서해석의 문제

서구신학의 역사에서 자연과 창조 신앙은 오래 전부터 소외되어 왔다. 초대교부 이레네우스(Irenaeus, 130-200)는 사도의 가르침에 의지하여 교회를 바로 세우고, 영지주의 이단자들로부터 교회를 보호하려는 분명한 목적을 가지고 글을 썼다.[268] 그는 많은 저술을 남기지는 않았으나 사도들의 전통을 충실히 따르고 있는데, 특히 영혼과 육체가 하나님의 뜻을 이루기 위해 상호 작용한다는 총체적 이해(holistic understanding)를 가지고 생태계를 이해하였다. 즉 만물은 선하게 창조되었고, 인간의 영혼과 육체는 상호 조화를 통해 온전한 인간을 이룬다. 마지막 때에는 영혼과 육체의 구원을 이루며, 모든 만물은 새 하늘과 새 땅을 통해 다시 회복되는 구원을 이룬다는 자연친화적인 사상을 그는 가지고 있었다.

이에 비해 많은 저술을 남겼던 오리겐(Origen, 185-254)은 그의 신앙선배들의 사상에 만족하지 않고 그 당시 사상적 주류를 이루고 있었던 신플라톤주의를 받아들였고, 부분적으로 영지주의적 색채까지 띠고 있었다.[269] 그는 영혼과 육체를 두 개의 서로 다른 존재로 명확히 구분하는 이분법적인 이해를 가지고 영혼만을 중시한다. 하나님은 너무나 거룩하시기 때문에 악한 이 세상과 아무런 관련이 없으며, 이 세상은 중간 존재인 아들 혹은 말씀을 통해 창조되었다고 본다. 인간 영혼은 거룩하고 귀한 것이나 육체는 악한 이 세상에 속한 것이기 때문에 마지막 때에 이성적 영은 하나님께 돌아가 구원을 받지만 육체를 포함한 물질세계는 구원이 없다는 자연을 경시하는 사상을 가지고 있었다.

오리겐 이후 대부분의 서구 신학자들은 자연에 대한 인간의 지배를 정당화하였다. 토마스 아퀴나스는 인간과 자연을 계급적으로 이해하고, 그 기준을 영혼과 이성으로 삼는 인간중심적 세계관을 가졌다. 인간은 그 영혼을 근거로 피조물 가운데 가장 높은 존재단계에 있기 때문에 더 높은 것의 가장 낮은 것은 낮은 종의 높은 것과 접하고 있다는 논리에 근거하여 신(神) 아래 있으나 모든 피조물 위에 있고, 이성을 지닌 점에서

---

268) Irenaeus, *St. Irenaeus: Proof of the Apostolic Preaching*, trans. and annotated by Joseph P. Smith, S. J., Westminster: London 1952; Irenaeus, *Against Heresies, Alexander Roberts and James Donaldson* eds. The Ante-Nicene Fathers: The Writings of the Fathers down to A. D. 325, vol. 1. New York 1908

269) Origen, *Homilies on Genisis and Exodus*, trans. by Ronald E. Heine, Washing, D. C. 1982; Origen, *Origen On First Principles*, trans. by G. W. Butterworth, London 1936. 교부들의 자연관과 성서해석에 대해서는 장도곤, 『예수 중심의 생태신학』, 대한기독교서회 2002, 269-292 참조

동물보다 위에 있으며, 비이성적인 피조물을 지배할 권리가 있다고 보았다. 종교개혁자 칼빈도 자연의 가치를 인간 생활의 유용성으로 판단하였다. 즉 자연은 인간을 위한 재료이며, 만물의 창조는 인간이 살아가는데 부족함이 없도록 하기 위함이라는 인간 중심적 생태계의 이해를 가지고 있었다.

인간중심적 세계관은 근대 이후에도 계속되었다. 구약학자 폰 라드(G. von Rad)는 구속사 중심의 신학을 전개하면서 창조신학을 하나님의 인간 구원사(Heilsgeschichte)의 부록이나 인간 구원 드라마의 서론 정도로 취급하였다.[270] 세속화 신학을 전개한 고가르텐은 세속화를 하나님의 자녀인 인간이 세상을 다스리고 이용할 수 있는 권리와 의무로 해석하면서 하나님을 떠난 세속주의와 구분하여 자연에 대한 인간지배를 정당화하였다.[271] 불트만(R. Bultmann)은 신학적 주제를 인간의 실존에 맞추고 인간에 대해 말하는 것이 곧 창조주 하나님에 대해 말하는 것이라고 주장하며 신학을 자연과 분리된 인간학으로 환원하였다. 즉 창조신앙을 인간과 자연의 유기적 관계에서 보지 않고 절대자 앞에 아무것도 아닌 존재로서 인간실존만을 다루었다.[272] 바르트(K. Barth)는 창조의 목표와 의미를 인간과 하나님 사이의 계약에서 찾고, 그 계약은 그리스도 안에서 시작과 끝을 맺는다고 보았다. 따라서 교의학은 우주론과 관계가 없는 인간학이며, 창조를 계약과 은총의 수단이라는 인간중심적 세계관에서 해석하였다.[273]

이레네우스 이후 자연친화적인 신학사상이 전혀 없었던 것은 아니지만 신학적 주류를 이루지는 못했다. 서구의 전통에서 신학은 하나님과 영혼, 인간과 역사에 초점이 맞추어진 결과 인간학으로 축소되었고, 자연은 창조의 주제 가운데 하나가 되지 못하고 하나님과 인간이 펼치는 구원 드라마의 배경이나 무대 정도로 취급되었다. 이러한 서구신학의 인간중심

---

270) G. von Rad, 허혁 역, 『구약성서신학』 제 1권, 분도출판사 1982, 143-160

271) F. Gogarten, *Verhaengnis und Hoffnung der Neuzeit, Die Saekularisierung als theologisches Problem*, Stuttgart 1953

272) R. Bultmann, *Glauben and Verstehen*, Bd. I, (9.Aufl.) Tuebingen, 1993, 26-37; Bd. II, 67

273) K. Barth, *Kirchliche Dogmatik*, III/1, (4. Aufl.) Zuerich 1970, 41-44, 149; III/2, 2, 12-13

적 세계관은 오늘의 생태적 위기에 어느 정도 책임이 있으며, 이 같은 시각에서 성서를 해석함으로써 자연에 대한 인간의 지배와 착취를 더욱 정당화하였다.

한편 생태계의 위기는 산업혁명 이후에 생겨난 현상으로서 원래 성서의 명령과는 다른 세속화와 연결된 인간의 자기중심성의 결과이며, 근대인의 잘못된 자유이해에서 비롯되었다고 주장하는 사람도 있다. 즉 유럽인들이 기독교를 받아들이기 훨씬 이전부터 착취적 태도나 패권 욕망을 가지고 있었음을 상기시키면서 환경 위기의 책임을 기독교에 전가시키려는 환경론자들을 비판하고 있다. 그들은 역사, 종교, 이데올로기, 문화, 전통, 환경에 대한 인간 형태의 실제적 형편들을 오해하고 있다는 것이다.[274] 그렇다고 하더라도 서구의 이분법적 사고는 성서를 해석하는 도구로 오용되어왔고, 이것이 오늘의 생태적 위기를 불러오는데 기여하였기 때문에 그 책임을 교회가 완전히 벗어버릴 수는 없다.

성서해석에서 가장 문제가 되는 것은 창세기 1장 28절의 '정복하라'(카바쉬, kabash)와 '다스리라'(라다, radah)라는 명령이다. 이 두 단어를 이해하는데 있어서 서구인들은 이분법적으로 자연과 인간 사이에는 건널 수 없는 심연과 불연속성이 있다고 보았다. 즉 인간과 인간의 연장선상에 있는 '또 다른 자연'은 연속선이 아니라 불연속선이며 그 불연속선은 너무나 깊고 넓기 때문에 어느 누구도 건널 수 없다. 따라서 인간이 다른 자연에 대해 무엇을 해도 된다는 허가서를 하나님으로부터 받은 것으로 해석함으로써 자연을 착취하고 파괴하였다.[275] 그러므로 우리는 창조 이야기에 대한 올바른 성서해석을 해야 하는 책임이 있다.

'정복하라', '다스리라'는 구절을 이해하는데 있어서 단어 자체만 따로 떼어서 '짓밟고 짓부수는' 것으로 보아서는 안 되며, 이 명령을 하시면서

274) A. Auer, *Umweltethik. Ein theologischer Beitrag zur oekologischer Diskussion*, Duesseldorf 1989(3. Aufl.), 206-207

275) 이상성은 이러한 맥락에서 유색인종과 여성을 포함한 또 다른 자연도 학대하고 착취하였다고 보았다. "생태신학: 동양사상을 통한 새로운 가능성의 모색", 「신학사상」 105/1999 여름, 266-267

'하나님이 그들에게 복을 주시며'라고 한 사실과 연결하여 이해하여야 한다. 즉 땅을 '정복하라'는 것은 인간을 위한 축복이기 때문에 자연을 파괴하거나 착취해서는 인간이 복을 받을 수 없고, 자연을 잘 가꿀 때 자연과 더불어 건강하고 행복하게 살 수 있다. 따라서 정복하라는 것은 모든 피조물과 함께 공생하며 '가꾸라'는 뜻으로 해석되어야 한다. 또한 다스리는 것이 인간에게 복이 되기 위해서는 다스림을 받는 자가 행복할 때 가능하다. 따라서 자연을 억압하고 파괴해서는 인간이 결코 행복할 수 없기 때문에 다스리라는 것은 자연을 잘 '돌보라'는 뜻으로 해석되어야 한다. 이 같은 해석은 하나님이 아담을 두신 목적에서도 분명하게 드러난다. "주 하나님이 사람을 데려다가 에덴동산에 두시고, 그곳을 맡아서 돌보게 하셨다."(창 2:5)

또한 하나님이 창조하신 이 세계는 하나님이 보시기에도 참 좋았다고 7번이나 감탄한 세계였으며, 인간은 자연과 '함께 창조된 피조물'이다. 아담(인간)은 아다마(흙, 땅, 자연)와 한 뿌리이며, 사람, 동물, 식물 모두가 흙에서 빚어진 한 동료다(창 1:11-12, 2:7, 2:19). 하나님은 노아와 언약을 맺을 때 사람과 단독으로 하지 않으시고 숨 쉬는 모든 짐승들을 포함한 생태학적 언약을 맺으셨다. 또한 요나의 심판 선포를 듣고 니느웨의 사람뿐 아니라 동물들도 회개에 초대되어 구원을 받았다. 이처럼 전(全) 피조물 위에 그리스도의 주권을 세우는 삼위일체 하나님의 선교는 모든 피조물을 구원하기 위해 자신의 생명 곧 예수그리스도를 보내셨다. 따라서 모든 피조물은 하나님의 생명이며 하나님과 생명의 관계 속에 있으며 피조물 상호도 생명의 유기체적인 관계에 있다. 하나님과 피조물의 관계가 끊어지면 죽게 되듯이 피조물 상호간의 관계도 끊어지면 한편만이 아니라 양편 모두 죽을 수밖에 없다.[276] 인간이 자연을 가꾸며 돌보지 않고 착취하고 파괴한다면 부메랑처럼 자신들에게 되돌아와 상처를 입힐 것은 분명하다.

276) Leonard Boff, 김항섭 옮김, 『생태신학』, 가톨릭출판사 1996, 54

## 3. 환경파괴와 생태위기를 극복하기 위한 일

1) 기독교 생태학의 정립

지금까지 우리는 서구신학의 이원론적인 영과 육의 도식적 해석의 틀이 영적인 하나님과 물질적 피조 세계, 영적인 존재인 인간과 물질계인 자연을 분리함으로써 생태계의 위기를 몰고 오는데 일조하였음을 알았다. 인간은 같은 피조 세계에 속함에도 불구하고 인간을 창조의 중심에 위치시킴으로써 자연을 대상화, 수단화, 주변화 하여 자신들의 필요에 따라 이용하고 착취하였다. 오늘날에는 인간의 질병치료를 내세워 동물을 복제하고 그 복제된 장기를 채취한 뒤 도살하는 것이 합법화되고 있다. 인간은 과학과 기술을 이용하여 자연을 훼손하면서 신처럼 영원히 살려고 한다. 그러나 인간은 생태학적 한계 안에서 살 수 밖에 없기 때문에 자연의 파괴는 결국 인류의 파괴로 이어질 수밖에 없다. 따라서 모든 피조 세계와 더불어 살아갈 수 있는 새로운 기독교적 패러다임을 형성하는 것이 오늘의 생태학적 위기를 극복하는 첫 번째 과제다.

기독교 생태학이 함의해야할 첫 번째 요소는 이 세계가 삼위일체 하나님께 속하는 몸이라는 것이다. 하나님은 세계의 행복을 함께 기뻐하며, 고통을 함께 아파한다. 이러한 하나님의 내재는 '범신론'(Pan-theismus)적으로가 아니라 '범재신론'(Pan-en-theismus)적으로 해석되어야 한다.[277] 왜냐하면 하나님은 세계를 포괄하지만 동시에 세계를 초월하며, 만물이 그 안에 있고 그가 만물 안에 있지만 동시에 만물과는 독립된 실체이기 때문이다. 이것은 성육신(incarnation)을 통해 성부 하나님이 물질세계로 오신 것과 성례(sacraments)를 통해 지상의 물질이 하늘로 들어 올라가게 되는 사실에서 더욱 분명해진다.[278]

두 번째 요소는 하나님의 인격이 개체나 이원론적으로 이해될 것이 아니라 삼위가 사랑의 관계 안에서 참여와 파송으로 이해되어야 한다. 삼

277) Juergen Moltmann, 115
278) I. Bradly, 137

위일체 하나님이 존재하는 내적 구조는 세계에 대한 관계성 속에서 구체화된다. 성부는 성자와 성령을 세계에 파송하며, 성자의 사역과 성령을 통해 세계에 참여하신다. 성자는 성부와 함께 세계창조에 참여하고 성령을 파송하며, 성부의 파송을 받는다. 성령은 성부와 성자의 사귐과 파송의 관계 안에 참여하며, 성부와 성자의 영으로서 파송을 받는다. 이러한 성부, 성자, 성령의 사랑의 관계성에 따라 남자, 여자, 만물이 사랑의 관계성 안에서 다함께 공존하게 된다.

세 번째 요소는 '창조의 영'(루아하 ruah)으로서 성령의 재발견이 있어야 한다. 지금까지 성령은 서구신학의 핵심주제가 되지 못했을 뿐 아니라 그것도 '하나님의 영'으로서 성부, 성자와 관련하여서만 주로 설명되었다. 그러나 창조의 영은 구원의 때가 되면 인간뿐 아니라 모든 피조물에게 작용하고(사 32:15-20), 그들 가운데 거하며(zelten) 삶을 지속시키는 하나님의 호흡(ruah)과도 같은 것이다. 이 영은 모든 피조물에게 생명을 불어넣는 숨(창 1:2, 시 104:29-30 Odemruah), 만물을 새롭게 하는 생수(요 4:14, 7:37-38), 구원과 힘을 주는 치유의 바람(요 3:8, 행 2:1-4), 갈라진 사이를 회복시키는 비둘기(창 8:11, 마 3:16) 그리고 선교의 능력이 되는 불(마 3:11-12, 행 2:1-4) 등 풍부한 성서적 근거를 가진다.[279] 이러한 창조의 영의 자유로운 활동에 대한 재발견은 우리를 가로막는 인종, 문화, 종교적 장벽을 넘어 복음을 전할 수 있게 해준다(행 11:17).

마지막으로 자연친화적인 동양사상과의 대화(dialogue)가 필요하다. 자연에 대한 서양의 기계론적 관점에 비해 동양은 유기체적인 관점을 발전시켜왔다. 역경의 팔괘는 음양의 상호성이 모든 사물의 기본적 관계 범주를 설명하는 한 예를 제공한다. 즉 하늘은 지배하는 힘으로 군림하지 않고 인간은 땅을 지배하지 않으며 땅은 그 자신의 영역을 포기하지 않는 그들 각자의 운동과 역동성으로 끊임없이 변화하며 영향을 준다. 도덕경은 "인간은 땅을 쫓고 땅은 하늘을 쫓으며 하늘은 도를 따르는데 도는 자연을 쫓는다."[280]고 말함으로써 자연을 하나의 인격체로 보고 있다. 힌

---

279) 이정배, "생태학적 성령론과 생명문화", 「신학사상」 97/1997 여름, 255-257

두교에서 자연은 신비와 외경의 대상이며, 불교에서는 자연과 인간이 분리되지 않고 나와 너, 나와 자연이 한 몸임을 알아서 내 몸처럼 대할 것을 말한다.[281] 이러한 동양사상과의 진지한 대화는 기독교 생태학의 정립에 새로운 관점을 제공할 뿐 아니라 모든 피조물의 회복과 구원을 이루어 가시는 '하나님의 선교' 안에서 함께 협력할 수 있는 길을 열어준다.

2) 유기농업과 생태복원

생태학이라는 ecology는 집, 가족이라는 의미의 헬라어 oikos에서 유래한 oikoumene(대지, 지구 earth)와 관련이 있으며, 말씀, 사고, 연구를 뜻하는 logos가 합쳐져서 발전된 것이다. 그러므로 이 말은 가족이라는 의미가 확대되어 지구가 한 가족이며 모든 피조물은 인간과 함께 이 땅의 한 가정의 일원으로 더불어 살아가는 길을 생각하고 연구하라는 것이다.

하지만 오늘날 WTO체제에 들어간 세계의 많은 나라들은 자본주의의 극대화를 앞세운 신자유주의로 인해 생태계 보전을 위한 길과는 정반대로 치닫고 있다. 직접투자자들은 창조의 보전의무를 외면한 채 최대의 이윤추구를 위해 생태계보호를 위한 국가 규제를 완화하거나 환경파괴에 대한 국가의 방조를 요구하는 실정이다. 또한 신자유주의 시장경제에서 제품의 생산과 소비의 확산은 지구적 차원의 자원 소모를 증가시키며, 다국적 기업으로 저개발 국가에 진출한 선진 자본은 그 지역에서의 자연착취를 가속화하고 있다. 한편 선진 국가에 의한 자연파괴 외에도 저개발국가가 그들의 빈곤이 심화될수록 자연으로부터 직접 경제적 이익을 얻는 것에 의존하게 됨으로써 빚어지는 자연 파괴 또한 심각해지고 있다.

자연의 파괴는 인간이 아닌 다른 생물체에게도 어려운 환경을 만들어 주었다. 인구과잉, 목장 및 위락시설 건립, 토지개발, 대규모 산림벌채 등으로 광범위한 사막화를 초래함으로써 이 과정에서 많은 생물이 멸종하고 있다. 공룡시대에는 1천년에 1종의 생물이 멸종한 사실에 비추어보면

280) 『도덕경』 25장
281) 조용훈, 『동서양의 자연관과 기독교 환경윤리』, 대한기독교서회 2002, 97-107

문제가 얼마나 심각한지 알 수 있다. 산업시대의 초기 단계까지는 10년에 평균 1종의 비율로 생물이 사라졌고, 오늘날에는 매 시간당 3종의 생물이 멸종하고 있다.[282] 이 같은 생명과 자연의 파괴는 생태계 스스로가 지닌 자정능력을 훨씬 넘어서고 있어서 생태의 복원을 무력화시키고 있다. 이러한 상황에서 자연이 가진 생태복원의 능력을 증진시키며 자연의 원리에 따라 유기농업(Organic Gardening)으로 먹거리를 생산하는 일은 중요한 과제가 되고 있다.

유기농업이란 자연농업이라는 농사법을 말하며, 자연 친화형 농업, 환경 보전형 농업, 지속 가능한 농업 등으로 불린다. 그동안 화학비료와 농약의 남용으로 자연을 더럽히고 농산물의 생산에도 한계가 있기 때문에 이를 시정하고 안전한 먹거리를 제공하기 위해 일어난 농사법을 말한다.[283] 자연농업이란 자연 즉 흙, 물, 햇빛, 공기의 합작품으로 이루어지기 때문에 자연을 되살리는 농사법이다. 유기농업의 원전으로 불리는 '농업경전'에는 자연이야말로 '지고의 농부'(Supreme Farmer)라고 하였고, 농업은 총체적 자원의 보호역할을 하기 때문에 피폐해진 자연환경을 원래의 상태로 복원시킨다고 하였다. 자연은 스스로 자정능력이 있고, 원상으로 복원하는 탄력을 가지고 있기 때문에, 이러한 자연의 이치에 따라 먹거리를 생산하는 유기농업 이야말로 생태를 복원하는 일이다.

성서는 자연에게도 생명이 있으며, 하나님께서 이 땅의 생명을 새롭게 창조하심을 말한다(시 104:30). 특히 자연의 파괴로 모든 피조물이 탄식하며 구원을 갈망하는 오늘날 이 땅의 생태계를 원래의 상태로 복원시키는 일은 중요한 그리스도인의 과제가 아닐 수 없다.

---

282) NHK 위성방송 제작팀, 한상운 역, 『지구에서 사라져간 동물』, 도요새 2000, 참조

283) 이석영, 『황소걸음』, 도서출판 성산 2002, 146. 간혹 '환경친화형 농업'이 유기농업과는 다른 경우가 있기 때문에 주의해야 한다. 즉 농약이나 화학비료를 전혀 쓰지 않고 농사를 지을 수 없으니까 그런 화학물질은 되도록 적게 투입하면서 환경을 적게 훼손하는 방법으로 농사를 짓자는 의미에서 나온 방법이기 때문이다. 철저한 유기농업은 어떠한 화학비료나 화학농약도 사용하지 않기 때문에 기하급수적으로 늘어나는 인구를 먹여 살릴 수 없다고 비하하고 그 대안으로 나온 일종의 대체농업이라고 할 수 있다.

### 3) 더불어 사는 생태복지

생태계의 복지는 모든 존재의 복지, 그 가운데서도 인간의 생존과 복지의 전제조건이 된다. 생태계 파괴는 한 개인, 한 집단, 한 국가의 복지문제가 아니라 이 모두가 속해있는 전체 시스템의 붕괴를 의미하기 때문이다. 따라서 지구가 건강하지 않고는 인간의 건강은 물론 생존까지도 결코 보장될 수 없다.[284]

이와 관련된 한 예를 보더라도 인간은 생태계와 얼마나 밀접한 관계에 있는지를 실감할 수 있을 것이다. 지구가 지난 4억만 년 이래로 대기 가운데 산소의 비율을 21%로 고정되게 유지할 수 있었던 것은 밀림지역에 살고 있는 흰개미의 덕분이라는 것이 최근 밝혀졌다. 지구에 생명이 존재한 이래 적정한 기후체계를 유지하는데 결정적인 기여를 한 것은 우리들의 발에 흔히 밟히는 작은 개미였다. 그러나 생태계의 파괴는 지구를 향한 태양열의 반사를 30-50% 정도 늘였고, 이로 인한 지구상의 산소량이 늘어남으로써 화재발생률을 높이고 있다. 산소가 단 1%만 증가하여도 지구는 지금보다 60% 이상으로 화재발생률이 높아지는데, 이 증가된 산소량을 소비하는 것이 바로 흰개미들에 의해 방출되는 메탄이라는 것이다.[285]

이렇게 본다면 인간은 피조물에 대한 신적인 청지기라고 보기 보다는 생태계에 힘입어 살아가는 하나의 일시적으로 머무르는 나그네와도 같은 존재라고 해야 옳을 것이다. 혹 청지기라고 하더라도 자연을 다스리는 위치에서가 아니라 창조세계를 보전하는데 봉사하는 위치에서 그리고 그들과 더불어 살아가는 하나의 생태복지의 관점에서 보아야 할 것이다. 그러나 오늘날 신자유주의 경제체제에서는 인간들이 중심이 되어 만들어 내는 시장의 자연적 합리성이 모든 문제를 해결해 줄 것이라는 인식에서 출발하고 있다. 이 시장만능주의에서는 시장법칙이 곧 절대자이고 이 절대자에 대한 적대적 행위는 허용되지 않는다.[286] 다만 여기에서 낙오되거

284) 전현식, "창조의 보편적 복지에 대한 생태 윤리적, 과정 신학적 고찰", 한국기독교학회 편, 「한국기독교신학논총」 28권/2003, 125-146

285) J. Rifkin, 이정배역, 『생명권 정치학』, 대화출판사 1996, 379-381

나 희생된 자들을 도와주고 돌보아주는 인간중심의 복지를 시행하면 문제가 해결된다고 보고 있다.

시장만능주의로 표현되는 신자유주의 경제 안에서 약자는 언제나 약자로 남을 수밖에 없는 사회적 한계를 지닐 뿐 아니라 인간만을 위한 복지로는 생태계의 한계 안에 존재할 수밖에 없는 인간마저도 돌볼 수 없게 된다. 따라서 시장경제를 생태학적으로 규율하는 차원에서 다루어야 한다. 즉 신자유주의 시장원리는 최대의 이윤추구를 위해 자연을 파괴할 수밖에 없기 때문에 생태계를 복원하고 보전하는 측면에서 시장원리를 통제하여야 한다. 이를 위해 이해관계에 놓인 노동자와 자본가, 생산자와 소비자 등 사회세력과 시민단체들의 참여가 적극적으로 이루어져야 한다. 이를 토대로 국민경제의 운영목표에 생태계보전을 명시하고 그를 위한 기금을 조성하며, 기업의 의사결정과정에 이웃주민과의 생태계 이해관계를 반영하고 함께 감독하며, 기업의 지배구조를 친생태적으로 바꾸어나가야 할 것이다.287)

무엇보다 시장경제 안에서 희생당하는 복지수요자(Client)에게도 생태복지의 차원에서 접근하여야 할 것이다. 인간중심의 일시적인 처방이 아닌 생태계의 모든 생명체가 더불어 살아가는 '생명 중심의 생태공동체'를 이루어 가는 것이 기독교적 과제가 될 것이다. 이를 위해 국가적 차원을 넘어 국제적인 협력을 이끌어내야 하며, 현재 펼쳐지고 있는 세계교회협의회의 '창조세계의 보전'운동에 적극 참여하는 것도 중요한 일이다. 무엇보다 이북의 핵무기 문제와 이남의 핵발전소와 핵 폐기장 문제도 민족을 넘어 온 지구적 차원에서 모든 생명 중심의 생태공동체를 형성하는 관점에서 접근하여야 할 것이다. 모든 피조물의 고통에 함께 아파하시며 생태계 전체의 구원을 이루어 가시는 하나님의 선교에 대한 참여는 이제 생존을 위한 필수적 과제가 되고 있다.

---

286) 강원돈, "사회적이고 생태학적인 경제민주주의를 향하여", 「신학사상」 105호/1999 여름, 78

287) *Ibid.*, 90-91 참조

** 토론거리

1) 우리의 생활주변에서 벌어지고 있는 환경(혹은 자연)파괴의 실태에 대해 서로 이야기를 나누어보자.
2) 하나님이 창조하신 아름다운 세계의 보전을 위해 우리가 할 수 있는 일들이 무엇인지 함께 실천방안을 만들어보자.

** 주요 읽을거리


- 구경국, 『그리스도교 환경윤리』, 서울: 가톨릭대학교출판부 2000
- 시민환경연구소 엮음, 『환경의 이해』, 서울: 환경운동연합 출판부 1993
- 장도곤, 『예수 중심의 생태신학』, 서울: 대한기독교서회 2002
- 조용훈, 『동서양의 자연관과 기독교 환경윤리』, 서울: 대한기독교서회 2002
- L. Boff, 김항섭 옮김, 『생태신학』, 서울: 가톨릭출판사 1996

# 기독교와 소극적 안락사

이 신 형

## I. 생명존중사상과 안락사

생명의 존엄성에 대한 논의는 어제 오늘의 이야기가 아니다. 고대로부터 현재에 이르기까지 이어진 윤리적 주제이다. 현재까지 생명은 존엄하다는 기본 원리가 의심받은 적은 한번도 없다. 그렇다고 해서 모든 생명이 존중받아야 한다는 입장이 관철된 적도 없다. 생명의 존엄성에 대한 논의에는 존중받아야할 생명과 존중받지 못할 생명이 동시에 공존하는 논리적 모순이 내재한다. 따라서 생명존엄의 절대성의 원리는 때로는 윤리적인 딜레마에 직면한다. 생명의 존엄성을 인위적으로 박탈할 수 있는 상황이 현실적으로 발생하기 때문이다. 전쟁, 사형, 선택적 낙태에 직면해서 생명존중사상의 절대적 원리는 공허한 관념이 된다. 전쟁, 사형, 선택적 낙태의 경우 - 산모와 아이 사이에서 한명의 생명을 선택할 수밖에 없는 경우 - 생명의 존엄성을 지키기 위해서 생명의 박탈을 정당화 한다. 따라서 전쟁, 사형제도, 선택적 낙태 등이 허용되고 있는 현실에서 생명의 존엄성에 대한 판단은 사회적인 합의에 기초한다.[288]

하지만 사회적인 합의를 도출하는 과정은 순탄치가 않다. 어떤 사회냐에 따라서 생명의 존엄성에 대한 판단이 달라지기 때문이다. 보수주의가 지배하는 사회에서는 존중받지 말아야 할 생명에 대해서 엄격한 규칙을

288) 생명의 존엄성에 대한 논의를 보려면, 구영모 엮음, 『생명의료윤리』(서울: 도서출판 동력, 2010)을 보라. 이 책은 4부로 되어 있는데 1부는 "생명, 세상 무엇과도 바꿀 수 없는 절대적 가치," 2부는 "태아에게도 삶을 꿈꿀 권리가 있는가?" 3부는 "죽음은 과연 인간에게 주어진 마지막 자유인가?" 4부는 "의식하지 못하는 생명의 가장자리에서" 라는 부제로 생명의 존엄성에 대한 10편의 논의를 수록하고 있다.

제정한다. 진보적이고 자유주의가 팽배한 사회에서는 모든 생명은 존중받아야 한다는 생각이 지배적이다. 보수적인 사회가 허용하는 생명존중의 가치는 전통적인 규범에 근거한다. 전통적인 규범이란 개인의 가치보다는 집단의 가치가 더 우선되는 것으로서 통상적으로는 종교에 근거를 두고 있다. 이슬람권에서 가족의 명예를 위한 혈족의 살인이 허용되고 있다는 것이 그것이다. 법적인 면에서까지 가족의 명예를 더럽혔다는 이유로 혈족을 살해하는 것이 허용되는 것은 아니다. 그렇지만 사회구성원이 명예살인에 대해서 관용적인 태도를 취하는 것은 윤리규범의 사회적 가치가 개인적 가치에 우선한다는 것과 윤리규범의 적법성의 근거가 종교에 있다는 것을 보여준다.

진보적인 사회에서는 개인의 자유와 가치가 최우선시 된다. 개인의 가치는 누구에게도 양도할 수 없는 것으로서 집단의 가치보다 존중된다. 개인의 자유와 가치의 중요성은 서구사회가 근대사회로 전환되면서 발견한 개념이다. 그 개념의 저변에는 기독교의 목적론적 사고로부터의 결별이 깔려있다. 기독교의 목적론의 사고에 의하면 개인의 가치와 목적은 더 큰 목적인 교회, 국가, 하나님의 나라에 종속한다. 그러나 신중심의 목적론적 사고에서부터 자연과 인간 중심의 탈 목적론적 사고로 전환된 현대사회에서는 현개인의 자유와 가치가 목적이다. 신중심의 가치론에서 인간중심의 가치로 전환하면서 현대사회가 획득한 개념이 양도할 수 없는 개인의 권리 사상이다. 그럼에도 불구하고 근대시민정신의 근저에는 기독교의 정신이 있다. 종교개혁이 개개인의 내적인 확신에 구원론을 정초시킨 이후부터 진리에 대한 확신은 개인에게 귀속되었다. 개인의 내면적 확신에 입각한 진리만 진리로 인식되었다. 주관적 감정이 확신의 절대적 근거라는 것이 아니다. 객관적이고 보편적일 수 있는 이성이 내면적 확신의 근거이다. 보편적 이성에 입각한 개개인의 내적인 확신과 자유에 반하는 진리는 거부되었다. 인간이성을 초월한 진리가 부정된 것은 아니다. 즉 계시가 거부된 것은 아니었다. 하지만 계시가 인간존재의 가치와 자유를 구속한다면 거부되었다.

진리는 인간의 존재와 자유를 구속하는 것이 아니다. 진리는 인간을 자유하게 하는 것이다. 인간존중사상에 있어서 진리에 대한 인식은 자연법칙에 대한 총괄적 인식에 근거하지 않는다. 예측 가능한 지식이 인간을 불안과 공포로부터 해방시킨다는 면에서 자연법칙에 대한 지식이 인간존중사상에 기여한 것은 분명하다. 하지만 개개인의 생명에 대한 절대가치를 부여한 것은 자연법칙이 아니다. 기독교정신이 부여한 것이다. 하나님에 의해서 생명을 부여받았다는 종교적인 믿음에 근거한 것이다. 인간생명을 진화의 과정에서 우발적으로 발생한 것으로 인식하는 자연법칙에 근거한 사상은 인간존엄에 대한 절대성을 부여할 수 없다. 인간생명의 존엄성은 생물학적인 관점에서 발생한 것이 아니다. 인간생명의 절대적 가치에 대한 사상은 예수의 가르침에 근거한 것이다. 한 인간의 생명이 천하보다 귀하다는 예수의 가르침에 기인한 것으로서 근대사회가 기독교와 결별하는 가운데 보존해온 가치인 것이다.

인간존엄성에 대한 절대적 가치의 종교적 근거는 부정할 수 없다. 개인적 가치의 절대성의 종교적 근거가 부정될 수 없다는 것은 무엇일까? 현대사회에서 종교는 사적인 영역에 머물러 있지 않는가? 이슬람 국가와 동남아 몇몇의 불교 국가를 제외하면 종교의 사회적 규범의 역할은 제한적이지 않는가? 대부분의 나라에서 종교가 개인적 윤리에 있어서 규범적일 수는 있으나 사회전반에 걸친 법적인 효력을 미치지는 않지 않은가? 현대사회는 인간생명의 존엄성의 근거를 법적인 토대에 두고 있지 않은가? 법적인 규정만이 절대적인 구속력을 갖고 있다. 종교의 목적론적 사고로부터 깨어난 시민의식은 개인적 가치의 절대성의 법적인 토대를 만들었다. 인간생명은 그 자체로서 목적이다. 생명의 존엄성은 그 자체로서 절대적인 것이기에 더 큰 목적을 위한 (가족, 사회, 국가, 이념, 종교) 수단이 될 수 없다.

현실적인 가치판단이 배제된 생명존중사상은 이념이다. 선택적 생명존중이 허용된 사회에서 생명존엄성의 가치는 생명력을 상실한다. 생명의 존엄성이 더 큰 가치의 목적에 귀속되기 때문이다. 원리적으로는 생명의 존엄성이 누구에게도 양도할 수 없는 개인의 절대적인 권리이다. 그러나 실질적으로는 생명존중사상의 원리와 생명존중의 선택적 현실사이에서 생명의 존엄성은 부유(浮游)한다. 따라서 생명존엄성에 대한 논의는 종교적인 성찰을 필요로 한다. 생명존엄성에 대한 종교적인 성찰이 필요한 상황은 한계상황이다. 일반적인 상황에서 생명존엄성의 절대적 원칙은 고수된다. 하지만 개인이든, 국가든 한계상황에서 생명존엄성의 절대적 원리는 제한된다. 개인적 생명존엄의 절대성은 사회, 국가, 때로는 종교에 양도된다. 즉 사회와 국가, 혹은 종교의 가치를 위해서 개인의 생명의 양도가 법적으로 윤리적으로 때로는 종교적으로 정당화된다. 사형이나 전쟁이 개인의 양도 할 수 없는 절대적 권리인 생명권을 제한하는 것이다. 전체를 위해서 개인적 생명의 양도를 정당화하는 것은 정당한 것일까? 정의로운 전쟁일 경우 개인적 생명의 양도는 정당할지 모른다. 하지만 전쟁은 정의로운 것이 아니다. 사형역시 그러하다. 정의로운 전쟁은 없다. 또한 정의로운 사형도 없다.

생명의 존엄성에 대한 보편적 정의는 절대적이다. 그러나 생명의 존엄성을 제한하는 한계상황에서 정의는 보편적이지 않다. 생명제한을 당하는 입장에서 생명제한은 정의로울 수 없다. 자발적인 생명제한일 경우는 어떠한가? 자유의지의 결단에 의해서 생명제한을 요청하는 것은 어떠한가? 가족, 국가, 종교를 위한 자발적인 생명포기는 정의로운 행위로 간주된다. 아니 정의롭기 보다는 거룩한 행위로 인식된다. 개인적 가치보다 가족, 국가, 종교의 가치가 더 존중되기 때문이다. 하지만 더 큰 가치를 위한 거룩한 행위가 배제된 생명의 자발적인 양도를 요청하는 것은 어떠한가? 질문을 좀 더 구체화 해보자. 거룩한 행위와 무관하게 자발적인 생명의 포기에 대한 요청을 받는 경우 어떻게 생각해야 하는가? 자살을 지칭하는 것이 아니다. 안락사를 지칭하는 것이다. 자살은 스스로에 의해서 생명을 포기하는 것이지만 안락사는 타자에게 자신의 생명권을 양도하는 것이다. 전자는 생명포기 행위의 주체와 생명포기의 객체가 일치하지만 후자는 생명포기 요청의 주체와 생명포기 행위를 실행하는 주체가 불일치한다.

안락사의 문제는 그 누구에게도 양도할 수 없는 개인의 절대적 권리인 생명권을 타자에게 양도한다는데 있다. 나아가 그렇게 양도받은 생명권의 행사를 의사가 수행해야 한다는 것에 문제가 있다. 본질적으로 의료행위는 생명을 살리는 행위이다. 그러나 안락사의 경우 의사의 의료행위는 환자의 생명을 인위적으로 종결짓는 결과를 가져온다.

인위적으로 생명의 종결을 가져오는 의료행위는 정의로울 수 있는가? 그것이 정의로운 행위라면 어떤 면에서 정의로운 행위이며, 그렇지 않다면 어떤 면에서 부정의한 행위인가? 정의와 부정의의 근거는 무엇인가? 안락사에 있어서 생명포기의 결정은 언제나 생명권자의 자유로운 의사에 따르는 것인가? 생명권자의 자발적인 의사와 관계없이 생명의 종결결정이 결의된다면 어떻게 되는가? 자발적인 의사표현이 불가능한 경우에 즉 환자의 자유의지와 무관하게 양도 할 수 없는 개인의 절대적 권리인 생명의 존엄성이 타자에게 양도된다면 생명의 절대성과 존엄성의 원리는 어떻게 되는가? 전쟁, 사형, 선택적 낙태처럼 안락사에서도 생명존엄의 절대적 원리는 제한 될 수 있는 것인가? 안락사에서도 생명존엄의 절대적 원리가 제한 될 수 있는 것이라면 일시적으로만 제한되는 것인가? 아니면 제한적 조건에 부합한다면 항시라도 제한 될 수 있는 것인가? 안락사는 우리사회가 직면한 현실적 문제이다. 의료현장에서 만난 현실이며, 누구나 만날 가능성이 있는 현실이다. 안락사는 성급한 가치판단을 통해서 해결될 수 없는 문제이다. 안락사의 문제에 있어서 승자는 없다. 왜냐하면 안락사에 대해서 어떠한 선택을 하더라도 윤리적인 딜레마에 빠지기 때문이다. 안락사의 윤리적 쟁점을 외면하는 것도 바람직한 것이 아니다. 지금은 아니지만 언젠가는 자기의 현실이 될 수도 있기 때문이다. 따라서 안락사에 대한 우리사회의 현재 인식은 중요하다. 우리사회는 안락사를 어떻게 인식하는가? 안락사의 문제와 관련해서 우리사회가 택하는 입장은 어떠한가? 현재 진행되고 있는 안락사 논의의 쟁점은 무엇인가? 기독교인은 안락사에 대해서 어떻게 생각해야 하는가?

## II. 안락사의 쟁점들[289)]

우리사회에서 안락사에 대한 논의가 표면으로 부상한 것은 1997년 보라매 병원사건이다. 보라매 병원사건은 의사의 만류에도 불구하고 1997년에 뇌수술을 받고 인공호흡기에 의존하고 있던 김씨(58세)를 그의 부인의 계속되는 요구에 의해서 김씨를 퇴원시킨 의사가 살인죄로 기소된 사건이다. 당시 전처소생의 두 자녀와 단칸방 전셋집에서 어렵게 살던 김씨 부인은 김씨가 회생가능성이 없다는 사실을 알고 퇴원을 요구하였다. 병원은 퇴원할 경우 김씨의 생명이 위험하다는 사실을 여러 차례 주지시켰지만 병원비를 감당할 수 없었던 김씨 부인은 퇴원의지를 꺽지 않았고, 퇴원한 김씨는 생명보조장치를 제거한지 5분 만에 사망하였다.

검찰은 1998년 1월 의사 양씨 등에 대해 "의학적 판단에 따라 치료해야 할 중환자를 보호자의 퇴원 요구만으로 집에 돌려보내 죽게 한 것은 살인행위"라 하여 사법사상 처음으로 살인죄를 적용해 불구속 기소했다. 검찰의 불구속 기소 이후 보라매병원 사건은 7년간의 사법적인 판단의 과정에 들어갔다. 서울지법 남부지원의 1심 판결은 양씨 등 의사들에게 살인죄를 적용했고, 2심인 고법은 살인방조죄를 인정했으며, 삼심인 대법원은 원심의 판결을 확정했다. 보라매병원 사건이후 병원은 관례적으로 퇴원시켜 왔던 회생가능성이 없는 환자퇴원을 거부했다.

2001년 4월 네덜란드는 세계 최초로 안락사를 허용하는 법안을 통과시켰다. 같은 해 11월 15일 대한의사협회는 안락사 관련 의사윤리지침서를 발표했다.[290)] 2008년 11월에 법원도 국내 최초로 안락사를 인정하는

---

289) 안락사의 개념과 유형에 대해서 보려면, 노영상, "안락사의 개념정의" 『소극적 안락사 무엇이 문제인가?』(서울: 예영커뮤니케이션, 2007), 15-31을 보라.

290)2001년 대한의사협회가 발표한 의료윤리지침서에 수록된 안락사 관련지침사항은 아래와 같다. " 옥필훈, "소극적 안락사에 대한 기독교 윤리적 연구" 전주대학교 선교신학대학원 석사학위 논문 2011,, pp.50-52에서 재인용.

"제58조(안락사 금지)

① '안락사' 라 함은 환자가 감내할 수 없고 치료와 조절이 불가능한 고통을 없애기 위한 목적으로 환자 본인 이외의 사람이 환자에게 죽음을 초래할 물질을 투여하는 등의 인위적,

판결을 내리고 2009년 2월 고법을 거쳐 5월 대법원은 안락사를 인정한 원심에 대한 확정판결을 내렸다. 법원의 안락사 인정판결이후 한국 사회는 안락사 문제에 대한 새로운 국면에 접어들었다. 안락사에 대한 보다 명확한 규정에 대한 논의의 필요성이 발생한 것이다. 한국 사회만이 아니라 서구사회에서 안락사에 대한 명확한 규정의 필요성이 발생하였다. 안락사의 명확한 의료적이고 법적인 규정이 필요한 이유는 두 가지였다. 첫째는 무분별한 안락사의 허용을 제한하려는 것이며, 둘째는 의사의 지위와 신분에 대한 안전성 확보를 위한 것이었다. 환자의 생명권과 의사의 인권에 대한 보호를 동시에 확보하려는 의도가 있었다.

환자의 생명권에 대한 보호 못지않게 중요한 것은 의사의 인권이다. 안락사는 자살과 다르다. 자살은 죽음을 집행하는 주체와 객체의 일의적 행위에 의해서 실행되지만 안락사는 죽음의 주체와 죽음의 실행자의 일치가 없다. 자살은 행위자의 의지와 실행에 의해서 죽음의 행위가 실행되지만 안락사는 의사의 실행에 의해서 죽음이 집행되는 것이다. 따라서 죽음의 행위에 대한 결정이 자살의 경우는 행위자의 의지가 결정적이지만 안락사의 경우는 의사의 판단이 결정적이다. 즉 안락사의 경우 의사의 동의와 판단에 따라서 죽음이 실행될 수도 있고 유보될 수도 있는 것이다. 안락사에 있어서 죽음을 요청하는 환자나 대리자 및 가족의 의사가 중요하다. 그들의 요청이 없이 의사는 죽음을 집행할 수 없다.

하지만 그들의 요청이 절대적인 것이 아니다. 의학적인 판단이 그들의 요청 못지않게 결정적인 역할을 한다. 보라매병원사건에서 김씨 부인의

---

적극적인 방법으로 자연적인 사망 시기보다 앞서 환자를 사망에 이르게 하는 행위를 말한다. ② 의사는 '안락사' 에 관여하여서는 아니 된다.

第59조(의사조력자살 금지)

① '의사조력자살' 이라 함은 환자가 자신의 생명을 끊는 데 필요한 수단이나 그것에 관한 정보를 의사가 제공함으로써 환자의 죽음을 촉진하는 것을 말한다. ② 의사는 '의사조력자살' 에 관여하여서는 아니 된다.

第60조(의학적으로 의미 없는 치료)

의사가 회생 불가능한 환자에게 의학적으로 무익하고 무용한 치료를 보류하거나 철회하는 것은 허용된다.

경제적인 어려움의 현실을 간과할 수는 없겠지만 회생불가능하다는 의학적인 판단이 없었다면 김씨 부인의 요청이 있었을까? 김씨 부인의 경우 생명보조장치의 해제요청의 이유는 경제적인 것과 의학적인 판단이었다. 무엇이 우선되었을까? 경제적인 것일까? 의학적인 판단일까? 무엇이 우선되었는지는 속단하기 어려우나 회생불가능이라는 의학적인 판단이 없었다면 경제적인 이유만으로 생명보조장치의 해제를 요청하기란 쉽지 않았을 것이다. 안락사요청에는 세 가지 요인이 있다. 첫째는 환자의 참을 수 없는 고통, 둘째 경제적인 한계, 셋째 의학적으로 무의미한 진료행위 즉 회생불가능에 대한 의학적인 판단이다. 세 가지 요인 중에 앞의 두 가지 요인은 환자나 환자대리인의 상황이다. 세 번째 요인은 의사의 상황이다. 세 가지 요인이 결합되어서 최종적으로 판단을 하게 되는 것은 의사다.

세 요인에 대한 판단은 주관적이면서도 객관적이다. 환자가 경험하는 고통의 한계와 경제적인 한계에 대한 판단은 주관적이다. 동시에 객관적이다. 참을 수 없는 고통을 누가 결정해야 하는가? 환자가 결정해야 하는가? 의사의 판단이 참여되어야 하는가? 의학적인 판단은 언제나 정확한가? 논란의 여지가 없는 객관적이고 과학적인가? 2009년 존엄사의 문제에 화두를 불러일으킨 김할머니의 경우는 의학적인 판단의 정확성이 의심받는다는 것을 보여준다.[291] 안락사에서 법적인 문제의 소지가 있을 수 있는 것은 의사다. 환자나 대리인의 경우 윤리적인 문제의 소지가 있을 수 있으나 법적인 책임을 지는 것은 아니다. 의학계와 법조계가 안락사에 대

---

291) 세브란스 병원에 입원하고 있었던 실질적인 의미에서 국내 최초의 안락사 대상자가 아닌 김 할머니 (당시77세)는 생명장치해제에도 불구하고 한 달 이상 생존하여 안락사의 문제에 대한 의료적 판단의 정확성에 대한 심각한 문제를 제기하였다. 당시 가족은 김 할머니의 생명장치해제를 요구한 재판을 하였고 대법원에 의한 판결이 나왔다. 대법원은"환자가 의식 회복가능성이 없고 생명과 관련된 중요한 생체기능의 상실을 회복할 수 없으며 환자의 신체 상태에 비춰 짧은 시간 내에 사망에 이를 수 있음이 명백한 경우에는 환자가 회복불가능한 사망의 단계에 들어선 것으로 볼 수 있다"고 밝히면서 허용기준도 제시했다. (대법원 2009.5.21. 선고 2009다17417 전원합의체판결) 하지만 생명장치해제에 대한 명확한 시점을 명기하지 않아 가족과 해제시점에 대해서 마찰이 있었던 병원은 생명장치해제를 한 이후에도 안락사를 원하지 않았다는 발언을 했으며, 가족은 의료기관의 불필요한 생명장치를 부착함으로 인한 과잉진료에 대한 법적인 소송을 제기하였다.

한 엄격한 절차를 규정하는 일에 집중하는 것은 환자에 대한 존중만이 아니다. 법적인 책임을 의사가 지기 때문이다.

안락사에서 존중되어야할 주체는 누구인가? 환자, 환자 가족이나 대리인, 의사 모두가 존중되어야할 주체인가? 아니면 환자인가? 의학계와 법조계의 규정절차에 대한 논의는 존중되어야할 주체를 의사에게 두고 있다. 환자 가족이나 대리인의 요청에 의해서 환자의 의사와 상관없이 안락사가 집행되는 것을 방지하기에 의학계와 법조계의  규정은 환자를 보호하는 기능도 갖고 있다. 그러나 환자를 보호하기 위해서 규정과 절차를 만드는 것은 아니다. 윤리규정과 절차가 환자의 생명을 되살릴 수 있는 것이 아니기 때문이다. 윤리규정과 절차는 안락사가 집행되기 전까지는 환자를 보호하는 장치가 되나 안락사가 집행된 이후에는 의사를 보호하는 장치의 기능을 하기 때문이다.

안락사를 반대하는 사람들이 우려하는 것은 안락사에 대한 규정제정이 안락사 억제 효과보다는 안락사를 조장할 수 있다는 점이다. 다시 말해서 적법한 규정에 의해서 안락사가 집행된다면 누구나 도덕적인 죄의식으로부터 자유로울 수 있기 때문이다. 생명존중사상을 유지하기 위해서 만든 안락사에 대한 엄격한 규정이 생명경시현상을 초래할 수 있다. 소위 말해서, 미끄러운 경사길 효과[292]가 발생할 가능성이 있기에 안락사에 대한 엄격한 규정보다는 느슨한 규정이 훨씬 생명존중에 적합하다. 하지만 느슨한 규정이 허용된다면 생명경시현상은 훨씬 증가될 것이다. 다만 느슨한 규정은 의사의 법적 책임의 증대와 맞물리기에 안락사 집행이 신중하게 된다는 효과가 있다.

안락사논의 깊이 침잠되어있는 문제는 도덕적인 죄의식이다. 안락사

---

292) "미끄러운 경사길"논증이란 쟁점이 되는 사항에서 결정을 할 때 최대한 중립적인 위치를 택한 것이 나중에 예상하지 않았던 상황의 변화에 의해서 중립성을 상실하고 어느 한 방향의 결과를 낳게 된다는 논증이다. 안락사의 경우 아무리 엄격한 규정을 만들었다고 해서 생명의 존엄성에 대한 인식이 고양되는 것이 아니라 광범위한 생명경시 사상으로 발전할 것이라는 주장이다. 미끄러운 경사길에 대한 논의에 대한 실증적인 예를 보려면 이상원, "네덜란드의 안락사: 미끄러운 경사면 논증의 경험적, 논리적, 역사적 증명" 『소극적 안락사 무엇이 문제인가?』 (서울: 예영커뮤니케이션, 2007), pp.279-304를 보라.

문제에서 승자는 아무도 없다. 적법한 절차에 의해서 시행된다고 하더라도 도덕적 죄의식으로부터 결코 자유로울 수 없기 때문이다. 환자의 자유의지에 의한 안락사의 경우 가족이나 의사들의 도덕적인 죄의식은 많이 경감될 것이다. 하지만 환자의 자유의지가 아닌 가족과 의사의 판단에 의해서 안락사가 집행될 때 도덕적인 죄의식의 문제는 여전히 남아있게 된다. 안락사라는 용어대신에 존엄사라는 용어를 사용하는 것과 삶의 질과 인간답게 죽을 권리를 주장한다고 해서 문제의 본질이 크게 달라지는 것은 아니다. 문시영은 안락사 대신에 존엄사라는 용어를 사용함으로 말미암아 안락사를 존엄적 행위인 것처럼 착각하게 만든다고 주장한다.[293] 문시영에 의하면 인위적인 생명을 종결짓는 것은 결코 존엄한 행위가 아니라는 것이다. 그래서 문시영은 안락사 대신에 존엄사를 사용함으로서 윤리적인 부담감을 경감시키려는 의도에 대해서 경계를 한다. 동시에 그는 안락사 반대자들에게도 엄격한 윤리적인 책임을 물어야 한다고 주장한다.[294] 안락사 반대자들은 윤리적 죄의식을 갖지 않는다. 생명존중사상을 원칙론에서 유지하고 있기 때문이다. 그러나 생명존중사상이 현실에서 관철되기 위해서는 경제적인 문제가 해결되어야 한다.

생명연장의 문제는 의료비용의 증가와 함께 더불어 증가되어 왔다. 안락사의 문제는 의료기술의 발전에 따른 문제다. 의료기술이 미비했던 시대에는 죽음을 맞이할 수밖에 없었던 사항들이 의료기술의 증대에 따라서 생명연장의 문제로 파생되었기 때문이다. 생명연장은 의료행위에 의해서 시행되는 행위이다. 의료서비스는 공적인 성격을 지니고 있지만 여전히 사적인 영역에 속한다. 의료서비스는 이윤 추구를 목적으로 하는 경제활동이다. 생명연장에 따른 가족의 경제적인 부담과 사회가 지불해야할 비용은 막대하다. 따라서 생명연장의 원칙을 지키기 위해서는 그에 따른 경제적인 문제에 대한 대안이 있어야 한다. 안락사의 문제는 사회경제적

293) 문시영, “존엄적 안락사의 ‘존엄성’ 문제”, 『소극적 안락사 무엇이 문제인가?』 (서울: 예영 커뮤니케이션, 2007), p.34.
294) 문시영, “존엄적 안락사 논쟁의 사회윤리학적 성찰,” 『기독교 사회윤리』 11집 (한국기독교 사회윤리학회, 2006), p.4.

인 문제와 맞물려있다. 우리사회처럼 국가가 개인에게 많은 복지의 책임성을 떠넘기고 있는 현실에서 생명존중은 원칙론으로 귀결될 가능성이 많다. 안락사는 언제나 마지막의 상황에서 선택하게 되는 윤리적 딜레마이다. 말기 암 환자일 경우 환자가 마지막 상황에 놓인다. 그러나 환자가 식물인간의 경우 환자가족이 마지막 상황에 놓인다. 전자에서 위기상황은 환자 자신이지만 후자의 경우는 가족이 위기상황에 놓인다. 모든 경제적인 재원이 바닥난 상태이기 때문에 생존의 문제가 절실하다.

안락사는 환자만의 문제가 아니다. 사회복지의 문제이다. 의료제도의 공공의 영역에 대한 이해와 환자와 가족의 삶의 행복권에 대한 사회복지의 문제이다. 그러나 현실은 의료현장에서 사회복지의 개념을 찾아볼 수 없다. 의료보험을 통해서 약간의 지원을 받을 수 있기는 하지만 생명존중사상의 원칙을 지키기에는 턱없이 모자란다. 가족으로 하여금 안락사를 선택할 수밖에 없는 상황에 몰리지 않고 또한 병원이 의료비용을 환자가족의 재원을 통해서 전적으로 병원의 이윤을 확보하지 않아도 될 만큼 재원의 확보와 제도가 요구된다. 막다른 상황에 놓인 가족에게는 생명장치해제의 요구는 선택할 수밖에 없는 현실이 된다. 생명이 경제적인 원리에 귀속되는 것은 환자만이 아니다. 의료기관 또한 경제적인 원리에 귀속된다. 환자 수에 비해서 의료시설의 부족은 생명장치해제에 대한 선택의 압박으로 작용한다. 병원 측에서 바라보면 생명장치해제는 다른 환자에게 진료를 받을 수 있는 기회를 제공한다는 면에서 의료행위의 정당성을 부여한다. 생명장치해제에 따른 인위적인 사망이 앞당겨지겠지만 장기기증을 통해서 다른 사람에게 생명을 살리는 결과도 가져올 수 있기에 윤리적인 행위가 된다. 생명장치해제의 선택을 새로운 생명을 살리는 행위가 된다는 윤리적인 설득은 생명장치해제에 기인한 도덕적인 딜레마를 벗어나게 한다.

장기기증을 통한 새로운 생명을 살리는 행위는 분명히 생명존중사상에 입각한 도덕적인 행위이다. 따라서 환자가족에게 죄의식을 덮어준다. 나아가 장기기증을 받은 사람은 환자가족에게 깊은 감사를 느낌으로서 환자가족이 윤리적으로 바른 선택을 했다는 감정을 보강시켜준다. 장기기증을 통한 다른 생명을 살리는 행위는 거룩한 행위이다. 하지만 생명장치해제는 경제적인 이유가 완전히 배재된 순수한 도덕적인 결정이었을까? 장기기증을 통한 생명 살리기에 기여한다는 것은 도덕적이지만 병원의 설득 이면에는 경제적인 이유가 내제되어 있지 않았을까? 또한 환자가족들의 내면 깊이에는 경제적인 이유를 감추고 있지 않을까?

결국은 시간의 문제이다. 생명장치해제와 관련한 시간이 관건이다. 생명장치에 의지한 채로 생명을 유지한 시간과 앞으로 유지할 시간의 총량의 문제이다. 또한 의학적인 진단의 문제이다. 생명장치해제를 경제적인 이유가 아닌 의학적인 이유로 결정할 경우 죽음에 대한 의학적인 판단이 핵심이다. 죽음을 어떻게 의학적으로 정의해야 하는가? 뇌의 기능이 정상적으로 작용하지 못하는 것을 죽음으로 인정해야 하는가? 아니면 심장 기능의 정지를 죽음으로 인식해야 하는가? 전자를 죽음으로 인정하면 죽음의 의미는 사회적으로 해석된다. 후자일 경우 죽음의 의미는 생물학적으로 규정된다. 현재 의료계는 죽음에 대한 해석을 전자에 두고 있다. 생물학적인 신체의 이상의 유무가 죽음이 아니라 뇌사판정을 죽음으로 인식한다. 뇌사판정을 죽음으로 해석하는 것은 인간을 사회적인 존재로 판단하기 때문이다. 인간은 언어를 매개로 상호작용하는 이성적 존재다. 따라서 언어작용을 배제한 사회적인 삶은 존재하지 않는다.

인간은 한편 사유하는 존재이기도 하다. 인간의 사유에서 표현양식을 담당하는 것은 언어다. 언어를 통해서 인간의 사유는 외부로 표출된다. 하지만 외부로 표출되는 사유만 사유일까? 사유를 외부로 표출하지 못하더라도 인간은 사유하는 존재가 아닐까? 코마상태의 경우 사유의 외부적 표출은 불가능하다. 그렇다고 코마상태라고 해서 사유하지 않는다는 증거도 없다. 코마상태를 어떻게 해석해야 하는가? 뇌기능의 일시적 정지로 바라봐야 하는가? 아니면 영구적인 정지의 상태로 봐야하는가? 뇌기능의 유무가 삶과 죽음의 기준인가? 현대 의학은 뇌를 인간존재의 중심에 안착시켰다. 사유, 언어, 행동 등 사회적 존재로서의 인간됨의 근거를 뇌의 활동에 근거시켰기 때문이다. 뇌가 사회적인 인간됨의 결정적 기능을 담당하는 것에 대해서는 반론의 여지가 없다. 하지만 뇌가 생명현상까지도 결정적인 기능을 담당하는 것에 대해서는 반론의 여지가 있다. 뇌와 무관한 생명현상은 자연계에 얼마든지 있기 때문이다. 뇌사 판정을 받는다 해서 생물학적인 생명현상마저 사망선고를 받은 것은 아니다.

안락사 대신에 존엄사를 사용하면서 인간다운 죽음, 삶의 질, 인간답게 죽을 권리들에 대한 주장이 설득력을 갖고 있는 것은 인간의 죽음을 사회학적인 기준에서 바라보기 때문이다. 인간만이 언어를 사용하는 동물은 아니지만 추상적인 사유는 인간에게만 있는 고유한 영역이다. 인간다운 죽음, 삶의 질, 인간답게 죽을 권리들은 인간을 다른 생물체와 근본적으로 다른 고귀한 존재라는 사유의 근거에 바탕을 둔 것이다. 죽음을 생물학적인 기준에서 판정한다면 인간과 다른 생물체와 존재론적인 경계가 사라진다. 하지만 인간생명을 사회적인 기준에서 판단한다면 생명존중의 존엄성 또한 훼손된다. 사회적인 죽음이 생물학적인 죽음과 동일한 것은 아니기 때문이다.

인간다운 죽음, 삶의 질, 인간답게 죽을 권리에 대한 주장이 설득력을 갖는 것은 인위적으로 생물학적인 죽음을 집행하더라도 고결성을 담보하기 때문이다. 더구나 인생의 태반을 사유하지 못했던 많은 사람들은 인생의 마지막 여정에서 삶에 대한 깊은 자아성찰을 경험할 수 있다는 면에서 말기 암 환자의 경우 의미 없는 치료중단의 합리적 근거를 제공한다.[295] 삶의 마지막을 아름답고 경건하게 맞이하는 것만큼 더 아름답고 숭고한 것이 어디 있겠는가. 하지만 죽음이 생의 마지막에서 아름답게 여

295) 말기 암 환자의 의미 없는 치료의 중단의 대안과 인간다운 죽음을 맞이할 권리로서 호스피스활동이 제시된다. 말기 암 환자의 경우 호스피스 활동은 죽음을 숭고하게 맞는 인격의 함양증진에 도움이 된다는 면에서 안락사의 대안이 된다. 하지만 코마의 경우에 호스피스가 대안이 될 수 없다. 죽음에 대한 철학적, 신학적 반성과 고찰은 정신적 기능이 건강한 사람의 경우에 해당되는 것이기 때문이다. 안락사에 대한 대안으로서 호스피스를 보려면, 문호도, "의미 없는 치료의 중단과 대안," 최화숙, "안락사와 호스피스"를 보라. 두 논문은 기윤실 부설 기독교 윤리연구소 편, 『소극적 안락사 무엇이 문제인가?』(서울: 예영커뮤니케이션, 2007), 1부 7장과 9장, pp.138-166에 수록되어 있음.

겨지는 것은 아이러니다. 왜냐하면 죽음은 인간존재를 파괴하기 때문이다.

인간은 죽음을 지연하기 위해서 수많은 노력을 기울여 왔다. 의학의 발전은 다름 아닌 죽음의 지연과 생의 기간을 연장하는 것이었다. 따라서 의사의 사명은 죽음을 집행하는 것이 아니라 건강한 생을 가져오는 것이었다. 그러나 인간다운 죽음, 삶의 질, 죽을 권리는 의료행위에 대한 인식을 바꾸어놓는다. 생의 연장과 죽음의 지연만이 의료행위의 목적이 아니다. 의미 없는 삶의 연장중단 또한 의료행위의 목적이 된다. 따라서 의료행위가 의미 있는 삶의 연장과 죽음의 지연 그리고 의미 없는 삶의 중단과 죽음을 앞당김으로 나누어진다. 의미 있음과 의미 없음에 대한 기준에 있어서 우선적으로 고려해야할 점은 무엇일까? 우선적으로는 환자의 자유로운 의사와 의지이다.

그렇다고 해서 의학적인 판단이 무시되는 것이 아니다. 존엄사로 인식되는 안락사와 자살이 다른 것은 의학적인 판단이 결정적이기 때문이다. 다시 말해서 환자의 권리가 보다 엄격해야할 규정은 의료윤리이다. 환자의 주관적인 결정 또는 환자가족의 결정에 의료행위가 종속된다면 삶의 파괴는 생각보다 심각한 양상을 띨 수도 있다. 일례로 정신병과 무관한 사람도 가족이 정신병이라고 신고하면 강제로 정신병동에 입원 시킨 일이 시사매거진 같은 사회고발 프로그램에 종종 보도되었던 적이 있다. 따라서 의미 없는 삶에 대한 판단규정은 매우 엄격하게 다루어져야할 사항이다. 의미 없는 삶에 대한 기준은 어디에 두어야 하는가? 의미 없는 삶은 의학적인 판단에만 귀속되는 사항인가? 의학이 생물학적인 차원을 넘어서 삶의 의미차원까지 판정하는 학문인가? 의미 있는 삶 또는 삶의 의미는 철학적이고 종교적으로 고찰해야할 주제가 아닌가?

## III. 소극적 안락사에 대한 신학적 성찰

지금까지의 논의를 정리해 보자. 안락사의 정의에 대한 나의 인식은 외부와의 의사소통이 불가능한 상태에 놓인 식물인간과 말기 암 환자였다. 식물인간상태인 환자의 치료중단문제는 안락사에서 핵심적인 것이다. 왜냐하면 타인에게 양도 할 수 없는 생명권의 양도문제가 쟁점이기 때문이다. 생명권의 양도문제는 재산의 양도와 같은 것이 아니다. 재산의 양도는 다시 재양도 받을 가능성이 있지만 생명권의 양도에 따른 결과는 불가역적이기 때문이다. 따라서 생명권의 양도는 선택사항이 아니라 맨 마지막에 결정해야할 고려사항임과 더불어 생명권자의 자발적인 의지와 의사가 중요하다. 하지만 식물인간상태에 있는 환자의 경우 자발적인 의사표현이 불가능한 상태에서 생명권에 대한 양도가 발생한다. 환자의 의지보다는 의학적인 판단과 환자가족이나 대리인의 의사가 결정적이다. 즉 생명장치해제와 관련된 치료중단의 기준인 사회적인 삶의 회복불가능성은 의학적인 판단사항이다.

하지만 인간다운 죽음, 삶의 질, 인간답게 죽음을 맞이할 권리는 의학적인 판단사항이 아니다. 삶과 죽음에 대한 의학의 판단은 생물학적 기준에서 적합할 뿐 죽음과 삶의 본질에 대한 것은 아니다. 죽음과 삶에 대한 논의는 철학적이고 종교적인 주제이다. 따라서 생명장치해제와 관련된 치료중단의 판단기준이 사회적인 삶의 회복불가능에 대한 의학적인 판단사항이라고 할지라도 삶과 죽음에 대한 철학적, 종교적인 성찰이 필요하다. 삶과 죽음에 대한 철학적 종교적인 담론은 무엇인가? 죽음은 삶의 파괴인가? 아니면 죽음은 삶의 완성인가? 죽음은 삶의 부정인가? 아니면 삶의 다른 차원인가? 삶과 죽음의 가치는 어떻게 결정되는가? 삶의 가치와 의미는 죽음의 부정에서 드러나는가? 삶의 가치와 의미는 죽음으로 인해 더욱 깊어지는가?

기독교신앙은 삶과 죽음을 분리된 것이 아닌 통전적인 것으로 바라본다. 통전적인 것으로 인식한다는 것은 삶과 죽음을 단일한 삶의 사건으로 인식한다는 것이다. 삶과 죽음이 단일한 삶의 사건인 것은 예수의 삶과 죽음 그리고 부활 사건에 근거한다. 예수의 부활에서 바라볼 때 삶과 죽음은 분리될 수 없는 삶의 사건이다. 예수의 부활 앞에서 죽음이 삶의 파괴라는 공식은 부정된다. 죽음에 대한 의학적인 정의에서 예수의 죽음이 생물학적인 것은 의심의 여지가 없다. 생물학적인 죽음은 사회적인 죽음을 동반한다. 하지만 사회적인 죽음은 생물학적인 죽음을 동반하지 않는다. 죽음의 의학적인 정의에 의하면 예수의 죽음은 생물학적인 것이다. 따라서 예수의 죽음은 사회적인 죽음이 동반된 죽음이다. 하지만 예수의 생물학적인 죽음이 예수의 사회적인 관계의 죽음을 귀결한 것은 아니다.

뇌사판정이 기준인 사회적인 삶의 죽음은 인간의 사회적인 삶의 관계 지표에서 바라본 것이다. 예수의 삶과 죽음 그리고 부활의 관점에서 바라보면 예수의 사회적인 삶의 본질은 하나님과의 사회적 삶 즉 수직적인 관계의 삶에 있다. 따라서 예수의 생물학적인 죽음에 초래된 사회적 죽음이 하나님과의 사회적 삶의 단절을 의미하지 않는다. 수평적인 관점의 사회적인 삶의 죽음은 예수도 경험한 것이다. 하지만 생물학적인 죽음이 하나님과의 단절에 따른 죽음을 의미하는 것이 아니다. 예수의 죽음과 부활에 근거해서 바울은 그리스도인의 죽음을 죽음이라고 명하지 않고 잠이라고 명했다. 죽음은 삶의 부정이고 파괴이다. 그러나 잠은 삶의 현상이며 실제이다.

살아있는 자만이 잠을 잔다. 잠을 자는 자만이 다시 삶의 현실로 복귀한다. 잠은 삶의 부정이 아니라 삶의 휴식이며 일시적 삶의 정지이다. 삶의 일시적 정지는 사회적인 삶의 관점에서 바라볼 때 일시적인 정지일 뿐 생명활동으로 바라볼 때 일시적 정지가 아니다. 생명활동에서 삶의 정지는 곧 죽음을 의미하기 때문이다. 예수의 죽음은 생물학적인 죽음이기에 생명현상의 정지이다. 하지만 생물학적인 죽음이 하나님과의 영적인 관계의 단절의 죽음은 아니다. 성경은 생명활동의 정지임에도 불구하고 예수는 음부에서 영적인 활동, 복음을 전파하시고 구원의 활동을 하셨다고 기록한다. (벧전3:19) 따라서 죽음은 삶의 부정과 파괴가 아니다. 생물학적인 관점에서 삶의 파괴며 부정일 수는 있어도 하나님과의 영적인 관계의 단절과 파괴는 아니다.

그렇기에 죽음은 삶의 사건이다. 영원한 삶으로 부름받기 위해서 삶은 죽음의 상태로 진입한다. 생물학적인 죽음의 상태에서 삶은 생물학적인 상태의 삶에서 경험한 시간이 정지된 삶이다. 시간이 정지된 삶이기에 개인적 삶의 역사 또한 정지된다. 시간과 역사가 정지된 상태에서 하나님과의 인격적인 관계의 시간이 진행된다. 죽음의 상태에서 경험하는 기다림의 시간은 삶에서 경험한 물리적인 시간과 같지 않다. 물리적인 시간의 흐름에서 천년이 하나님의 시간에서 하루의 시간이 되기도 한다.(벧후3:8) 물리적인 시간은 삶의 수평적인 시간에서 경험하는 시간이며 하나님과의 영적인 시간에서 기다림의 시간은 수직적으로 경험되는 시간이다. 수직적인 시간에서 하나님과의 인격적인 경험은 수평적 시간에서 경험되는 언어적 사건이 아니다. 언어적 사건은 사회적 삶의 시간에서 인간됨의 존재를 규정하며 표현하는 사건이기 때문이다. 따라서 잠자는 상태에 있는 삶에서 하나님과의 교제가 사회적 삶의 표현의 수단인 언어가 필요하지 않는다. 예수죽음의 시간에서 하나님과의 인격적인 관계는 인간의 언어를 필요로 하지 않는다.

예수죽음의 시간에서 삶에 대한 인식은 예수의 몫이 아니라 하나님의 몫이기 때문이다. "하나님은 죽은 자의 하나님이 아니요 산 자의 하나님이시라 하나님에게는 모든 사람이 살았느니라."(눅20:38) 죽음의 시간에서 삶을 보는 것은 하나님이다. 죽은 자와의 인격적인 삶의 관계 또한 하나님의 몫이며 역할인 것이다. 우리의 시간에서 죽음은 개인의 인격적인 삶과 사회적인 삶의 부정을 의미한다. 하나님의 시간에서 죽음은 하나님과의 새로운 인격적인 삶을 기다리는 시간이며, 동시에 우리의 시간대에서 가졌던 하나님과의 인격적인 삶이 지속되는 시간이다.[296] 따라서 삶과 죽음은 분리된 것이 아니라 단일한 삶의 두 모습이다. 살아서 삶의 모습과 죽어서 삶의 두 모습이 생물학적으로 분리된다고 하더라도 하나님과의 인격적 삶은 분리와 단절이 없다. 죽음은 삶의 부정도 아니고 삶의 파괴도 아니다. 또한 삶의 완성도 아니다. 죽음은 삶의 과정일 뿐이다. 삶의

296) "하나님 중심의 견지에서만 우리는 '인간의 존속'에 대해 말할 수 있다. 영원한 하나님 앞에서 모든 유한한 존재들은 현재적이며, 그러므로 하나님과 인간의 역사는 인간의 죽음 후에도 계속될 수 있기 때문이다." 위르겐 몰트만/김균진 역, 『오시는 하나님』 (서울: 대한기독교서회, 1977), p.187.

완성은 예수부활에서 드러난 것처럼 부활될 때 허락된다.

안락사의 문제는 삶과 죽음의 문제가 아니라 삶에 대한 이해에 따른 문제이다. 죽음이 삶의 모습으로 이해되는 한 생물학적인 죽음은 죽음이 아니다. 하지만 안락사가 문제가 되는 것은 죽음이 타자의 선택에 의해서 (식물인간상태에 있는 환자의 경우) 인위적인 방식으로 앞당겨지는 것에 있다. 인위적으로 타자의 죽음을 앞당기는 것은 종교적으로 정당성이 있을까? 삶과 죽음은 전적으로 하나님의 행위에 의한 것이 아닐까? 내 삶에 대한 결정은 나의 의지에 의해서 달려있다고 해도 세상에 태어나는 것은 전적으로 하나님의 의지에 달려있다. 마찬가지로 죽음도 전적으로 하나님의 의지에 달려있는 것이다. 하지만 자연사만이 하나님의 절대적 의지의 결과일까? 한스 큉은 하나님에 의해서 생명의 시작이 인간에게 맡겨진 것처럼 생명의 끝도 인간에게 맡겨진 책임임을 왜 인지하지 못하느냐고 반문하면서[297] "하나님은 죽어가는 인간에게도 그의 죽음의 방식과 시점에 대한 책임과 양심의 결정을 위임하셨다."[298] 고 주장했다. 생명의 시작과 마찬가지로 생명의 끝도 인간에게 의탁된 하나님의 위임사항이라고 피력하는 한스 큉의 말은 인간생명존중은 삶과 죽음 전체를 포괄하는 개념이라는 것을 주지시킨다.

현재까지 생명존중사상에서 삶에 대한 의지만이 존중되는 것으로 인식되었다. 하지만 안락사와 관련해서 바라볼 때 생명연장의 포기 및 죽음을 맞이하는 생명의 의지도 생명존중사상의 범주에 포함되어야 한다. 삶과 죽음은 하나님의 명령이다. 하나님이 아담에게 명한 두 가지는 생육하고 번성하는 것과 흙으로 돌아가라는 것이었다. 따라서 죽음은 하나님의 명령을 준행하는 것이다. 전통적인 입장에 의하면 인간의 생에 대한 의지만 하나님의 명령으로 인식했다. 죽음은 하나님의 명령에 반하는 것으로서 죄의 결과로 이해한다. 반면에 인문주의는 죽음은 자연스러운 것으로서 인간성의 한계로 해석한다. 죽음을 죄의 결과로 해석하든, 인간의 한

297) 한스 큉· 발터 옌스/원당희 역 『안락사 논쟁의 새 지평』 (서울: 세창미디어, 2010), p.67.
298) Ibid., p.79.

계성으로 해석하든 간에 분명한 것은 죽음을 명하신 분은 하나님이다. 하나님의 명령은 인간이 실행해야하는 것이다. 그렇기에 죽음은 하나님의 두 번째 명령이 실현된 현실이다.

작금의 시대에서 인간의 자기생명결정권에 대한 주장이 설득력을 얻어감에 따라 안락사에 대한 요구는 점차로 확대되고 있다. 하지만 안락사의 문제는 일반적이고 보편적인 문제가 아니다. 환자의 상황에 따라서 개별적으로 다루어져야하며 환자가족의 삶의 문제와 의사의 의료윤리와 법적인 문제 및 종교적인 신념이 함께 고려될 사항이다. 따라서 안락사 문제에 있어서 두 가지가 동시에 해결되어야 한다. 하나님의 명령과 의지가 실현되는 거룩함이 담보되는 것과 인간다운 죽음과 삶의 질, 인간답게 죽을 권리에서 "인간다움" 이라는 수식어의 한정이 환자만이 아니라 환자가족과 의사까지 포함해야한다. 인간다운 죽음을 맞이하는 것이 말기 암 환자의 자기생명결정에 의거하든, 생명유지 장치해제에 대한 가족이나 의사의 결정에 의해서 실행되든 간에 거룩함과 성결함의 차원이 확보된다면 생명존중사상의 본질이 훼손되지 않을 것이다.

현실에서 인위적인 죽음에서 성스러움을 담보할 수 있을까? 말기 암 환자의 경우 의미 없는 치료를 중단하고 삶과 죽음을 성찰하면서 맞이하는 죽음은 성스러움을 담보할 수 있을 것이다. 생명장치의 해제도 성스러운 행위로 인식될 수 있을까? 생명장치해제가 환자, 환자가족 및 의사들에게 하나님의 명령을 준행하는 성스러운 행위가 된다면 인간생명의 존엄성에 대한 신앙적인 차원이 확보될 것이다.[299] 만약 그렇지 못하다면

299) 황덕형은 다음과 같이 질문한다. "안락사는 어떻게 받아들여야 할 것인가? 이 역시 죽음의 한 형태로 본다면, 그래서 우리가 경험해야 할 한 과정의 모습으로 인정된다면, 그런 만큼 이 안락사도 본래적인 복음적 의미의 죽음 가운데 참여할 수 있는 것인가?....지금 현재대로의 안락사가 갖고 있는 그 현재적 강제성이 복음의 능력으로 수용되어 그 의미가 변화되어야 한다. 그리고 바로 이 강제성이 의미-창조의 사건으로 변화될 때 안락사 자체의 변화가 야기될 것이다." 황덕형, "안락사의 신학적 이해," 『소극적 안락사 무엇이 문제인가?』 (서울: 예영커뮤니케이션, 2007), p.229. 안락사의 강제성의 의미-창조의 사건으로 변화되기 위해서는 강제적 죽음이 거룩한 행위로서 하나님의 명령을 이행하는 신앙의 행위가 될 때 가능하다.

생명장치해제에 대한 현실적인 근거인 인간다운 죽음, 삶의 질, 인간답게 죽을 권리가 인권존중에 대한 설득은 될 수 있어도 하나님의 명령을 이행하는 신앙의 행위가 되지는 못할 것이다.[300]

** 토론거리

1) 생명존중의 가치와 죽음의 권리의 상충적 이해의 내용은 무엇인가?
2) 존중받는 죽음과 존중받는 죽음을 맞이하기 위해서 사회가 준비해야할 과제는 무엇인가?

** 주요 읽을거리

- 문시영. "존엄적 안락사의 '존엄성' 문제." 『소극적 안락사 무엇이 문제인가?』. 서울: 예영커뮤니케이션, 2007.
- 한스 큉 · 발터 얀스/원당희역. 『안락사 논쟁의 새 지평』. 서울: 세창미디어, 2010.
- 황덕형. "안락사의 신학적 이해," 『소극적 안락사 무엇이 문제인가?』. 서울: 예영커뮤니케이션, 2007.

---

300) 한스 큉은 『안락사 논쟁의 새 지평』에서 죽음에 대해서 두 가지 논점을 제시했다. 첫째는 죽음에 대한 자기결정을 하나님이 아담에게 명령한 첫 번째 명령의 내용을 확대시킨 것과 둘째는 치매환자를 사회적 삶의 죽음으로 해석한 것이다. 한스 큉이 존엄하게 죽을 의지를 삶의 의지의 내용에 포함하자고 제안하는 것은 치매를 사회적 죽음으로 해석하기 때문이다. 기억의 파괴에 따른 사회적 삶의 붕괴는 인간다운 삶의 질을 파괴하기 때문에 인간다운 고결함을 지키기 위해서 존엄사에 대한 요청이 필요하다는 것이다. 그래서 미래에 발생할지 모르는 식물인간이나 알츠하이머병을 대비해서 장기기증서약과 같은 생명유언장의 법적인 규정이 필요하다고 주장한다. 치매환자의 경우까지 안락사의 고려사항으로 확대하는 것은 『안락사 논쟁의 새 지평』의 공동저자인 발터 옌스에 기초한 것이다. 발터 옌스는 1995년에 알츠하이머병에 걸려서 투병중이다. 한스 큉은 발터 옌스의 아내인 잉에 옌스의 안락사 고려요청은 2008년 판에 수록되었다. (Ibid., pp.186-198.) 그러나 치매를 존엄사의 사항까지 확대시키는 한스 큉의 주장은 정당한 것이 아니다. 치매는 현재 불치병이다. 하지만 모든 불치병이 안락사요구의 근거가 될 수 없듯이 치매도 안락사 요구사항이 아니다. 치매는 사회적 삶의 죽음의 범주에 속한 것이 아니라 사회적 관심과 치료를 요하는 질병일 뿐이다.

# 기독교와 여성

신 명 숙

## 여성은 누구인가?[301]

### 1. 한국사회에서 여성과 남성

역사적, 사회적으로 조건화된 발달을 통해 여성들과 남성들은 특히 현대사회에서 상이하고 서로 보충적인 행동과 과제가 주어지며, 학문영역에서도 남성과 여성은 근본적으로 서로 다른 정체성을 지닌 것으로서 이해되어진다. 이러한 남성과 여성의 차이가 역할과 일, 그리고 기회의 차이를 만드는 출발점이 되어 왔다. 특히 남성성과 여성성이 하나님의 창조질서에 근거한 것이라고 믿는 신학적인 인간론[302] 또한 많은 부분 그러한 관점에서 이해되고 있다. 그러나 왜 거의 모든 공동체가 성의 차이를 그렇게 진지하게 받아들이며, 성의 축을 따라서 인격을 형성하는가? 왜 여성과 남성은 생애동안 서로 구별되고 심리적으로 차이가 있는가? 생물학적인 차이가 여성과 남성의 서로 다른 행동에 대한 근거를 형성한다면 이러한 서로 다른 행동은 변화될 수 없으며 생물학적인 원인으로 간주해야만 할 것이다. 그러나 지금까지 형성되어온 여성과 남성의 서로 다른 성 정체감은 생물학적인 차이에 근거하지 않고 오히려 오랫동안 계승되어온 사회 문화적 전통이 성의 특성적인 행동의 불변성을 결정해 왔다고

---

301) 본 글은 신명숙, 『기독교상담』 (서울: 학지사, 2010), 283-310을 수정, 보완한 것임

302) K. Barth, Die Lehre von der Schoepfung, Kirchliche Dogmatik Bd. III/1, 4, Zuerich 1945, 1951;J. Christine Janowski, Zur paradigmatischen Bedeutung der Geschlechterdifferenz in K. Barths "Kirchlicher Dogmatik", in:MJTh 7, 13-60. 그러나 여성 신학자들은 오랫동안 신학과 교회에 깊이 뿌리 박혀 있고 오늘날 여전히 부분적으로 남아 있는 '본능적'이고 '감정적'으로만 이해되고 있는 여성의 정체성에 대한 선입견에 대하여 비판한다.

볼 수 있다. 이러한 전통은 오랜 역사를 거쳐 지금까지 작용하고 있는 남성중심의 가부장제에서 그 뿌리를 찾을 수 있다. 남성 중심의 가치나 규범, 믿음체계, 생활양식으로 이루어지는 이러한 남성 지배적인 문화는 남성의 우월성과 남성의 여성 억압의 형태로 나타나며, 여성은 남성에 대해 예속감과 열등감을 느끼게 하며, 사회관계에서 지배와 피지배의 남녀 관계를 형성한다. 남성지배의 구조는 현대에까지 국가적으로, 사회 문화적으로, 교육적으로 그리고 가정적으로 광범위하게 개개인의 삶에 침투되어 여성의 삶을 규제할 뿐만 아니라 여성의 심리를 지배해 왔다.[303)]

그러므로 권력은 남성에게 속하며 여성은 남성보다 열등한 측면이 상당히 강조된 성 고정관념[304)]은 독립성과 자긍심으로 표현된 남성 역할이 여성의 것 보다 가치 있는 것으로 평가되고 있다. 따라서 성 고정 관념을 크게 의식하지 못한 채 아동기에 사회 문화가 무의식적으로 제공하는 남성상과 여성상을 무리 없이 받아들이게 되고, 남성다움과 여성다움이라는 사회가 요구하는 각 성의 이상적인 상에 자신을 맞추려고 노력하게 된다. 그러므로 개인의 자아 정체감을 형성한다는 것은 성 역할 고정 관념에 의해 남성은 남성에게 가치 있는 남성다움으로 내재화되고, 여성은 상대

---

303) 조혜정, 『한국의 여성과 남성』 (서울: 문학과 지성사, 1988), 19.

304) 김태련 외, 『여성심리』(서울: 이화여자대학교 출판부, 1996), 174-177, 180이하; 홍순정 외, 『여성심리학』 (서울: 교육과학사 1998), 84-87.가장 두드러진 고정관념 중에 하나는 인간을 남성성과 여성성이라는 양극성으로 구분하고 인간은 남성성, 아니면 여성성이든 어느 한 쪽만을 두드러지게 취하려 하고 어느 한 쪽에 자신을 귀속해 버리는 것이다. 모든 남성은 남성적이고 모든 여성은 여성적이어야 한다는 과장된 신념을 고정화하려고 한다. 개인의 자아 정체감의 정립은 많은 부분 개인이 속한 사회가 갖고 있는 이러한 성별에 대한 고정 관념을 바탕으로 이루어진다. 성에 대한 고정 관념이 무의식적으로 사회 문화 전반에 깔려 있다. 따라서 남성은 자신 내부에 있는 여성성을 부인하며, 여성 또한 자신의 내부에 자리 잡고 있는 남성성을 인정하려고 하지 않는다. 여러 문화에 걸쳐 나타나는 성역할 고정 관념의 내용을 분석하면 여성성은 문화적인 관심, 순응, 타인에 대한 친절, 걱정, 타인의 행동에 대한 관심 등, 감정적이고, 자기희생적이고, 남들과의 관계를 중요시하며, 섬세하다는 등의 표현적이고 공동체적인 특성으로 나타나고, 남성성은 독립심과 자긍심, 우월감, 야망, 공격성으로서 자기 주장적이고, 활동적이고, 자기 발전을 도모하고, 목적의식이 뚜렷하여 목적을 위해 수단과 방법을 가리지 않는 등 전반적으로 도구적이고 행위 주체적인 특성으로 요약된다.

적으로 남성보다 열등한 여성다움에 내재화된다. 이러한 가부장제의 원리의 결과는 여성과 남성이 다른 경험을 하게 되며, 또한 그것은 내적으로 긴장하게 되는 심리현상으로 나타나게 된다. 특히 가부장제로 나타나는 성 역할 고정관념으로 여성은 늘 참아야 하며, 용서해야 하며, 자기의 의견을 내세우기보다는 특히 남성, 즉 수동적으로 권위 있는 사람의 의견을 무조건 따르면서 자기가 없는 세상을 살게 되기도 한다.

이러한 과정 속에서 여성들은 결국 타인을 지나치게 의식하게 되고, 그래서 타인의 눈을 통해 자신을 바라보게 된다. 그러므로 이러한 성 역할 고정관념에 지나치게 집착된 여성은 자기주장을 내세우기보다는 타인의 의사를 따라가며, 자신에 의한 삶을 살기보다는 타인에 의한 삶을 살아가게 된다. 이러한 성 역할 고정관념은 무조건적 희생과 인내를 요구하며, 그래야 착한 여성으로 인정받을 수 있다는 강박관념에 착한 여성 콤플렉스[305], 맏딸 콤플렉스, 슈퍼우먼 콤플렉스에 시달리는 여성이 우리 사회에 만연해 있다. 또한 여성은 남성보다 감정적이며 지적인 능력에서 열등하다는 근거 없는 논리에 여성은 사회에서나 가정에서 자아 상실감[306] 과 좌절감에 의해 우울증에 시달리기도 한다. 왜 이러한 현상이 여성에게 나타날까? 이러한 성 역할 고정관념으로 인해 인내와 한으로, 예속감과 열등감으로 나타나는 여성의 심리를 어떻게 이해할 것인가? 그러한 여성의 심리를 극복할 수 있는 방법은 없을까? 그리고 기존의 사회화 과정에서 부정적인 시각으로만 무시해 왔던 소중한 여성성을 새롭게 재

---

305) 윌리엄 페즐러/엘레노어 필드, 『착한 여자 콤플렉스』 박상창 역 (서울: 문학사상사); 여성을 위한 모임에서 남성 중심의 가부장적 사회에서 여성이 경험하는 심리적 콤플렉스를 착한 여자 콤플렉스 외에 신데렐라 콤플렉스, 성 콤플렉스, 외모콤플렉스, 지적 콤플렉스, 맏딸 콤플렉스, 슈퍼우먼 콤플렉스로 설명하고 있다. 여성을 위한 모임, 『일곱 가지 여성 콤플렉스』 (서울: 현암사, 1992).

306) 여성이 자아실현을 하지 못하는 데서 오는 좌절감에 대한 실례는 다음을 참조하시오: 김영애, "가부장적인 한국사회에서의 여성경험에 대한 상담심리학적 고찰", 한국여성신학회 편, 『한국여성의 경험』 (서울: 대한기독교서회, 1994), 169-210, 178-187; 백은미, "여성주의적 관점에서 본 인격적 성숙과 영적 성숙", 「한국기독교 신학논총」 19집 (서울: 대한기독교서회, 2000/11), 305-359, 322.

평가 할 수는 없을까? 지금까지 한 쪽 성에게만 강조해 온 긍정적인 가치들을 남녀 모두가 함께 발달시킬 수 있는 방법은 없을까?

이러한 물음들에 답하기 위해 무엇보다도 먼저 가부장제로 인한 이분법적인 성 역할 고정관념에 의해 형성된 여성심리의 이론적 접근을 시도해 본다. 따라서 발달심리학적 관점에서 성 정체감을 여성주의적인 이해에서 고찰하고, 남성의 무의식에 잠재되어 있는 아니마(anima)와 여성의 무의식에 잠재된 아니무스(animus)의 이원론적인 융(C. G. Jung)의 양극성 원리를 극복하여 여성에게 잠재된 원초적인 여성성으로서의 아니마(anima)를 발견하고, 여성의 무의식에 있는 부정적인 아니무스(animus)를 긍정적으로 개발하여 새로운 여성성을 정립해 본다. 그리고 이러한 새로운 여성성의 이해를 기독교에선 어떻게 표현되고 있는지 살펴 볼 것이다. 새로운 여성성의 이해를 근거로 여성의 재발견을 위한 가능성을 "여성간의 상호 관계성" - 여성에게 내재해 있는 아니마의 활성화 - 과 "주체적 자기발견" - 긍정적인 아니무스의 활성화 - 으로 제시한다. 이러한 새로운 여성성을 정립하기 위한 가능성을 성서에 나타난 두 이야기 - 룻과 나오미, 하갈 - 에서 찾아보기로 한다.

## 2. 발달심리학적인 관점에서 성 정체감

프로이드의 오이디푸스 콤플렉스는 보편적인 인간의 기본 갈등일 뿐만 아니라 성의 특성으로 함축되어 있다. 분석 심리에 의하면 인생 초기에 나타나는 자기애적인 갈등은 무엇보다도 새로 태어난 아이와 가장 먼저 만나는 관계적 인물인 어머니와의 갈등이며, 4살과 5살에 나타나는 오이디푸스 콤플렉스는 무엇보다도 이 시기에 어머니와 아이와의 두 사람만의 관계에 아버지가 등장하여 삼각관계로 나타나는 갈등이다. 이러한 삼각관계는 아이의 성숙과정에 큰 영향을 미치며, 문화의 상징구조로 나타난다. 인간의 기본 갈등에 관한 이러한 설명과 함께 세상은 남성적, 여성적 원리로 남성성과 여성성으로 구분하여 미리 규정하게 된다.

그러나 여성주의 심리학자들은 정신분석적으로 직접 여성적, 남성적 원리와 연관하여 어머니, 아버지의 정체성을 보편적인 원리로 또는 심리적으로 피할 수 없는 것으로 이해하려고 하지 않는다.[307] 여성주의 심리학자들은 오히려 어떻게 그러한 어머니성과 아버지성에 대하여 운명적이고 차별적인 생각을 할 수 있었는지 물음을 던지며, 그렇게 된 역사적이고 사회 문화적인 한계를 밝히려고 많은 노력을 하고 있다.[308] 그래서 사회학자인 쵸도로우(N. Chodorow)는 그녀의 책 "어머니의 유산(Das Erbe der Muetter)"에서 인생 초기에는 어머니와 할머니, 그리고 고모나 이모 등과 같이 주로 여성적인 관련 인물이 존재하며, 보편적으로 여성들은 어머니가 되는 것으로 생각할 수 있다는 것이다.[309] 이러한 당연하고 문화 역사적으로 보편적인 사실은 근본적으로 어머니와 아버지에 대한 여아와 남아의 서로 다른 관계에 영향을 미칠 수 있으며, 여아와 남아에게 있어서 생의 초기 과정이 다르게 나타날 수 있다는 근본적인 근거가 될 수 있다. 이러한 가정은 프로이드 이론에 근거하는데, 즉 오이디푸스 콤플렉스는 여아와 남아가 같은 방법으로 경험하지 않는다는 것이다.[310]

여아와 남아에 대한 서로 다른 심리적 발달 속에서 여성주의 심리학자들은 서로 다른 성 정체에 대한 교육이 그 원인이라고 보는데 그 교육은 한평생 동안 남성과 여성에게 규정해 놓은 결과일 수 있으며, 특별히 여성적, 남성적 경험의 영역을 미리 설정한 것이라는 것이다. 그러므로 여성주의 심리학자들은 심리학을 내면적으로 비판하고 여성과 남성에 대

---

307) Christa Rohde-Dachser, *Expedition in den dunklen Kontinent. Weiblichkeit im Diskurs der Psychoanalyse*, Berlin/Heidelberg 1992, 175. 그 밖에 다음과 같은 여성주의 심리학자들이 있다: Jessica Benjamin, *Die Fesseln der Liebe. Psychoanalyse, Feminismus und das Problem der Macht*, Frankfurt a.M. 1990; Nancy Chodorow, *Das Erbe der Muetter. Psychoanalyse und Soziologie der Geschlechter*, Muenchen, 2. Aufl. 1986

308) Jessica Benhanim, *Die Fesseln der Liebe*, 155f.

309) Nancy Chodorow, *Das Erbe der Muetter*, 16.

310) Sigmund Freud, *Ueber die weibliche Sexualitaet, Gesammelte Werke* Bd. 14, Werke aus den Jahren 1925-31, Frankfurt a. M., 4. Aufl. 1968, 518.

한 보충적인 여러 사회적 특성을 설명하기 위한 도구로 활용한다. 왜냐하면 여성주의 심리학자들은 정신분석적인 도움으로 단지 성의 차이에 대한 감정적인 뿌리를 파악하는 것으로 시작하기 때문이다. 그러므로 전통적인 정신분석에서처럼 여성주의 대상관계이론에서 초기 인생과정이 후기인생과 성의 정체성을 형성하는데 결정적인 영향을 끼치며, 부모의 인격을 통하여 "성에 대한 사회구조의 근본적인 요소"311)를 이어받게 된다는 생각이 압도적이다. 따라서 정신분석 이론이 사회학적인 관점에서 설명되어질지라도 정신분석은 계속해서 분석의 기본 틀이 된다.

여성주의 정신분석학적 관점에서 볼 때 어머니와 아들의 관계는 처음부터 다르게 양육되어지는 성의 상이성에 의해 특징지어 진다. 한 쪽 부모인 어머니에 의해 어머니의 성과는 반대적으로 다루어지는 남아는 어머니와는 반대되는 것을 여성적이 아닌 것으로 경험하게 되며, 이러한 부정적인 상이함을 자신의 근본 체험으로 내면화한다.312) 오이디푸스 기간이 여아에게 근본적으로 좀 더 길고 중요한 역할을 하는 반면, 남아는 발달 초기에는 어머니와의 강한 동일화 이후 오이디푸스 갈등의 해결을 통해 어머니와의 갑작스러운 단절 현상을 경험한다. 따라서 여성주의 이론에 의하면 남아는 어머니는 힘이 약하고 부재한 아버지 - 오이디푸스 드라마에 의하면 남아가 아버지를 한 편으로는 미워하면서 다른 한 편으로는 우상화하면서 경쟁자로 느낀다. - 보다 가치가 덜 하다고 직관적으로 느낀다는 것이다. 이렇게 어머니와의 분리 과정을 겪으면서 남아는 거세로 위협하는 힘 있는 아버지와 동일화하려고 한다. 남아는 자신이 상처입을 수 있다는 두려움으로 인해 무의식적으로 여성적인 모성성과 구분하여 자기정체성을 찾기 위하여 온갖 노력을 하며, 초기 어머니와의 관계를 부인하려고 한다. 아버지는 프로이드가 말한 것처럼 "초기 아동기의 무제한적인 자기애로 우리를 후퇴시키려고 하며"313), 개별화와 독립성을

311) N. Chodorow, *Das Erbe der Muetter*, 56.

312) Catherine Keller, *Penelope verlaesst Odysseus. Auf dem Weg zu neuen Selbsterfahrungen*, Guetersloh 1993, 168.

313) J. Benjamin, *Die Fesseln der Liebe*, 132

방해하는 어머니 앞에서 구원자이며 보호자가 된다. 이렇게 서서히 진행되는 차이에 대한 인식은 다른 성에 대하여 인정하도록 장려하기보다는 오히려 방해한다.[314] 이것은 동시에 남성의 자기 우월성을 의미한다.[315]

결론적으로 여성성은 남성이 경험되지 말아야 하는 것이다. 여성성은 남성이 거울에 비친 반대편의 상으로 정의 될 수 있으며, 한 편은 이상적이고 다른 반대편은 평가 절하된 하나의 대립적인 한 면이 될 수 있다. 따라서 여성성이란 어머니로부터 도망가려고 할 때 남아가 싫어하는 모든 부분이다.[316] 이러한 상황은 올리버(C. Oliver)에 의하면 아들은 부재한 아버지를 위해 대리가 되는 것으로 위협받을 수 있으며, 어머니는 그녀의 결핍을 보상해야 하는 것으로 강화된다.[317] 이러한 방법으로 이상적이면서도 평가절하된 얽힌 어머니의 특성이 강화된다. 따라서 남성적인 부성이 우연히 독립성, 자유, 이성, 성장, 성숙, 그리고 무엇보다도 구별과 분리와 같은 문화적 가치로 상징화된 것은 아니다. 남성성에 대한 이러한 가치의 연상은 여성주의 정신분석학적 관점에서 볼 때 성의 정체성과 세계관이 장시간 큰 영향을 미치고 결정짓는 남성의 아동기에 형성된 심리발달에 근거한다.

그렇다면 여성성의 발달은 어떠한가? 여아의 발달은 어머니-딸 관계가 어머니-아들관계와는 반대로 유사성에 의해 이루어진다. 어머니는 동성의 여아를 자기 자신의 확장으로 경험하며, 딸을 자신과 다른 존재나 독립체로 여기지 않는다. 어머니는 오히려 자신과 하나로서 연속적인 감정을 가질 수 있다.[318] 그러나 어머니는 딸과 강하게 동일시하며, 딸은 다시 어머니와 강한 일치감을 경험한다. 어머니와의 강한 동일시에 의해 딸은 자기 자신을 펼쳐나가는데 방해가 된다. 딸의 특별한 기회가 동시에 그녀의 문제가 된다. 즉 딸은 아들처럼 오이디푸스 관계의 틀을 거부하지 말아야

314) 위의 책.
315) C. Keller, *Penelope verlaesst Odysseus*, 183.
316) J. Benjamin, *Die Fesseln der Liebe*, 163.
317) Christiane Olivier, *Jokastes Kinder. Die Psyche der Frau im Schatten der Mutter*, Muenchen 1989, 58.
318) N. Chodorow, *Das Erbe der Muetter*, 143.

하며, 그것으로 인하여 관계적이고, 적응력이 강하고, 복합적인 자기정체성을 발달시킬 수 있게 된다. 아버지에 대한 후기 관계는 어머니와의 단절을 가져오지 않으며, 오히려 밀착하여 어머니와의 관계로 접어 들어가며 딸의 관계적 세계를 확장시킨다.

동시에 딸은 어머니와 구별하고, 거리를 두며, 충분한 독립성을 갖고 발달하는데 어려움을 갖게 된다. 그러므로 밀접한 어머니-딸의 관계는 딸의 자의식을 질식시킬 수 있다. 어머니 스스로 자기애로 상처를 받고 자신의 결핍 때문에 딸에 대한 거짓 동정을 가짐으로서 딸의 불분명한 자의식은 더해진다. 그렇게 되면 딸은 계속적으로 어머니의 요구에 맞추어지게 되며, 감정적으로 어머니 마음대로 처리될 위험성이 있다. 부재한 아버지는 이러한 이중적인 구조를 해결하기 위해 정서적으로 충분한 도움을 주지 못한다. 로데 다흐저(Christa Rohde-Dachser)에 의하면 부재한 아버지는 아들과 마찬가지로 딸로부터도 이상화되며, 어머니와 아이의 이중적인 모습은 딸에게서와 마찬가지로 아들에게도 어머니에 대한 죄책감으로 이끈다. 그것은 어머니가 자녀양육의 책임을 떠맡고 아버지는 거기서 벗어나므로 어린아이의 실망과 무기력의 경험이 항상 어머니상과 연결되기 때문이다.[319)]

이와 같이 성 정체에 대한 발달심리학적인 해석으로부터 알 수 있는 중요한 결론은 남성성처럼 어머니와 아버지와의 초기 어린 시절 경험에 근거한 여성성은 성인의 삶 속에서도 세상과의 연대감과 관계 지향적으로 나타날 수 있으며, 동시에 분리에는 약하다는 것이다. 분리와 개별화는 여성성의 문제영역으로 남아 있으며, 그것과 반대로 모성화의 능력과 관계의 집중은 여성에게 이미 일어나고 있는 것이다. 이와는 반대로 남성의 정체성은 여성적인 모성성으로부터 이탈하려는 것으로 규정되어지며 독립과 분리에 대한 욕구로 나타난다. 따라서 남성들은 원초적으로 개별화와 분리자로 이해한다. 따라서 쵸도로우는 여성의 원초적인 자기감정은 세상과의 연대성이며 남성의 원초적인 자기감정은 분리라고 설명한다.[320)]

---

319) Ch. Rohde-Dachser, *Expeditionen in den dunklen Kontinent*, 259.

그러므로 초기 아동의 경험은 남성성과 여성성을 구분하게 했으며, 그것으로부터 성 역할 고정관념이 형성되며, 관계의 능력과 관계의 틀이라는 결론이 나온다.[321)]

그러므로 쵸도로우는 처음부터 어린아이가 양쪽성에 의해 양육되어진다면 양쪽 부모의 관계 속에서 자기에 대한 개인적인 감정을 발달시킬 수 있다고 강조한다. "이러한 방법으로 남성성은 의존을 거부하고 여성을 비하하는 것으로 연결되지 않게 될 것이며, 여성의 인격은 개별화의 문제에 어려움을 겪지 않게 될 것이며, 아이들은 모성성에 대한 전권에 두려움을 갖지 않게 될 것이며, 여성에게 유일한 자신의 과업의 능력을 기대하지 않아도 될 것이다"[322)] 그러나 문제는 이미 여성과 남성의 구별화로 양육되어진 사람들에게 변화의 가능성이 얼마나 되는지에 관해서는 불분명하다. 그렇다면 이미 남성과 여성이라는 성 역할 고정관념으로 양육되어진 사람들을 변화시킬 수 있는 가능성은 없을까? 그 가능성을 융의 아니마와 아니무스의 원리에서 찾아보기로 한다.

## 3. 융의 아니마(Anima)와 아니무스(Animus)의 이해에서 본 성 정체감

융의 이론은 근본적으로 양극성의 원리와 대립의 조정의 원리에 의해 이루어진다. 이것은 의식과 무의식의 양극성과 자아 콤플렉스와 자기, 외부세계인 페르소나(Persona)와 그림자(Schatten) 사이에서 일어나는 대립갈등, 심리학적인 관점에서 외향성(Extraversion)과 내향성(Intraversion)의 대립, 의식화된 자아와 무의식화 된 반대 성에 대한 영적인 부분인 아니마(Anima)와 아니무스(Animus)의 긴장으로 표현되고 있다. 즉 외향적으로 남성적인 특성을 가진 사람은 무의식 속에 여성적인 아니마를 가지고 있는 반면에 외형적으로 여성적인 특성을 가진 사람은 무의식 속에 남성

320) N. Chodorow, *Das Erbe der Muetter*, 220.
321) 위의 책.
322) N. Chodorow, *Das Erbe der Muetter*, 280.

적인 아니무스를 갖고 있다는 것이다.[323)]

융에게 있어서 아니마와 아니무스는 여성성과 남성성의 근본적인 원형이며, 여성적 특성을 에로스(eros) 원리로 남성적 특성을 로고스(logos)의 원리로 융은 설명한다. 원형은 정신분석 심리학의 주요 개념인데 정신의 선험적인 구조로서 상을 형성하며, 융은 이러한 근원적인 상은 집단적이라고 말하고 있다. 즉 그것은 영적인 경험의 근본적인 형태로서 여러 민족과 시대에 걸쳐 이루어진 공통적인 것이다. 인간의 삶 속에서 항상 다시 형성되고 꿈과 신화와 동화, 그리고 이미지로 나타나는 보편적인 전형과 관계, 그리고 경험들이 이러한 원형에 표현되어진다.

그러므로 아니마와 아니무스라는 원형은 사회적으로 형성된 각 성의 반대 측 면이다. 그러나 그것들은 원형적으로 이해되기보다는 오히려 전형적인 가부장적으로 이해된 남성성과 여성성의 의미가 내포되어 있다. 여성학적인 관점에서 볼 때 융의 이론은 가부장적인 역할의 인습적인 사고로 인한 것이며, 아니마와 진정한 여성과 관련하여 여성성을 평가절하하고 미화시키는데 머물러 있다고 도스트(B. Dorst)는 비판한다.[324)]

융은 단지 남성성만, 또는 여성성만의 거리를 취하고 여성과 남성의 그림자에 집중하여 각각의 "열등성"을 드러내고 있을 뿐이다. 그의 논리에 의하면 남성에게 존재하는 발전되지 못한 불완전한 여성성은 여성에게 뚜렷하게 나타나는 비논리성과 비합리성, 그리고 민감성으로서 무절제하고, 지배력이 약하고, 사려가 없고, 감정적이며, 직관적이어서 결국에는 악마와 같을 수 있다는 것이다.[325)] 또 다른 측면으로는 무의식 속에 자리잡고 있는 여성성의 집단적인 모습은 영혼 인도자와 빛의 천사로서 나타내지기도 한다. 여성상으로서 아니마에 대한 설명은 가부장적인 가치관에서 규정한 두려움, 평가절하, 존경, 그리고 이상화로 여성성을 내포하고 있다.[326)]

---

323) C. G. Jung, *Gesammelte Werke*, Walter, Olten 1971-1990.
324) B. Dorst, "C. G. Jung und die feministische Kritik" in: *Du*, 1995, H. 8, 74-80.
325) C. G. Jung, *Gesammelte Werke*, Bd. 10, 150.
326) B. Dorst, "C. G. Jung und die feministische Kritik", 178.

그와는 반대로 여성에게 있는 무의식의 남성성을 융은 로고스의 원리라고 하는데 그것은 아버지로부터 파생된 것이다. 그러므로 융에 의하면 아니무스는 불완전한 로고스의 원리로서 발전되지 못한 남성성으로서 경직되고, 투쟁적이며, 세계 개혁적인 행동을 하며, 무분별한 주장과 생각을 갖는 것으로 묘사된다. 이러한 융의 아니무스는 아버지 콤플렉스에서 온 것이라고 카스트(V. Kast)는 주장하고 있다.[327] 그러므로 아니무스는 순수한 원형이 아니라 단지 역설적인 방법으로 여성에게 있다고 생각하는 사회적으로 조건화된 남성의 콤플렉스라고 할 수 있다.

아니마로 규정된, 즉 여성적으로 보완된 남성의 정체성과 아니무스, 즉 남성적으로 규정된 여성의 무의식적인 면이 불필요하게 경계선을 이루는 융의 이론과 프로이드의 발달 심리측면에서의 여성과 남성 이해는 성 역할 고정관념을 더욱 확고히 할뿐만 아니라 여성들에게 자신을 표현하지 못하고 무조건적인 인내와 희생을 요구하는 착한 콤플렉스와 자아상실감과 모성의 이중적인 갈등을 심화시킬 뿐이다. 무엇 때문에 각각 무의식적이고 발달되지 않은 심리적인 면을 꼭 다른 성으로 규정해야만 하는가? 여성에게 아니마는 존재하지 않을까? 아니마와 아니무스가 융이 이해한 것처럼 다른 성의 무의식에 존재하고 있는 것으로 한 쪽으로 치우친 것이 아닌 원형의 힘으로서 이해되어진다면 오늘날 남성의 무의식의 영역에서가 아니라 여성을 위한 아니마의 의미에 대한 질적인 차원의 물음이 제기된다. 여성을 상징하는 긍정적인 아니마는 무엇일까?

## 4. 새로운 여성성의 이해: 여성의 원형으로서 아니마와 긍정적인 아니무스의 활성화

우리는 남성 중심의 가부장적인 성 역할 고정관념과 이분법적으로 분리된 사고로 이해된 여성성과 남성성을 극복하고 하나님의 형상대로 지

---

327) V. Kast, *Vater-Toetter-Mutter-Soehne. Wege zur eigenen Identitaet aus Vater- und Mutterkomplexen*, Stuttgart 1994.

음 받은 여성과 남성으로서 동등한 위치와 긍정적인 차원의 여성성의 가능성을 융의 아니마와 아니무스에 대한 새로운 이해를 통해 찾아보면 다음과 같다.

첫째, 여성과 남성 모두에게 함께 내재해 있는 아니마와 아니무스를 긍정적이고 창조적인 가능성으로 활성화시키는 것이다. 원형으로서 아니마와 아니무스는 남성과 여성으로 구별될 수 있을 뿐만 아니라 오히려 그것은 남성과 여성 모두의 무의식에서 찾을 수 있다고 카스트는 강조하며, 또한 모든 인간에게 주어지는 인식을 남성적이고 여성적인 것으로 결정하는 것을 금하고 있다.[328] 남성과 여성 모두에게 의식에서처럼 무의식에서도 오히려 아니마와 아니무스가 모두 함께 공존해 있으며, 서로 논쟁적으로 서로 온전성의 상징으로 나타나는 경향이 있다. 이러한 서로간의 관계의 내적인 경험에서 자기인식이 자아와는 반대로 성장한다.

도스트(B. Dorst) 또한 지나치게 대립적으로 강조하는 남성과 여성에게 있는 서로 다른 성의 부분에 대한 융의 이론을 비판한다. 근본적으로는 서로 연관성을 가지고 있는데, 서로를 제외시키는 이러한 대립적인 사고는 항상 여성성을 차별화 하는 경향이 있다는 것이다.[329] 도스트는 융의 여성성에 대한 사고는 순수한 여성의 능력이 아니라 아버지와 남성들의 사고와 논리에 의해 형성된 결과라는 것이라고 비판하고 있다. 그녀에 의하면 여성적인 영은 그것과는 반대로 "내적인 경험과 여성적인 지혜, 진실의 노력, 자립적인 새로운 사고에 대한 영적인 힘"[330]일 수 가 있다. 그러나 융에게 있어서 여성성은 그러한 가치로 여기지 않고 남성적인 투입으로서 가치를 부여한다. 도스트에 의하면 융의 심리학은 "여성을 내적으로 식민지화하며, 가부장제를 통해 나타나는 삶의 조건들 속에서 여성성이 특별하게 망가지며, 또한 남성성이 훼손되고 있는 사실을 모르고 있다"[331]는 것이다 . 남성성과 여성성의 구별을 지나치게 강조하는 가운데

---

328) V. Kast, "Weibliche Werte im Umbruch. Konsequenzen fuer die Partnerschaft", in: *Analystische Psychologie* 10 (1979), 133-151

329) B. Dorst, "C. G. Jung und die feministische Kritik", 75이하.

330) 위의 책

융은 "느끼는 사고, 사고하는 감정, 사랑, 그리고 통일체로서 영과 육"으로 다가갈 수 없는 이것 아니면 저것이라는 가부장적인 사고 틀 속에 머물러 있는 것이다. 그러므로 여성성에 대한 새로운 이해는 여성들이 남성보다 그들의 사고가 자명하지 못하다고 생각하고 열등하며, 감정을 느끼는 것이 여성성의 특성이라는 사실과는 상반되는 것이다.

그러므로 노이만(Erich Neumann)은 여성의 심리를 문화적 관점에서 이해한다. 지금까지 문화가 일방적으로 가부장적인 가치체계를 받아들였으므로 다른 측면에서 다른 종류의 여성적인 심리를 근본적으로 알지 못하는 결과를 낳았다는 것이다. 남성의 무의식에 있는 여성성과 여성의 무의식에 있는 남성성을 수용한 융과 관련하여 노이만은 여성들이 남성의 발달과정과는 완전히 다르다는 것을 안다면 여성들은 자신들에 대한 완전한 이해를 스스로 하게 된다고 생각한다.[332] 따라서 노이만은 여성성의 현상보다는 포괄적인 문화 치료가 필요하다고 강조하고 있다. 그는 여성의 모델을 선입견화 된 여성적 존재의 틀로부터 벗어나 남성의 세계의 고통과 경험을 통해, 즉 차이의 고통과 경험을 통하여 독자적인 여성성에 도달하는 것이다. 폰 프란쯔(von Franz)는 여성을 위한 아니무스가 긍정적인 것이어야 한다고 강조하는데, 그것은 여성에게 기업정신과 용기, 그리고 영적인 깊이를 가져올 수 있는 것이다.[333] 따라서 일반적으로 부정적인 이미지 - 아버지 콤플렉스로 여성의 무의식에 내재해 있는 아니무스의 모습보다는 여성적인 인식에 신중성과 침착성, 통찰성, 그리고 주체성을 가능케 하는 아니무스의 긍정적인 면을 살리는 것이 무엇보다도 필요할 것이다. 그것은 무의식에 있는 긍정적이고 창조적인 것을 개발하는 것이다. 따라서 때때로 삶을 방해하는 부모 콤플렉스로부터 분리된 아니마와 아니무스의 기능이 필요하다.

---

331) 위의 책, 76.

332) E. Neumann, *Die grosse Mutter. Eine Phaenomenologie der weiblichen Gestaltungen des Unbewussten*, Olten 1985 (Sonderausgabe).

333) M.-L. von Franz, "Der Individuationsprozess", in: *Der Mensch und seine Symbole*, Olten 1968, 195.

둘째, 여성에게 내재해 있는 여성의 원형으로서의 긍정적인 아니마를 발견하는 것이다. 카스트는 그의 책 “Paare - wie Gotter sich in Menshen spiegeln"(1984)[334]에서 언급했듯이 아니무스와 아니마를 원형으로 정의 내릴 때 각각의 정의는 성을 결정할 수 있을 뿐만 아니라 그 원형들은 집단 무의식의 표현으로서 모든 인간에게 있는 공유재산이다. 여성에게 있는 생명적이고 내적으로 충만을 상징하는 원형으로서 아니마는 남성에게 나타나는 것과 다른 것이 아니며, 여성에게 내재해 있는 여성성을 오히려 내적으로 충만케 하는 것이 근본적으로 중요하다는 것이다. 오늘날 여성들은 사회적으로나 가정적으로 남성과 다르지 않게, 그리고 융의 시대의 여성들과는 다르게 교육을 받고 있다. 여기서 중요한 것은 여성의 정신에 내재해 있는 무의식적인 여성의 가능성이다. 그것은 일반적으로 환상과 욕망으로 연관하여 생각해 온 것으로서 카스트는 그림자의 개념으로 상대방의 성의 한 부분으로서 생각해 왔던 융의 이론을 거부하고 있다. 왜냐하면 그것은 영혼의 한 부분이지 전체를 의미하는 것은 아니기 때문에 카스트는 무의식에 내재해 있는 여성의 가능성을 아니마의 모든 특성으로 이해한다.

빈스웡어(H. Binswanger) 또한 여성들의 무의식에는 남성적인 면보다는 여성성이 더 깊게 숨겨져 있다고 강조했으며, 여성에게 원초적으로 남성적인 기질이 있다는 융의 이론에 대하여 처음으로 문제제기를 하였다.[335] 빈스웡어는 남성적이고 여성적인 원리가 서로 연관성을 지니고 있다는 것과 남성적이고 여성적인 것의 상호작용의 중요성을 제시했다. 그녀는 아니무스에 대한 부정적인 단정을 사회적인 논리의 결과로 이해했다.

조금 더 구체적으로 린다 레온하트(Linda Leonhardt) "상처 입은 아버지-딸의 관계(verwundeten Vater-Tochter-Beziehung)"[336]의 부정적으로

---

334) V. Kast, *Paare. Beziehungsphantasien oder wie Goetter sich in Menschen spiegeln*, Kreuz, Stuttgart 1984.
335) G. Binswanger, *Positive Aspects of the Animus,* Spring, Thalwil 1963, 82-101.
336) L. S. Leonhardt, *Toechter und Vaetter, Koesel*, Muenchen 1985, 31

묘사된 아니무스에 대하여 논하였는데 그 관계는 개인적인 관계뿐만 아니라, 선생, 교수, 치료자, 그리고 아버지 하나님이 속해 있는 집단적인 영역에서 아버지 관계를 의미한다. 남성성을 무비판적으로 적용하는 것은 여성에게 자기소외와 자신에게 있는 남성적인 면에 대하여 부정적으로 생각하게 한다: "여성성의 가치를 절하하는 가부장적이며 권위주의적인 태도가 지배하는 곳이면 어디서든 딸들이 자신의 존재로 독창적으로 살아가는 것을 거절하는 집단적인 아버지에 의해 여성들이 억압당하는 것을 볼 수 있다."[337)]

여성의 무의식의 세계에 여성성과 남성성이 함께 공존해 있다는 카스트의 이론과 함께 상처 입은 아버지와 딸의 관계를 구출하는 것은 여성 자신에게 내재되어 있는 여성성을 발견하는 것으로 이루어 질 수 있다. 그러므로 푸엘라(Puella)와 아니마(Anima)는 여성의 영혼에 있는 여성적인 표상일 수 있는데, 그것은 아버지로부터 벗어날 수 있는 고통에 대한 보호로서 아버지의 태도에 따라 딸에게서 발전될 수 있는 것이다.

그렇다면 여성에게 내재해 있는 여성성의 원형인 아니마는 무엇을 상징하는가? 그것은 생명을 부여하는 관계성이다. 융에게 있어서 아니마는 남성에게 있는 무의식적인 여성성뿐만 아니라 매우 포괄적인 의미를 담고 있다. 그에게 아니마는 의식과 생명체, 그리고 다른 사람과의 사랑하는 관계를 일으키는 살아 있는 것의 원형이다. 아니마는 여신, 어머니, 딸의 전형이며, 사랑하는 사람, 자매, 소피아, 동정녀, 그리고 나이든 성숙한 인격의 여인 등이다. 그러므로 "아니마는 관계의 기능을 상징한다."[338)] 여성적인 능력을 원래 잉태하고 생명을 부여하고 삶의 관계에로 보호하고 보살피는 것으로 연결시킨다면 아니마는 넓은 의미의 사랑하는 관계의 에로스적 원리로서 생명과 연관된 모든 힘을 의미한다. 생명은 관계 안에서 가능한 것이다.

---

337) 위의 책.
338) C. G. Jung, *Briefe III*(1956-1961), Walter, Olten 1973, 139.

비크하우져 외리(S. Birkhauser-Oeri)에 의하면 이러한 관계형성의 의미로서 아니마는 또한 여성에게도 의식하지 못하고 있고 체험되지 않는 부분이다. "여성은 오랫동안 자신도 인식하지 못하고 있던 무의식에 깔린 여성 본연의 초인격적인 형태와 접촉하는 것이다. 오랜 역사 속에서 문화적인 발달이 이러한 원리의 관계를 포기하도록 여성들을 억압해 왔다."[339] 이제는 여성들이 이러한 관계를 다시 받아들이고 스스로 인식해야 할 때가 온 것 같다. 즉 여성을 위한 여성의 의미를 관계성을 통하여 새롭게 인식해야 할 것이다.

이러한 관계성을 통한 여성을 위한 여성의 의미를 카스트는 어머니와 어머니 원형의 의미, 그리고 딸을 위한 긍정적인 어머니 콤플렉스의 의미로 설명한다. 무엇보다도 딸을 위한 긍정적인 어머니 콤플렉스의 의미를 딸들의 청소년 발달 속에서 이해했는데, 그의 책 "Vater - Toechter - Muetter - Soehne"[340]에서 그녀는 딸에 대한 어머니의 관계의 원초적이고 대단한 의미 - 쵸도로(Chodorow)와 유사한 - 를 부여하고 있다. 딸에게 있어서 중요한 것은 어머니와는 분명히 구분을 하고, 어머니와는 반대로 자신의 것을 내놓는 것이다. 그러나 그것은 "상징적인 어머니 살인(symbolischen Muttermord)"은 절대 아니며, 또한 가부장적인 색채를 띤, 즉 남성적인 로고스의 세상을 창조하는 해방의 행위로 어머니 살인을 표현하는 융의 신화적인 의미도 아니다. 카스트는 무엇보다도 융의 심리학에서 소위 긍정적인 어머니 콤플렉스의 심리학적인 중요성과 영적인 차원을 발견하였는데, 그것은 남성이 경험한 것과 같이 여성들도 경험하는 초기 어머니 관계에서 이루어지는 매우 긍정적인 의미의 '관계'와 '보살핌'[341]의 능력이다.

---

339) S. Birkhaeuser-Oere, *Die Mutter im Maerchen*, Bonz, Waiblingen 1977, 291-292.

340) V. Kast, *Vater-Toechter-Mutter-Soehne*, 102.

341) 이러한 관점에서 길리간(C. Gilligan)은 각 성의 서로 다른 도덕성에 관하여 경험적인 연구에서 그녀가 발견한 성 차이의 인지구조와 각 성의 특별한 사고방법을 발달 심리학적인 관점으로 설명하는데 남성의 도덕성은 초기 아동기의 불평등과 구속의 경험으로 인하여 오히려 정의에 대한 추상적이고 원리적인 가치에 의해 형성되며, 그것과는 반대로 여성의 도덕성은 오히려 공감과 돌봄의 가치로 이루어진다.Carol Gilligan, *In a different*

따라서 아니마와 아니무스를 보편타당한 원형으로 보는 논리로부터 벗어나 근본적으로 반대되는 것들의 원형을 살펴보아야 할 것이다. 그 원형에 대한 문화적인 관습이 콤플렉스 의미에서 지금까지 아니마와 아니무스의 의미를 설명해 왔는데 이제는 여성에게 있는 남성적인 면의 통합은 여성성과의 관계 속에서만이 가능하다.[342] 즉 부정적인 아니무스 콤플렉스를 제거하고 여성성의 가치를 새롭게 살리는 것이다. 그것은 가부장적인 생각으로부터 해방된 여성의 "모성적인 아니마(matriarchale Anima)"이다. 그것은 "모성적인 지혜(matriarchale Weisheit)"와 같은 의미이거나 "여성의 열정적인 특성", 또는 관계의 능력의 원형으로서 아니마이다. 그리고 가부장적인 형태의 것과는 대조적인 모성적인 아니마는 남성에게서와 마찬가지로 여성의 영적인 깊은 시야를 의미한다. 여성성에서 자기를 찾아가는데 있어서 여성에게 어려운 것은 개인적으로 뿐만 아니라 집단적으로 특히 마녀박해 시대 이후 여성들의 집단적인 정신적 충격을 나타내 주고 있는 깊이 뿌리박힌 추방에 대한 두려움이다. 이제 여성 스스로 그 추방에 대한 두려움으로부터 벗어날 때가 온 것이다. 그렇다면 여성에게 존재하는 진정한 여성성을 통하여 할 수 있는 일이 무엇일까?

## 5. 기독교 여성으로서 역할과 과제

지금까지 여성주의 분석심리학적 관점에서 새로운 여성성을 살펴보았는데, 그 새로운 여성성이란 여성의 무의식에 내재해 있는 아니무스를 긍정적인 차원으로 활성화시키고, 여성에게 내재해 있는 긍정적인 아니마를 적극 개발하는 것이다. 즉 그것은 진취적이고 능동적이며, 이성적이며 논

---

*Voice. Psychological Theory and Women's Development*. Cambridge, MA, 1982; C. Gilligan, *Die Kontroverse um eine geschlechtsspzofosche Ethik*. Frankfurt a. M./New York 1991, 79-100.

342) P. Young-Eisendraht/F. Wiedemann, *Female authority*, Guilford, New York 1987.

리적인, 그리고 주체적인 긍정적인 의미의 아니무스와 생명을 부여하며, 보살피는 관계의 능력, 그리고 같은 여성으로서 어머니와 딸의 관계성을 활성화시킬 수 있는 모성적 아니마이다. 이러한 긍정적인 차원의 양성적인 여성성에 근거하여 여성을 위해 할 수 있는 일을 - "여성간의 상호 관계성 회복"과 "주체적 자기발견"을 성서에 나타난 두 이야기 - 룻과 나오미, 하갈에서 찾아보기로 한다.

1) 여성간의 상호 관계성[343] 회복

여성운동의 이론과 실제를 통해 여성들은 다른 성과의 상반성으로부터, 그리고 여성 자신의 실제적인 관심보다 남편에게 집중된 관심으로부터 해방되었다. 남성으로부터의 독립은 여성에 대한 다른 이해를 가능케 했다. 여성운동의 가장 중요한 소득은 여성간의 관계성을 다시 발견하는 것이다. 이것은 여성에게도 내재해 있는 가부장적인 사고로부터 해방된, 그리고 생명을 부여하는 관계성으로 상징하는 모성적인 아니마이다. 이러한 아니마의 특성은 여러 형태로 표현될 수 있는데 여기서 강조하고 싶은 것은 특히 가부장적이며 권위적인 부정적인 아니무스에 의한 상처 입은 아버지-딸의 관계가 아니라 인생발달 초기과정에서 경험하는 어머니와 딸의 상호 관계성 속에서의 연대감이다. 그것은 어머니의 삶을 답습하는 것이 아니라 어머니와는 분명히 구분을 하고 딸이 자신의 삶을 살아가도록 돕는 상호작용이다.

여성의 정체성을 위한 이러한 여성관계의 의미 발견은 세대 간뿐만 아니라 자기세대에서의 여성관계를 포함한다. 이러한 새로운 관계를 위한 용어로 이탈리아 여성학자는 '아피다멘또(affidamento)'라고 표현하고 있

343) 여성간의 상호관계적 연대성에 대하여 '자매'관계구조로 설명한 다음 논문을 참조하시오: 신명숙, "탈가부장적 목회상담의 상황화", 「신학사상」 105 (1999/여름), 한국신학연구소, 210-214. 저자는 탈가부장적 목회상담의 가능성을 '어머니'관계구조로서 모성적 상담과 '자매' 관계구조로서 동반자적 연대감을 제시하고 있는데 이 두 구조는 여성의 원형으로서의 긍정적인 아니마를 활성화한 것이다.

다.[344] 그 말은 여성 상호간의 신뢰적인 관계, 또는 여성 상호간의 신뢰라는 의미를 담고 있다. '아피다멘또(affidamento)'는 동시에 여성들의 연대적인 정치적 행위를 위한 힘이다.

'아피다멘또(affidamento)'의 내용은 '가치'이다. 여성들이 상징적인 차원에서 서로간의 가치를 인정해주고 가치를 반영해주는 것이다. 젊은 여성들은 자신들에게서 상징적으로 여성의 가치를 찾을 수 있기 위하여 모델로서 나이 든 인격적으로 성숙된 여성이 필요하다. 모성성의 좋은 관계는 생명을 위한 근본 관계와 여성의 성과 여성이라는 자기긍정의 관계와 연관되어 있다. 가부장적인 삶의 조건 속에서 부정적인 감정과 좌절, 상처, 그리고 거절과 미움으로 둘러싸인 어머니와 딸 사이의 망가진 관계는 여성치료에서 중요한 주제가 되고 있다. '아피다멘또(affidamento)' 속에서 여성을 위해 수정된 새로운 경험이 가능하며, 서로 상호간의 사랑스러운 관계의 원리로서 아니마의 원형적인 힘을 펼칠 수 있을 것이다.

특히 구약성서에 나오는 두 여인, 나오미와 룻의 이야기[345]에서 우리는 아피다멘또의 실례를 볼 수 있으며, 아니마의 속성인 깊은 연대성과 상호 관계성을 통해 새로운 삶을 개척하는 여성의 가능성을 찾아보게 된다. 남편과 두 아들과 함께 모압 땅으로 이주해 간 나오미는 그곳에서 남편과 두 아들의 죽음을 경험한다. 나오미는 그녀의 고향 땅인 베들레헴으로 다시 돌아가려고 결심하면서 과부가 된 모압의 여인인 두 며느리와 함께 모압 땅을 떠난다. 그러나 길을 가다가 시어머니 나오미는 두 며느리에게 친정으로 돌아갈 것을 권유한다:

"너희는 제각기 친정으로 돌아가거라. 너희가, 죽은 너희의 남편들과 나를 한결 같이 사랑하여 주었으니, 주께서도 너희에게 그렇게 해주시기

---

344) Librerian della donne di Milano, *Wie weibliche Freiheit entsteht. Eine politische Praxis*, Orlanda, Berlin 1988.

345) 나오미와 룻에 대한 구약학적 해석은 다음을 참조하시오: 민영진, 『이방 여인 룻 이야기』 (서울: 한국신학연구소, 2000); 이경숙, 『구약성서의 여성들』 (서울: 대한기독교서회, 1994), 90-103.

를 빈다. 너희가 각각 새 남편을 만나 행복한 가정을 이루도록, 주께서 돌보아 주시기를 바란다."(룻1:8-9)

나오미는 지금까지 남편 없이 살아온 자신의 처지를 생각하면서 같은 길을 걷게 될, 그것도 자신은 자식이라도 있었지만 자식도 없이 과부로 살아가게 될 두 며느리의 상황이 안타까왔을 것이다. 그러나 며느리들은 목 놓아 울면서 헤어지지 않겠다고 말한다. 나오미는 외국인 며느리들이 남편의 나라에 가서 겪을 온갖 고난을 예측하고, 동시에 나오미는 자신의 처지로서는 그 당시에 있던 시형제 결혼제도도 불가능하다는 것을 강조하면서 다시 한 번 며느리들에게 돌아갈 것을 강권 한다:

"너희가, 그것들이 클 때까지 기다릴 셈이냐? 그 때까지 재혼도 하지 않고, 홀로들 지내겠다는 말이냐? 아서라, 내 딸들아. 너희들 처지를 생각하니, 내 마음이 너무나 괴롭구나. 주께서 손으로 나를 치신 것이 분명하다."(룻1:13)

울면서 통곡하는 두 며느리, 그 며느리들의 처지를 생각하며 마음 아파하며 두 며느리를 자신과 같은 처지에서 고생시키지 않으려는 시어머니에게서 우리는 젊은 나이에 과부가 된 며느리들이 역시 과부인 그들의 시어머니에게 보여 주는 동병상련과 낯선 백성으로서 모압 땅에서 힘들게 적응하면서 살아온 과부 시어머니의 아픔을 똑같이 겪지 않게 하려는 시어머니의 깊은 연대감을 찾을 수 있다.

마침내 한 며느리와는 이별을 했으나 룻은 시어머니 나오미를 떠나려 하지 않고 친정으로 돌아가는 것 보다 시어머니 곁에 남아서 시어머니의 고향인 낯선 유다 땅으로 함께 갈 것을 고집한다. 그래서 룻은 나오미에게 이렇게 말한다:

"나더러, 어머님 곁을 떠나라거나, 어머님을 뒤따르지 말고 돌아가라고는 강요하지 마십시오. 어머님이 가시는 곳에 나도 가고, 어머님이 머무르시는 곳에 나도 머무르겠습니다. 어머님의 겨레가 내 겨레이고, 어머님의 하나님이 내 하나님입니다."(룻1:16)

서로 다른 민족이면서 서로 다른 세대, 그리고 시어머니와 며느리 관계인 두 여인은 같은 처지의 같은 여성이라는 이유로 서로 의지하며 살아가는 운명공동체를 형성하게 된다.

그러나 시어머니 나오미와 며느리 룻은 같은 운명공동체로 삶을 시작하지만 시어머니는 자신이 살아온 삶과는 다르게 적극적으로 며느리의 새로운 삶을 위해 돕는다. 며느리 룻은 보아스의 밭에서 일한 후에 일일이 시어머니 나오미에게 그곳에서 일어난 일을 이야기하고 시어머니는 그런 룻을 시기하거나 야단을 치기보다는 새로운 삶을 살도록 적극적으로 방법을 제시하면서 룻이 자신의 삶을 개척하도록 인도하고 있다(룻3:3-5;16-18). 그러한 시어머니의 적극적인 도움으로 룻은 보아스와 새로운 삶을 시작하게 되고 다윗의 조상인 엘리멜렉의 가문을 잇게 됨으로써 아들 일곱보다 더 나은 며느리가 된다.

여기서 우리가 주목할 것은 시어머니 나오미는 자신이 살아 온 아픔을 며느리가 똑같은 경험을 하도록 요구한 것이 아니라 같은 여성으로서 며느리들이 스스로 자신의 삶을 개척해서 시어머니 자신과는 다른 삶을 살아가기를 원했다는 것이다. 그러한 사실을 우리는 1) 며느리들이 과부로서 낯선 땅에서 적응하기 위해 힘들게 살기보다는 며느리들의 고향으로 다시 돌아가기를 시어머니가 권유했다는 것과, 또한 2) 시어머니를 떠나지 않고 함께 시어머니의 고향 베들레헴으로 동행한 며느리 룻이 보아스와 결혼하여 새로운 삶을 살아가도록 적극적으로 개입한 사실을 통해서 분명히 알 수 있다.[346] 같은 여성으로서의 고통을 함께 극복하려는 나오미와 룻의 깊은 삶의 의지와 여성과 여성으로서 세대는 다르지만 비슷한 처지의 동반자로서 상호 관계성과 연대성을 통해 도움을 주는 상담의

---

346) 이경숙, 『구약성서의 여성들』, 100.

틀을 찾아 볼 수 있다. 이러한 나오미와 룻과의 상호관계적 연대성을 통한 삶의 극복은 여성적 관계의 모델과 여성을 위한 여성의 의미가 여성을 위한 기독교 상담의 핵심이라는 사실을 더욱 분명하게 한다.

여성은 인격적인 발달과 성숙을 위하여, 그리고 삶의 형태와 삶의 질을 위하여 여성과의 관계의 여러 형태의 망이 필요하다. 여성들은 여성에게 직업과 자녀양육, 그리고 가족과 가정살림 등 이중 또는 삼중의 역할의 요구 속에서 복잡한 삶을 가능케 하는 사회적인 네트워크를 형성한다. 여성친구가 삶의 동반자로서 자주 변하는 남성동반자와의 관계보다 더 안정되고 신뢰성 있다는 사실이 이미 오래 전부터 집단적으로 의식하지 못한 채 알려진 사실이다. 성서의 나오미와 룻과의 관계에서뿐만 아니라 지금까지 인간의 역사 속에서 어머니와 딸과 평생 동안 이어지는 친구와 같이, 긍정적인 관계를 형성하는 연대성을 찾아볼 수 있다.[347] 여성과의 신뢰적인 관계는 초기 아동기와 후기에 관계된 여성, 즉 어머니나 할머니, 자매 또는 여 선생님과의 신뢰의 경험에 근거한다. 이것은 남성이 분리나 독립을 통해 자아정체감을 형성해 가는 반면 여성에게 내재해 있는 아니마의 긍정적인 차원인 관계성을 통해 여성들이 자아정체감을 형성해 가는 좋은 예라고 할 수 있다. 따라서 비슷한 경험을 하게 되는 같은 여성으로서 긍정적인 차원의 아니마인 상호 관계적인 연대감을 적극적으로 활성화 하는 것은 여성을 위한 또 하나의 가능성이 될 수 있다.

### 2) 주체적 자기발견을 통한 상담 - 능동적이고 주체적인 삶을 향하여

사람은 살아가면서 의식적으로, 무의식적으로 다른 사람과 상호 반응함으로써 상대방에게 자신의 감정을 표출하고, 또한 상대방으로부터 감정적인 반응을 느낀다. 이러한 심리적인 연결을 우리는 인간관계라고 한다. 사람

347)하이트(S. Hite)에 의하면 4500명의 미국여성을 대상으로 조사한 결과 그 중 94%가 최소한 1명의 여성과 친한 관계를 맺고 있으면서 중요한 대상이 되고 있음을 알 수 있다. S. Hite, *Frauen und Liebe*, Scherz, Muenchen 1988.

은 이러한 관계를 통해 얻어지는, 타인이 나에게 보이는 반응과 그들이 보는 나에 대한 인식을 바탕으로 본인 스스로 자기 자신에 대하여 나름대로 판단하게 된다. 즉 인간관계를 통해서 자기를 이해하고 자아정체감(self-identity)을 형성한다. 이러한 인간관계는 긍정적인 방향으로 형성될 수도 있고 부정적으로 형성될 수도 있다. 그러나 여성에 대한 부정적인 고정관념은 많은 여성들로 하여금 스스로 자신감을 잃고 소외감을 느끼게 할 수도 있으며, 자아상실감에 빠지게 되며 억울한 감정이 쌓여 정신적, 육체적 병을 일으킬 수 있는 소위 "한"으로 발전될 수 있다. 이러한 부정적인 자아상이 긍정적으로 변하기 위해서는 여성 내면에 숨겨져 있는 긍정적인 아니무스 - 진취적이며 능동적이며, 독립적이며 주체적인 - 를 발견하고 개발하는 것이다. 이러한 긍정적인 아니무스는 여성으로 하여금 맺혔던 "한"도 풀 수 있는 건강한 자아 정체감을 형성시킨다.

한을 맺히게 하는 부정적인 여성에 대한 고정관념 - 수동적이며, 비논리적이고, 지배력이 약하고, 직관적인, 그리고 남성보다 열등한 - 에서 벗어나 주체적이고, 능동적인 여성에게 내재해 있는 긍정적인 아니무스를 활성화한 여성을 위한 가능성을 어디서 찾을 수 있을까? 그 가능성은 성서에 나타난 하갈의 이야기[348]에서 찾아 볼 수 있는데 하나님은 하갈에게 종으로서의 삶 - 수동적이며, 의존적인 특성을 지닌 여성성 - 에서 독립되고 주체적인 삶의 길 - 능동적이며 주체적이며, 독립적인 긍정적인 아니무스의 특성 - 찾도록 도와주신다. 하갈이 의존적이고 수동적인 삶에서 주체적인 새로운 삶으로 변화되는 하갈의 모습을 구체적으로 살펴보면 다음과 같다.

첫째, 독립되고 주체적인 삶의 길을 찾기 위해 하나님은 우선 현실적으로 자신이 처해 있는 상황을 정확히 파악하고 이해하도록 했다. 구약성서에 나타난 하갈은 사라의 몸종으로서 사라를 대신해 아이를 낳아준 이방인 여인이었다. 이 여인은 자신이 임신한 사실을 알고 교만하여 여주

---

348) 하갈의 이야기에 관한 구약신학적 해석은 다음을 참조하시오: 이경숙, 『구약성서의 여성들』, 9-20.

인을 업신여기게 된다. 이렇게 되자 여주인 사라가 질투심에 몸종 하갈을 학대하게 되자 하갈은 그것을 피해 도망가게 된다. 아마도 이방인으로서, 여성으로서, 그리고 종으로서 천하고 힘없던 하갈이 주인의 아이를 갖게 되자 자신이 종이라는 사실을 망각했는지도 모른다. 그리고 하갈은 주인의 아이를 갖게 됨으로서 자신의 처지가 주인에 의해 바뀌어 질 것이라는 착각에 교만해졌을 것이다.

그러나 주의 천사가 나타나 학대하는 여주인 사라로부터 도망 나온 하갈에게 "어디서 와서 어디로 가는 길이냐" 라고 물으며 하갈에게 종이라는 것과 여주인에게 복종하면서 살아야 할 하갈의 상황을 분명히 상기시키고 있다(창16:8-9). 왜 하나님은 처음부터 하갈에게 독립적인 삶을 살도록 인도하지 않고 여주인에게 돌아가서 복종하면서 살라고 했을까? 그 여인은 자신의 고통의 아픔을 피하고 싶었을 것이다. 여주인의 학대로 그녀는 자신의 결함과 자신의 상처, 자신이 처한 그 모든 것으로부터 도망가고 싶었는지도 모른다. 진정으로 수용하고 받아들이기 힘든 자신의 처절한 모습은 도망하여도, 은폐하려고 해도 여전히 자신이 짊어져야 할 무거운 짐으로 남는다. 그러므로 하나님은 하갈의 독립보다는 우선적으로 자신이 처해 있는 상황을 정확히 바라보고 파악하도록 하는 것이 중요했을 것이다.

그러나 주의 천사를 통해 하나님은 하갈에게 위로를 잊지 않으시며 약속을 하신다. 그리고 하갈이 자신의 상황 - 종이라는 사실과 남성에게 의존해야 하는 여성이라는 것, 그리고 임신한 몸이라는 현실 - 을 받아들이고 다시 여주인에게로 돌아가도록 인도 하신다:

"내가 너에게 많은 자손을 주겠다. 자손이 셀 수도 없을 만큼 불어나게 하겠다."(창16:10)

"너는 임신한 몸이다. 아들을 낳게 될 터이니, 그의 이름을 이스마엘이라고 하여라. 네가 고통가운데서 부르짖는 소리를 주께서 들으셨기 때문이다. 너의 아들은 들나귀처럼 될 것이다. 그는 모든 사람과 싸울 것이고, 모든 사람 또한 그와 싸울 것이다. 그는 자기의 모든 친척을 떠나서 살아가게 될 것이다."(창16:11-12)

자기를 안다는 것은 자신이 현재 어디로 가고 있고, 무엇을 하고 있는지, 그리고 필요한 것이 무엇인가 자신이 처한 상황을 정확히 보는 것이다. 우리는 정확한 자기이해를 바탕으로 자신에게 잘못된 것이 무엇이고 필요한 것이 무엇인지 알게 되어 긍정적인 자아상을 확립해 갈 수 있다. 그러나 자기 자신을 잘 알지 못하고 있기 때문에 많은 어려움에 처하게 된다. 외적인 자기와 내적인 참된 자기인식이 일치되지 못할 때 불안과 우울 등 부정적인 증세가 나타난다. 자신보다는 오히려 타인과 다른 사물에 대하여 더 많은 관심을 갖고 있음으로 인해 자신이 처한 상황을 바로 보지 못하며, 진정으로 자신이 요구하고 있는 것이 무엇인지 모르는 채 타인의 요구에 맞추어 살려고 애를 쓰는 경우가 많다. 그러다 보니 늘 불안하고 불만족스럽고, 긴장과 좌절이 계속되는 삶을 살고 있다. 그것은 자기 안에 내재되어 있는 진정한 자기모습을 알지 못하고 있기 때문이다. 그렇기 때문에 자신에게 진정으로 필요한 것조차 무엇인지 모르고 항상 불만족스러운 삶을 살아간다. 우리가 자기 자신에 대한 이해가 부족하게 되면 자신의 행동에도 일관성이 없게 되며, 그것은 또한 타인과의 인간관계에 전혀 도움이 되지 못한다. 자기 병을 알면 치료가 가능한 것처럼 자기가 누군지 알면 구원이 가능하다.

둘째, 자신의 내부에 잠재되어 있는 긍정적인 아니무스를 발견하고 활성화시켜 책임 있는 주체적인 삶을 살아가도록 하는 것이다. 그것은 있는 그대로의 자신의 모습을 바로 보고 다른 사람의 시선이나 다른 사람에게 의존하는 수동적인 삶에서 벗어나는 것이다. 하갈의 이야기로 다시 돌아가면 여주인 사라와 하갈 사이에서 또 다시 일어나는 질투와 시기, 그리고 이삭과 이스마엘의 갈등으로 아브라함의 집안은 늘 시끄러웠을 것이다. 아마도 하갈은 여전히 자신의 상황을 파악하지 못했던지, 아니면 다시 잊었는지도 모른다. 그러한 가정의 불화를 하나님은 그대로 보고만 있을 수 없었다. 하갈이 마침내 아들 이스마엘과 아브라함의 집에서 쫓겨나 빈들에서 물이 없어 아이를 뉘어 놓고 아이가 죽어 가는 꼴을 차마 볼 수가 없다며 소리를 내어 우는 장면을 접하게 된다. 하갈은 처음 사라의 학대를 피해 도망 나온 이후 다시 한 번 잊어버렸던 자신의 상황을 직시하게 된다. 종으로서 주인의 아이를 낳아 천대받으며 지금까지 살아온 자신의 삶이 억울하기도 했을 것이며, 이제 갈 곳도 없고, 앞으로 살아갈 일도 막막했을 것이다. 그리고 당장 아이가 죽어 가는 것을 보고만 있으려니 마음이 찢어질 듯 아팠을 것이다. 그녀의 울음은 마침내 지금까지 자신의 비참하고 한스러웠던 삶에 대한 억눌렸던 감정의 표현이었을 것이다. 어쩌면 하갈은 여주인 사라의 질투를 받으면서, 그리고 종이라는 이유로 학대받으면서도 그 고통 속에서도 먹을 것이 있으니 아들과 함께 버티며 살려고 했는지도 모른다.

그러나 하나님은 여주인 사라와 불화를 일으키며, 여주인으로부터 학대받고 있는 하갈을 아브라함 집에 그대로 살게 하시지 않으신다. 아브라함에게 하갈과 이스마엘을 추방하게 함으로써 가정에 불화를 일으키는 하갈로 하여금 모든 안정된 삶으로부터 떠나게 한다. 그리고 피하고 싶고 도망가고 싶었던 자신의 힘없고 천한 종으로서, 여성으로서의 모습을 마침내 한탄하며, 그리고 이렇게 사막에서 죽어 가야 하는 삶의 두려움 속에서 지금까지 억눌렸던 감정을 폭로한다. 하나님은 이러한 하갈에게 자신의 삶을 스스로 개척하도록 다시 한 번 확신을 주신다:

"하갈아, 어찌 된 일이냐? 무서워하지 말아라. 아이가 저기에 누워서 우는 저 소리를 하나님이 들으셨다. 아이를 안아 일으키고, 달래어라. 내가 저 아이에게서 큰 민족이 나오게 하겠다."(창21:17-18)

하나님은 종이기 때문에, 여성이기 때문에 자신의 상황을 부정하며 피하려고 했던 하갈, 그리고 어쩔 수 없이 억압과 학대 속에서도 아브라함에 의해 자신의 삶을 살아가려고 했던 나약한 하갈의 눈을 뜨게 하신다. 마침내 하갈은 누군가의 도움만을 기다리는 수동적인 삶이 아니라 직접 샘을 발견하여 물을 떠다가 아이에게 먹이는 능동적인 삶의 자세로 바뀌게 된다. 하나님은 남에 의해서 사는 인생이 아니라 전적으로 자신의 삶에 자신이 책임을 지고 주체적으로 행동하도록 하갈을 인도 하신다.

"하나님이 하갈의 눈을 밝히시니, 하갈이 샘을 발견하고, 가서, 가죽부대에 물을 담아다가 아이에게 먹였다."(창21:19)

하갈은 주인의 아이를 낳았다는 이유로 또 다시 종이라는 신분을 잊고 모든 것을 얻은 것처럼 여주인 행세를 하며 거드름을 피웠는지도 모른다. 그러나 하나님은 그러한 하갈의 모습을 보시고 하갈에게 자신의 처지를 똑바로 보게 하시고, 주인인 아브라함에 의존하지 않고 오히려 그 집안으로부터 나오게 하여 학대와 질투가 가득한, 그리고 종의 신분으로 얽매인 삶으로부터 해방시키신다. 그리고 하나님은 하갈에게 모든 억압과 학대 속에서 아들을 키우기보다 그곳으로부터 해방되어 당당하게 자신의 권리를 세워 살아가도록 도우신다.

하갈의 이야기에서 우리는 하나님을 만나고 대화함으로써 비로소 자기가 처해 있는 상황을 보게 되고 마침내 자기를 용납하고 주체적인 새로운 삶을 살아가는 것을 볼 수 있다. 이것은 여성을 위한 방향을 제시해 주고 있다고 볼 수 있는데 수동적이며 다른 사람에 의해 인생을 살아온 나약한 여성으로부터 해방되어 여성에게 잠재되어 있는 긍정적인 의미의 진취적이며 주체적인 아니무스의 기능을 활성화 시켜 변화된 삶으로 시도한 것이다. 하갈은 이제 현재에 충실하며 자신의 신념에 따라 자율적인 삶을 살아가는 사람이 된 것이다. 자신의 부족함 때문에 타인의 시선을 지나치게 의식하거나 타율적으로 타인의 말에 따라 움직이지 않는다. 하나님을 만남으로 자신이 처해 있는 상황을 바로 볼 수 있게 되며, 원래의 있는 그대로의 자기를 내놓고, 자신의 아름다운 모습뿐만 아니라 감추고 싶고 수치스러운 것까지도 기꺼이 받아들이고 그것에 대해 더 이상 부끄러워하거나 연연해하지 않게 되는 것이다. 따라서 자기를 이해하고 자기를 용납하고 주체적인 삶을 살아갈 때 비로소 타인의 기대와 욕구에 맞추기 위해 가졌던 스트레스와 좌절, 불안, 거리낌은 사라지고 자신 있고 담대한 주체적인 여성으로 살아가게 되는 것이다.

### 3) 긍정적인 성 정체성 확립

우리문화에서 두 가지 성으로 나누는 이분법적인 시각은 인간을 구분하는 것뿐만 아니다. 언어 또한 성적인 표현으로 사용되며, 호칭에도 나타난다. 광고에서 남성과 여성의 이상적인 상을 조장해 가는데 부드럽고 마른 것을 항상 여성적인 것으로 묘사하며 강함, 성취능력은 항상 남성적인 것으로 연결하며, 항상 그것과 상응되는 능력을 자극해 왔다. 또한 두 가지의 성을 자신의 조직을 위해 활용하는 제도적인 조정도 있다. 그러나 그러한 조정이 단순히 성의 차이를 형성하는 것뿐만 아니라 성의 차별화를 강화하며, 대립화 현상을 야기 시킨다는 것이다. 이러한 이분법적으로 조성되어진 여성다워야 하는 의무감에 여성들은 의식적, 무의식적으로 심리적 압박감에 시달리고 있다.

'여성은 이래야 된다'라는 고정관념으로 자신의 주장을 펴지 못하고 착한 콤플렉스에 빠져 수동적으로, 침묵과 인내로, 때로는 자아상실감에 괴로워하는 여성들을 위해 할 수 있는 것이 무엇이 있을까? 그것은 무엇보다도 인종차별, 지역차별, 이념차별, 성차별계급-직업차별, 나이 차별 등 인간이 세운 모든 사회, 정치적 차별과는 달리 자신 스스로 의식적으로 또는 무의식적으로 쌓아 놓은 고정관념으로부터 개인적인 자신의 벽을 허무는 것이다. 그것은 여성 안에 내재해 있는 여성성을 찾아 개발하는 것이다. 그리고 여성들에게 항상 부족하다고 생각해 왔던 여성의 무의식의 세계에 내재해 있는 아니무스를 폭력적이고 독단적이며 권위적인 차원이 아닌 주체적이고, 능동적이며 긍정적인 차원으로 활성화시키는 것이다.

무엇보다도 여성주의 심리학적 관점에서 성의 차이는 여성의 정체성에 대한 상이함과 특별한 능력을 다시 발견하고 긍정적인 가치를 부여하는 것이다. 따라서 기존의 남성중심의 가부장적 고정관념에 의해 형성된 여성과 남성에 대한 이해를 탈피하여 새로운 여성성에 대한 의식화 작업과 여성에게 내재해 있는 긍정적인 아니무스 - 독립적이고 진취적이며 능동적인 -와 긍정적인 아니마 - 관계적이고 유대적인 - 의 능력을 강화[349) ]시키는 작업이 필요하다.

그러므로 성에 대한 연구의 결과를 통합해야 하며 사회적으로 조건화된 문제를 개별화하거나 인격체로 귀속시키지 말아야 한다. 기독교는 행위자와 희생자의 대립, 억압하는 사회와 억압당하는 주체에 대한 양극화를 불러일으키는 성의 대립이 아니라 상대화를 향한다. 그러므로 우리는 다시 여성과 남성을 분리하거나 내용적으로 미리 규정한 여성적이고 남성적인 정체성에 대하여 말하는 것을 주의해야 한다. 오히려 남성과 여성의 경험세계의 차이를 언급해야 할 것이다. 그러나 이러한 것을 성의 정체성에 대한 의무론에 영향을 주며, 사회적으로, 역사적으로 조건화된 성의 원형을 상대화하며 남성과 여성을 새로운 일정한 존재방법으로 묶어두지 말아야할 것을 목적으로 해야 한다. 이것은 신약의 전통과의 연관속에서 이해할 수 있다. 처음 기독교인들은 예수의 이름으로 세례를 받았는데 그들은 세례를 받음으로 새로운 공동체와 새로운 사회구조가 형성된다. 그 안에서는 더 이상 유대사람이나 그리스 사람이나, 종이나 자유인이나, 남자나 여자나 차별이 없다. "그것은 여러분이 그리스도 예수 안에서 다 하나이기 때문입니다."(갈3:28)

※ 토론거리

1) 각자의 삶 속에서 성 고정관념에 의해 나타나는 현상, 또는

349) 여성을 위한 기독 상담으로서 여성주의 능력강화모델에 관하여 다음 논문을 참조하시오: 정소영, "기독여성 상담과 여성주의적 능력강화(Feminist Empowerment) 모델", 「기독교 상담 학회지」 Vol. II , 한국 기독교 상담 심리치료학회, 2001 /4, 81-103.

생각은 어떠한 것들이 있는지 이야기해 봅시다.

2) 성 고정관념으로 내 안에 내재해 있는 또 다른 성을 억제한 적이 있는가? 있다면 어떤 경우에 그런가? 그리고 그것을 개발할 수는 없을까?

3) 성서에서 나타나는 여성에 대하여 이야기해 보고 기독교적 여성관에 대하여 정리해 봅시다.

※ 주요 읽을거리

- 민영진, 『이방여인 룻 이야기』, 서울: 한국신학연구소, 2000.
- 여성을 위한 모임, 『일곱가지 여성 콤플렉스』, 서울: 현암사, 1992.
- 이경숙, 『구약성서의 여성들』, 서울: 대한기독교서회, 1994.
- 조혜정, 『한국의 여성과 남성』, 서울: 문학과 지성사, 1988.
- 해리엇 골드허 러너, 김태련 역, 『무엇이 여성을 분노하게 하는가』, 서울:이화여자대학교출판부, 1995.

# 기독교와 폭력

신 명 숙

## 폭력이란 무엇인가?

### 1. 폭력의 정의와 유형

기독교인은 전쟁이나 테러와 같은 폭력을 선호해서는 안 되며 어떠한 경우에도 성서의 증언을 근거로 이러한 것을 합리화해서도 안 된다는 것은 이미 알려진 사실이다. 그러나 역사적으로 볼 때나 오늘날까지도 기독교인 역시 항상 폭력을 사용했고 더욱이 성서를 근거로 이것을 '거룩한 전쟁'으로 합리화시키고 기독교신앙을 지키기 위해 어쩔 수 없음을 주장해 왔다. 이러한 논리와는 반대로 다른 한 편에서는 기독교인이 그리스도께 복종하고 따르기 위해 비폭력이 필요하다고 반박해 왔다. 그러나 이러한 양극적인 논리가 기독교 안에서 분명한 해결점을 제시하지 못하고 오늘날까지도 폭력에 대하여 어떠한 입장을 취해야 하고 어떻게 해석해야 하는지 여전히 논란 중에 있다.

여기서 폭력이라고 할 때 대체로 우리는 범죄와 테러 행위, 사회 폭동, 국제 분쟁 같은 직접적이고도 물리적인 폭력을 생각한다. 그러나 폭력을 좀 더 포괄적으로 생각해 본다면 폭력은 단지 행위자의 폭력이 가시적이고 분명하게 식별 가능한 폭력만을 의미하지 않는다. 슬라보예 지젝은 폭력을 크게 '주관적' 폭력과 '객관적' 폭력으로 구별한다.[350] 위에서 언급한 가시적이고 식별 가능한 폭력으로서 대량 학살과 테러, 그리고 범죄와 같이 정상적이고 평온한 상태를 혼란시키는 것으로 보이는 것을 주관적 폭력이라고 말한다. 그와는 다르게 분명하게 나타나지 않고 눈에 보이지 않

350) S. Zizek, 이현우 외 옮김, 『폭력이란 무엇인가』 (서울: 난장이, 2011), 24.

지만 정상적인 상태에 내재하는 객관적 폭력은 언어를 통해 구현되는 '상징적' 폭력과 우리의 사회와 문화, 정치 그리고 경제체계가 정상적으로 작동하면서 외적으로 정확히 드러나지 않고 물이 스펀지에 보이지 않게 스며들듯이 파국적인 결과를 낳는 '구조적' 폭력, 그리고 인종주의와 선동, 그리고 성차별과 같은 '이데올로기적' 폭력이 있다.[351] 객관적 폭력에 해당되는 상징적 폭력과 구조적 폭력 그리고 이데올로기적 폭력은 주관적 폭력을 낳게 하는 주원인이 될 수 있다. 그렇다면 이러한 유형에 따른 폭력의 정의를 구체적으로 서술하면 다음과 같다.

### 1) 주관적 폭력

인류역사가 시작된 이래로 지금까지 일상생활에서 경험하는 인간간의 투쟁, 증오심과 분열, 부부와 자녀 등 가족구성원간의 갈등에서부터 시작하여 끔찍한 범죄와 살인사건, 상이한 사회계층간의 갈등, 극심한 인종차별과 전쟁 그리고 최후에 인간의 멸망을 자초하는 핵무기 개발에 이르기까지 다양한 형태로 인간의 공격성을 표출해 왔다. 우리는 이렇게 눈으로 명확하게 식별 가능한 행위자가 저지르는 다양한 형태의 공격성을 주관적 폭력이라고 지칭하였다. 주관적 폭력을 개인적 차원의 가정폭력과 사회적 폭력, 그리고 국가적 폭력으로 나누어 생각해 보기로 한다.

무엇보다도 먼저 개인적 차원의 가정폭력이 현대에 와서는 어린이에서부터 여성과 노인에 이르기까지 전통적인 사회문화 속에서 상상할 수 없는 노인 학대에 이르기까지 그 대상의 폭이 과거보다 넓어졌다. 특히 어린이에 대한 폭력으로서 아동학대는 교육적인 차원의 체벌을 떠나 부모의 분풀이의 대상이 되고 있다. 90년대 들어 부모에게 학대받는 아이들 문제가 서서히 드러나기 시작하면서 2000년대에 들어서면서 부터 아동의 인권을 이야기 할 정도로 아동학대는 심각한 수준에 이르렀다.

2010년 경기도 27개 시.군 29개 학교 4~6학년생 3천53명을 대상으로

---

351) 위의 책, 37.

한 이 설문조사 결과에 따르면 조사대상의 69.0%가 각종 학대를 경험한 적이 있다고 응답함으로써 경기지역 초등학생 10명 가운데 7명이 신체학대와 정서학대, 방임, 성학대 등 각종 아동학대를 경험한 것으로 조사되고 있다.[352] 학대 유형별 경험 비율은 신체학대가 46.8%, 정서학대가 25.0%, 방임이 18.2%, 성학대가 6.5%였다. 특히 성 학대 비율은 2000년 전국 아동학대 실태조사 당시 1.1%에 비해 무려 5배 증가한 것으로 조사됐으며, 방임의 경우 전체 보호건수 중 차지하는 비중이 매년 증가하고 있다. 학대 경험 아동을 성별로 보면 성 학대를 포함해 모든 유형에서 여아보다 남아가 많았으며, 해체가정이 비 해체 가정보다, 재혼가정 및 모.부자 가정이 친부모 및 조손가정에 비해, 학교성적이 나쁜 아동이 좋은 아동보다, 가정 형편이 어려운 가정이 어렵지 않은 가정보다 각각 많았다.

이 조사 결과에 따르면 다음과 같은 결론에 이른다. 첫째, 빈곤과 가정해체에 따른 방임의 증가가 아동학대를 부추기게 된다는 사실이다. 둘째, 아동학대는 가정 내에서 부모에 의해 가장 많이 발생한다는 것이다. 아동학대는 가정 내에서 전체보호 사례의 83.1%로 가장 많이 발생하였고, 아동학대 행위라는 아동의 부모인 경우가 전체 학대 피해 아동 보호사례의 84.5%를 차지한다. 셋째, 피해아동은 초등학생의 비중이 가장 높게 나타나는데 피해아동의 연령분포는 초등학생에 해당되는 연령인 만7~12세 사이의 아동이 전체의 50%를 차지했다. 또한 우리가 간과할 수 없는 사실은 심하게 맞아본 아이들 96.4%가 부모가 되어 다시 자신의 아이를 때리게 된다는 것이다. 이것은 맞고 자란 아이가 때리는 부모가 된다는 폭력의 유전성을 말해주고 있다.

아내에 대한 남편폭력 또한 한국의 경우 영국이나 일본에 비해 5배 이상으로서 아내에 대한 남편 폭력이 매우 심각한 수준이다. 우리나라 부부 6쌍 중 한 쌍이 1년에 적어도 한 차례 이상 배우자로부터 신체적으로 폭력을 당한 것으로 조사됐다. 28일 여성가족부가 연세대 사회복지대학원에 의뢰해 전국 3천800가구를 대상으로 지난 5월부터 12월까지 진행한

---

352) www.newdaily.co.kr/news/article.html?no=62631 참조하시오

가정폭력 실태조사 결과[353]에 따르면 65세 미만 부부의 지난해 신체적 폭력 발생률은 16.7%(6가구 당 1가구)로 조사됐다. 또 신체적 폭력을 포함한 정서적 폭력(42.8%), 경제적 폭력(10.1%), 성 학대(10.4%), 방임(30.5) 등 모든 유형을 아우른 부부폭력 발생률은 53.8%로 나타났다. 특히 신체적 폭력은 2004년(15.7%), 2007년(11.6%)에 비해 더 높아졌고 전체적인 부부폭력 발생률도 2004년(44.6%), 2007년(40.3%)에 비해 증가한 것으로 조사됐다.

노인에 대한 폭력은 사회가 노령화와 핵가족화 현상이 점점 증가하고 있는 추세이며 가족주의 의식이 강해질수록 은폐와 반복적 발생률이 높다. 2002년 까리따스 노인 학대 상담센터조사에 의하면 상담건수 511건 중 언어, 심리적 폭력이 33%, 방관적 폭력은 20%, 경제적 폭력은 14%, 신체적 폭력은 23%로 두 번째로 높은 비율이다.[354] 2010년 가정폭력 실태조사에 따르면 지난 1년 간 65세 이상 노인 학대 발생률은 10.0%로 나타났다.[355] 이는 보건복지부(2010)에서 발표한 노인 학대 발생률 13.8%와 유사한 수치이다. 본 조사의 노인 학대를 유형별로 살펴볼 때, 정서적 학대가 9.0%로 가장 높았으며 방임 2.5%, 신체적 폭력 2%, 경제적 폭력 1.2% 순이었다.

사회폭력으로서는 학교에서 교육이라는 이름으로 강요되고 있는 교육 및 학습 폭력이 있을 수 있으며 군대에 만연해 있는 군대기강을 잡기 위한 폭력은 상하구조의 지배형태를 유지하기 위한 전형적인 폭력의 합리화이다. 이러한 구조는 옹호는 아니더라도 용납하는 풍토를 만들고 있으며 사회와 학교 선후배 사이에까지 이어지고 있는 것이 현실이다. 이러한 현상은 또한 폭력 문화를 양성하여 폭력물의 영화산업과 게임을 부추기며 폭력문화에 익숙해져 서서히 더욱더 강력한 폭력과 파괴적 문화에 무의식적으로 노출되는 일이 벌어지고 있다. 또한 사회적으로 왕따현상을 통하여 집단의 심리적 폭력이 만연해 있다.

---

353) 여성가족부 주관, "2010 가정폭력 실태조사" 연구보고 2010-55 참조하시오.
354) 2002년 까리따스노인학대상담센터 보고서
355) 여성가족부 주관, "2010 가정폭력 실태조사"

마지막으로 주관적이고 가시적인 폭력으로서 세계와 국가의 폭력인 전쟁을 언급할 수 있다. 세계사는 남성에 의한 세계사이며 폭력사라고 말해도 과언이 아니다. 폭력에 의한 세계사 경향이 존속될 때 여성의 남성에 대한 종속은 계속된다. 세계는 폭력으로 움직여지고 있으며 세계는 다른 사람의 죽음으로 살고 있는지도 모른다. 집단 폭력은 영화 속의 재미있는 장면이 아니라 실제로는 모든 악의 집합장이다. 그럼에도 불구하고 전쟁에 대한 철저한 숙고가 없었다. 인류사에서 전쟁에 의한 군인과 민간인 사망자수를 살펴보면 16세기에는 160만 명, 17세기에는 610만 명, 18세기는 700만 명, 19세기에는 1940만 명, 그리고 20세기는 거대 폭력의 세기라고 할 정도의 숫자인 약 1억800백 만 명이 전쟁으로 인하여 죽어갔다. 20세기 이전의 인류역사 5천년 동안 전쟁에서 죽은 사망자의 숫자보다 더 많은 사람이 죽었다. 세계핵무기 현황(2002년)[356]을 살펴보면 미국 12070기, 러시아 28240기, 영국 400기, 프랑스 510기, 중국 425기, 이스라엘 100이상, 인도 60-250기, 파키스탄 10-150기이다. 미국이 1945년 이후 반-공산주의에 쏟아 넣은 예산은 12조 달러(12000조원: 2002년 한국의 예산은 약 100조원이 넘음: 약8억불)이며 미 군수업체 매출(2001년)은 보잉이 582억 달러, 록히드마틴이 247억 달러, TRW가 163억 달러, 노스럽그루먼이 136억 달러 제너럴 다이나믹스가 122억 달러, 굿 리치가 41억 달러이다. 2001년 주요국가 국방비 지출(SIPRI: 스톡홀름 국제평화연구소)은 미국이 2814억 달러, 러시아가 439억 달러, 프랑스가 400억 달러, 일본이 385억 달러, 영국이 370억 달러, 독일이 324억 달러, 중국은 270억 달러, 사우디는 266억 달러, 이탈리아가 247억 달러, 브라질이 141억 달러 이다. 상위 15개국이 전 세계 군사비 75%를 차지하고 있다. 무기수출 1위는 러시아(50억 달러)이며 2위는 미국 (46억 달러), 6위는 중국(6억 달러)이다. 따라서 전쟁과 군수산업과 선진국 경제는 상호 직접적인 상관성을 가지고 있다고 할 수 있다. 그것은 왜 인류의 전쟁에 종지부를 찍을 수 없는 이유이기도 하다.

356) http://nowworld.pe.kr

### 2) 객관적 폭력

직젝에 의하면 자본주의와 함께 새로운 형태로 등장한 객관적 폭력은 '자유주의적 공산주의자'들에 의해 만행되고 있는데 대표적인 실례로서 콩고 대학살의 주범인 벨기에의 왕 레오폴드 2세의 경우이다.[357] 그는 인도주의자였으며 교황에 의해 성인칭호까지 받았던 사람으로서 자신이 다스렸던 콩고의 자연자원 착취라는 대규모 경제계획의 노력으로 얻은 이윤 대부분이 아이러니하게도 벨기에 국민들의 복지, 공공사업, 박물관 등에 이용되었다는 것이다. 그러므로 이러한 그를 직젝은 '자유주의적 공산주의자'들의 선구자로 칭하고 있다. 새롭게 등장한 자유주의적 공산주의자들로서 빌게이츠, 구글, 아이비엠, 인텔, 이베이 등의 최고경영자들과 저널리스트 토머스 프리드먼과 같은 어용철학자를 직젝은 지명한다.[358] 왜냐하면 그들의 논리는 자신이 축적한 부를 공공의 이익을 위해 기부함으로써 무자비한 이윤추구 행위도 상쇄된다고 생각하기 때문이다. 그러므로 자선은 경제적 착취라는 얼굴을 감추고 있는 인도주의적 가면이라고 직젝은 말하고 있다.[359]

또한 객관적 폭력은 지배와 착취의 관계를 지속시키는 감지하기 어려운 구조적 폭력이다. 그것은 하나의 체계 속에 내재된 폭력으로서 누군가의 안락한 생활이 가능하게 하기 위해 지속되어야만 하는 눈에 직접적으로 보이지 않고 서서히 움직이는 폭력이다. 최근 튀니지 시민혁명에 자극받은 이집트에서는 30년간 장기 집권한 무바라크 대통령의 하야를 촉구하는 대규모 반정부 시위[360]가 바로 이러한 구조적 폭력으로 인한 결과라고 할 수 있다. 이집트 사태는 전형적으로 구조적 폭력으로 인해 주관적 폭력인 대 폭동이 일어났다고 할 수 있다. 그 결과 호스니 무바라크 대통령이 퇴진되었다. 이집트는 이스라엘-팔레스타인 평화협상을 중재하

357) S. Zizek, 이현우 외 옮김. 『폭력이란 무엇인가』 41-42.
358) 위의 책, 44-61.
359) S. Zizek, 54.
360) 한겨레 신문 2011. 02. 12

는 등 아랍권에서 상당한 위상을 갖고 있는 나라였고, 호스니 무바라크 대통령(84세)은 1973년 10월 중동전쟁에서 중동 국가로는 처음으로 이스라엘군을 격파해 전쟁을 승리로 이끌어 일약 중동의 영웅이었다. 1981년 사다트 대통령 퇴진 등으로 혼란스러운 상황에서 대통령에 당선됐다. 처음에는 국민적 지지를 얻었지만 헌법마저 바꾸면서 장기집권을 했다. 나중에는 그의 아들에게 권력을 승계하려는 움직임까지 보였다. 여기다 그동안 무바라크의 아들들은 국정에 개입해 부정부패를 일삼았던 것도 드러나 파문이 일었다. 결국 2008년 이후 식량 가격 폭등, 실업률 등으로 불만이 쌓여있던 이집트 국민들이 30년 동안 정권을 잡고 있던 무바라크 대통령 퇴진 운동을 벌인 것이다.

이집트 사태로 전염시킨 튀니지의 '재스민 혁명'이 어떻게 시작했는지를 살펴보면 쉽게 이해할 수가 있는데 재스민 혁명은 모하메드 부아지지의 분신으로 점화되었다. 모하메드 부아지지는 튀니지 중부에 있는 소도시 시디 부지드의 거리에서 무허가로 청과물 노점상을 운영했는데 2010년 12월 17일에 그만 경찰에 적발돼 청과일 모두를 빼앗기게 된다. 모하메드 부아지지는 당국에 민원을 제기했지만 당국은 콧방귀도 끼지 않고 거절했고 이에 모하메드 부아지지는 분신을 하게 되는데 모하메드 부아지지는 대학을 졸업한 후 직장을 구하지 못해 노점상 운영이 그의 유일한 생계 수단이었다. 마지막 생명의 빵을 국가가 빼앗은 것이다. 모하메드 부아지지는 이번 사태의 상징적인 존재로서 바로 청년 실업자다. 이집트 사태는 정치적, 경제적 문제에 항의하는 시위로서 권력자가 누리는 안락한 생활을 가능하게 하기 위해서 정치와 사회 그리고 경제 전반에 걸쳐 보이지 않게, 그리고 인식하지 못하는 어려운 형태의 강압으로 지배와 착취의 관계를 유지하는 전형적인 구조적 폭력의 결과이다.

## 2. 폭력에 대한 성서적 입장

기독교인이라면 전쟁이나 테러와 같은 폭력을 주관적으로 행사해서는 안 된다는 것과 어떠한 경우에도 성서를 근거로 폭력을 합리화 시켜서도 안 된다는 것이 오늘날 일반적인 견해이다. 그러나 기독교인들은 과거 성서시대나 오늘에 이르기까지 폭력을 사용했고 더 나아가 성서를 근거로 폭력을 정당화 하거나 합리화 했다. 그렇다면 과연 구약성서와 신약성서는 폭력에 대해서 어떤 입장을 취하고 있는가?

구약성서에 나타난 인간이 창조된 이후 인류 역사의 첫 번째 폭력행위는 가인이 그의 동생 아벨을 죽이는 사건이다. 이것은 인간이 선과 악을 분별할 수 있게 되었다는 의미이기도 하다. 그리고 모세는 이집트인 부역 감독관을 죽이고 이 폭력행위가 이스라엘 민족이 이집트 종살이로부터 해방되는 역사의 시작이 된다. 또한 구약성서의 본문에는 전쟁에서의 용감성과 야훼가 강한 자들과 함께 하신다(삼상16:18)는 하나님이 폭력의 주체로 나타나기도 한다. 또한 하나님의 폭력은 이스라엘의 구원의 사건과 밀접하게 연관되어 있다.[361] 그것은 이집트로 탈출이후 이스라엘 민족의 구원 사건인 '갈대바다의 통과'를 노래하는 '미리암의 노래'에서 찾아 볼 수 있다.

"주를 찬송하여라.

그지없이 높으신 분,

과 기병을 바다에 던져 넣으셨다"(출15:21).

이스라엘은 그 사건을 우연으로 보지 않고 오히려 자연의 사건을 통해 확실하게 하나님의 구원의 행위로 경험한다. 하나님은 이스라엘을

는 추적자들을 폭력적으로 멸하셨기 때문에 이스라엘의 구원자가 되신다.

그러나 이스라엘에 대한 하나님의 구원이 교만으로 변질되어 이스라엘 스스로 강한 군대를 야훼라고 주장하며 약한 자들을 억압한 곳에서는 예언자들이 등장하여 오히려 야훼는 이러한 교만으로 인해 나타나는 폭

361) J. Ebach. 김형기 옮김, 『성서와 폭력』 (서울: 대한기독교서회, 1988), 20-25.

력을 갚아 주시는 분이라고 선포했다.[362] 또한 사울은 야훼의 전쟁을 자기 자신의 생각대로 처리함으로써 죄를 진다(삼상15장). 하나님을 인간의 임의대로 조종하는 것이 하나님에 대한 가장 큰 대적이다. 그러므로 '거룩한 전쟁'에 대해서 거론할 수 있는 근거는 구약성서에는 전혀 없다.[363] 그리고 이스라엘에게 세계 패권을 요구하거나 야훼신앙을 폭력으로 세계에 전파하라는 과제를 부여받지 않았다. 이스라엘의 전쟁은 어떤 시기에서도 제국주의적 전쟁이나 선교전쟁을 향한 자기 이해에 속한 것이 아니었다. 오직 하나님께서 몸소 그의 백성 이스라엘의 구원과 존속을 위해서 싸우시는 전쟁들만이 있을 수 있다. 즉 그것은 이스라엘의 존속과 이스라엘의 정체성, 그리고 이스라엘의 신앙이 위기에 처했을 때 수행되었던 것이다.

오히려 하나님은 이스라엘에게서 철저하게 폭력을 반대한다.[364] 이스라엘에게서 강한 자들이 약한 자들을 억압하기 때문에 하나님은 이스라엘의 강한 자들이 아니라 약한 자들을 선택하신다. 하나님이 그의 권세를 사용하여 이스라엘을 막강한 적들로부터 구원해 내셨듯이 예언자들을 통해 이제 폭력으로 지배하는 이스라엘의 강한 자들에게 그의 권세를 사용하실 것을 선포하셨다(암3:13-15;4:1-3).

특히 이스라엘 사회 안에서 행해지는 강한 자들, 특권을 누리는 자들로 인한 구조적 폭력을 문제시 한다. 이스라엘의 선지자였던 아모스는 이스라엘 사회 내의 불의와 억압을 비판하고 그것으로 인해 인접 민족들에 의한 전쟁의 참사를 예고한다(암1장, 2장). 이스라엘에서 약한 자들의 생존권들이 능멸당하고 연대성의 요구가 무시되었기 때문에 하나님은 그것에 대한 보복자가 되신다. 그것은 이스라엘의 경제적, 사회적 구조의 변화를 요구하는 하나님의 진노다.

"나 주가 선고한다.

이스라엘이 지은 서너 가지 죄를,

362) J. Ebach. 25.
363) J. Ebach. 25-37.
364) J. Ebach. 37-42..

내가 용서하지 않겠다.
그들이 돈을 받고 의로운 사람을 팔고,
신 한 켤레 값에 빈민을 팔았기 때문이다.
그들은 힘없는 사람들의 머리를 흙먼지 속에 처넣어서 짓밟고,
힘 약한 사람들의 길을 굽게 하였다.
아버지와 아들이 같은 여자에게 드나들며,
나의 거룩한 이름을 더럽혔다"(암2:6-7).

신약성서에 나타난 폭력에 대한 예수의 입장은 철저하게 절대 평화주의와 절대적인 비폭력을 강조한다.[365] 예수의 말씀을 통해 그 근거를 찾아보면 다음과 같다. 첫째, "평화를 위하여 일하는 사람은 복 됩니다 그들은 하나님의 자녀가 될 것입니다"(마5:9). 최고의 복된 사람은 소극적인 차원의 평화를 유지하는 사람이아니라 적극적인 자세를 요구하는 평화를 만드는 사람이다. 그리고 그것이 하나님의 자녀가 되는 조건이기도 하며 하나님의 자녀라면 평화를 위하여 일하는 사람이어야 한다는 의미이기도 하다.

둘째, "눈은 눈으로, 이는 이로 갚아라. 라는 말을 여러분은 들었습니다. 그러나 나는 여러분에게 말합니다. 악한 사람에게 맞서지 마십시오." (마6:38-39) 이 말씀은 반 탈리오법적(Anti Lex Talionis) 규정으로서 보복금지를 의미한다.

셋째, "예수와 함께 있던 사람들 가운데 한 사람이 손을 뻗쳐 자기 칼을 빼어, 대제사장의 종을 내리쳐서, 그 귀를 잘랐다. 그 때 예수께서 그에게 말씀하셨다. '네 칼을 칼집에 도로 꽂아라. 칼을 쓰는 사람은 모두 칼로 망한다." (마26:51-52) 이 말씀은 무기 사용에 의한 어떠한 폭력도 금지하는 내용이다. 무기로 인한 폭력이 계속 폭력을 부르는 연쇄작용으로 인해 폭력을 행사하는 자는 폭력을 당하며, 새로운 폭력이 행사되어 결국 폭력은 끝이 없게 된다는 것을 암시하고 있다.

365) J. Ebach. 73-88.

넷째, "누가 여러분의 오른 쪽 빰을 치거든, 왼쪽 빰 마저 돌려대십시오. 너를 걸어 고소하여 네 속옷을 가지려는 사람에게는, 겉옷까지도 내주십시오."(마태5:39-40) 이 말씀은 폭력의 절대적인 포기를 의미한다. 속옷과 겉옷 중 이스라엘 사회에서 더 중요한 것은 겉옷이었다. 겉옷은 절대적 담보물이며 최후의 재산이면서 최소의 생존물이었다. 그러므로 가난한 사람의 겉옷을 담보물로 저당 잡혔을 경우에는 해지기 전에 저당을 해지해야 하며 갚았든 갚지 않았든 유무를 떠나 돌려주어야 했다.

다섯째, "'네 이웃을 사랑하고, 네 원수를 미워하여라.'라는 말을 여러분을 들었습니다. 그러나 나는 여러분에게 말합니다. 너희의 원수를 사랑하고, 너희를 박해하는 사람을 위하여 기도하십시오."(마태6:43-44) 예수는 비폭력을 뛰어 넘어 적극적인 비폭력의 표현으로서 원수 사랑을 제시한다. 이것은 폭력을 종식시키기 위한 적극적 평화의 방법을 의미한다. 그러나 여기서 예수는 "그러면 누가 저의 이웃입니까?"라는 율법교사의 질문에 대해 착한 사마리아 사람의 비유를 설명해 준다(눅10:30-37). 그리고 그는 오히려 내가 누구에게 이웃인가? 라는 물음의 관점에서 대답한다. 구체적인 위기의 상황에서의 행동은 누가 이웃이며 누가 이웃이 아닌지 결정되는 것이다. 이웃은 같은 민족, 같은 종교를 갖고 있는 사람들, 정치적인 동료가 아니라 정의와 자유, 사랑, 그리고 더불어 사는 인간성에 의해 결정되는 것이다.

## 3. 기독교 역사에 나타난 폭력에 대한 반응

기독교는 초기 교회시대부터 세상을 향한 욕심과 애착을 인간의 죄로 여기며 가능한 세상으로부터 벗어난 삶을 살려고 노력하였다. 그러므로 초기 기독교 신자들은 물질에 대한 애착을 버리고 권력의지를 포기하며 이상적인 사람의 공동체를 이루려는 종말론적 이상을 추구하였다. 따라서 '세상성의 부정'이라는 원칙을 갖고 천국을 소망하며 천국시민으로서 삶의 기준을 예수의 산상설교에서 찾았다. 원수를 사랑하며, 미워하는 자를 선대하며, 악에 대하여 앙갚음하지 말며, 달라고 하는 자에게 가진 것을 내어주라는 예수의 말씀이 삶의 기준이었으며, 삶의 환경을 이 세상과 차단하여 수도원을 찾거나 신비한 체험을 추구하는 신비주의와 같은 오직 기독교적인 기독교인들만의 공동체를 형성하려 했던 신앙운동으로 나타났다.[366] 그러나 이러한 원시 기독교 공동체를 탈피하여 제도를 공고하게 하고 보장해 주기도 하는 대교회로 탈바꿈하게 되면서 교회와 권력의 결합이 이루어지게 된다. 특히 콘스탄틴 황제 이후 국가종교로의 방향 전환이 권력과 폭력 그리고 부와의 결탁을 가속화시켰다. 평화를 추구하는 마음과 폭력을 일으키는 악한 힘의 거부를 강조하는 전통적인 성서적 이해는 초기 기독교 이후 크게 네 가지 입장으로 나누어진다. 비폭력적 절대 평화주의, 정당한 평화, 거룩한 폭력, 저항으로서 폭력.

### 1) 비폭력적 절대 평화주의

비폭력적 절대 평화주의는 초기 그리스도교의 비폭력성과 무저항을 사수하는 것이다.[367] 313년 기독교 공인 전까지는 철저하게 비폭력과 무저항이었다. 그러므로 그리스도인은 군인이 될 수 없었다.[368] 왜냐하면 군인이 된다는 것은 황제의 명령을 따르는 것이므로 황제숭배가 되는 것이며 살인을 허용하는 것이므로 십계명을 어기는 것이 되기 때문이다. 또한 기독교인은 단순히 지방적, 인종적 공동체를 뛰어넘어 모두 주님의 형제라는 이유로 인해 주님의 형제들끼리 서로 죽일 수 없기 때문이다. 따라서 신앙이 있는 자가 군인이 되면 그는 하나님의 뜻을 어기는 것이며 하나님을 조롱한 것이기 때문에 교회에서 제명되어야 했다. 즉 그리스도인이 군인 된다는 것은 악을 행하는 것과 동일시되었다. 그 당시 Maximilian 청년은 "나는 군인이 될 수 없다. 나는 악을 행할 수 없다. 나는 그리스도인이다"[369]라고 강력하게 강제적으로 로마 군인이 되는 것

366) 박충구. 『한국사회와 기독교윤리』(서울: 성서연구사, 1995), 163.
367) 박원기. 『기독교 사회 윤리』(서울: 이화여자대학교출판부, 1995), 100-101.
368) M. Honecker. *Grundriß der Sozialethik* (Walter de Gruyter, 1995), 411.

을 거부했다. 또한 그리스도인은 살인의 가능성이 있는 검투사와 같은 폭력적인 직업을 택할 수 없었다. 3세기 교부 시프리안(Cyprian)은 국가폭력을 거부한다: "온 땅이 서로 흘린 피에 흠뻑 젖어 있다. 개인이 살인을 저지르면 그것은 하나의 범행이다. 그러나 국가의 이름으로 살인을 저지르면 그것을 우리는 용감하다고 한다. 저 범죄에 무죄성을 보장해주는 근거는 결코 무죄하지 않으며 그것은 엄청난 죄악이다."(Ad Donatum 6)

이렇게 그리스도인들이 폭력이라는 이유로 병역을 거부하자 4세기 로마의 철학자인 Celsus는 "그리스도인들은 병역에서 도주하여 로마제국과 지방의 방어를 거부함으로써 군대를 약화시키고 군인이 된 사람들을 인류의 적으로 생각한다."[370]고 그리스도인들을 비난한다. 그렇게 되자 그리스도인들에게 병역이 강요되자 초기 교회는 다음과 같은 입장을 밝힌다. "로마제국에 의해서 강제로 군인이 된 그리스도인을 정죄하지 말자. 공권력에 의해 강제로 군인이 될 수 있지만(militare) 전쟁 시 싸울 수(bellare)는 없다"[371].

중세에 이르러 많은 성인들은 하나님의 창조질서의 핵심인 평화를 주장했다. 아씨시의 프랜시스(Francis von Assisi)는 철저한 비폭력을 강조하면서 인간뿐만 아니라 동물에까지 폭력사용을 반대하였다.[372] 그리고 에라스무스(Erasmus of Rotterdam)는 전쟁대신 평화적 협상을 제시했고 성직자들의 군대 면제를 주장하였다.[373]

초기 기독교의 비폭력 평화주의 전통을 이어 받은 유일한 교회는 재세례파였다.[374] 현대의 메노나이트 교회(the Menonite)와 침례교의 시조

---

369) J. Ellul, 최종고 역, 『폭력-기독교적 반성과 전망』(서울: 현대사상사, 1974), 20.
370) J. Ellul, 21.
371) J. Ellul, 21.
372) J. Ellul, 22. 성 프란시스의 기도에 그의 사상이 잘 나타나 있다. "오 주님, 나로 하여금 평화의 도구가 되게 하십시오. 미움이 있는 곳에 사랑을, 모욕이 있는 곳에 용서를, 불화가 있는 곳에 일치를, 의심이 있는 곳에 믿음을, 거짓이 있는 곳에 진리를, 실망이 있는 곳에 희망을, 슬픔이 있는 곳에 기쁨을, 어둠이 있는 곳에 빛을 가져오게 하소서"
373) 박원기, 『기독교 사회 윤리』, 101.
374) 재세례파에 대한 자세한 내용은 다음을 참조하시오. William R. Estep, *The Anabaptist Story: An Introduction to Sixteenth-Century Anabaptism* (Eerdmans, 3rd. ed., 1996). 김두식,

이며 아미쉬 교회(the Amisch)의 창시자인 시몬 메노스(Simon Mennos, 1496 - 1561)는 비폭력 무저항을 강조하며 재세례파 공동체 운동을 하였다.[375] 그는 "물리적인 칼로 투쟁하는 것은 금지된 일이다. 그대들에게 나는 이 한 가지만 묻고 싶다. 그대들은 칼로 침례를 받았는가? 십자가로 침례를 받았는가? 그대들 모두가 칼로 저항하는 이상한 교리를 경계하기 바란다."라고 폭력에 참여하는 그리스도인들을 비판했다. 감리교를 창시한 웨슬레(J. Wesley)의 회심에 영향을 준 재세례파의 분파모라비안(The Moravian)이나 후터라이트(the Hutterites), 메노나이트(the Menonite), 아미쉬(the Amisch) 등은 어떠한 폭력도 거부하는 평화주의 입장을 처음부터 분명히 하고 있다.

비폭력 무저항주의를 주장한 재세례파인 미하엘 자틀러(M. Sattler)는 그 당시 재세례파의 신앙을 잘 보여주고 있는 슐라이트하임 고백(Schleitheim Confession)에서 다음과 같이 기독교인들의 비폭력주의를 강하게 제안하고 있다. "우리를 향한 그리스도의 뜻에 대해 알지 못하는 많은 사람들이 우리에게 물어볼 것입니다. 기독교인은 악한 자의 공격으로부터 선한 자를 보호하거나 정당 방위권을 행사하거나 사랑을 위해 칼을 사용할 수 있습니까? 또는 그럴 의무가 있습니까? 대답은 명백하게 드러나 있습니다. 그리스도께서는 온유하고 겸손하셔서 우리에게 그의 본을 따라 행할 것을 가르쳐 명하고 계십니다. 그리하면 우리가 마음의 쉼을 얻게 될 것입니다 ... 만약 투르크족이 우리 땅을 침범한다면 결코 대항해서는 안 됩니다. 만약 전쟁에 나서는 것이 옳다면 나는 투르크족 대신 오히려 기독교인들에게 대항하는 전쟁에 나서겠습니다."[376]

17세기 중반 영국에서 조지 폭스(Gorge Fox)에 의해 시작된 퀘이커운동이 비폭력주의를 선언하자 퀘이커교도들을 반국가 단체로 규정하고 이들에 대한 박해가 시작된다. 이 박해는 1661년 시작되어 1만 2천명 투옥

---

『칼을 쳐서 보습을』 (서울: 뉴스앤조이, 2002),

375) 더 자세한 아미쉬에 대하여 다음 책을 참조하시오. Steven M. Nolt, *A History of tne Amish* (Good Books, 1992). 김두식, 『칼을 쳐서 보습을』에서 재인용.

376) 김두식, 『칼을 쳐서 보습을』, 70-71.

되고 300명 이상 감옥에서 고문 등으로 죽는 일이 있은 후에야 1689년 '관용칙서'로 박해가 해제된다. 퀘이커 교도들의 무저항 비폭력 평화주의 운동은 미국으로 넘어가 20세기까지 이어져 미국 노예해방운동의 기초가 될 정도로 정신적 지도가 되었다.

19세기 유럽사회에 중요한 영향을 미친 레오 톨스토이(Leo Tolstoy, 1828-1910)는 러시아 정교회 교인으로서 20세기 초 반전, 평화 운동가였다. 그의 대표적인 반전 소설인 「전쟁과 평화」에 그의 사상이 잘 나타나고 있다. 톨스토이가 입대를 앞둔 젊은이에게 보내는 편지에 의하면 "군인이 되기를 거부해야 하는 것은 기독교인뿐만 아니라 모든 의로운 사람들의 의무입니다. 만약 당신이 우리 시대를 사는 윤리적 인간이 되기를 원한다면 병역을 거부해야 합니다."[377]라고 그리스도인으로서 절대 비폭력주의를 주장하고 있다.

1960년대 민권운동가였던 마틴 루터 킹 주니어 목사(M. Luther King Jr.)에 의한 비폭력 운동은 현대 기독교 비폭력운동의 원형이었다. 그것은 비폭력 무저항이 아니라 '비폭력 저항' 운동이었다. 마틴 루터 킹은 수단은 이미 목적을 이루는 과정 중에 있기 때문에 파괴적인 수단이 결코 건설적인 목적을 달성할 수 없다고 강조한다. 따라서 의로운 혁명을 위해서는 오히려 비폭력의 전략이 바람직하다.[378] 이 운동의 구체적 원칙들을 제시하면 말대꾸하지 말 것. 허리를 펴고 똑바로 앉을 것, 웃지 말 것, 욕설하지 말 것 등이며, 마틴 루터 킹의 비폭력 운동의 정의는 "진정한 비폭력저항은 악의 세력에 굴복하는 것을 의미하는 것이 아니라, 사랑의 힘으로 악에 용감하게 맞서는 태도를 의미한다." 그리고 비폭력운동에 참가할 수 있는 자격은 폭행을 당하더라도 보복을 하지 않고 견딜 수 있다는 확신이 있는 사람, 정당방위를 위한 무기 등 어떤 자기 방어 무기도 소지하지 않을 수 있는 사람이었다. 1919년 한국의 3.1운동도 대표적인 기독교 비폭력운동(비폭력 저항)으로서 20세기에 있었던 세계적인 비폭력 시

377) 김두식, 『칼을 쳐서 보습을』, 88.
378) 박원기, 『기독교 사회 윤리』, 113.

민운동이라고 할 수 있다. 일본제국주의 총독부 통계에 의하면 약 140만 명이 참가하여 학살당한 자가 6,670명이며 투옥된 자는 52,770명으로서 전 세계에 유례가 없는 비폭력 운동이었다.

비폭력적 절대 평화주의의 특징은 첫째, 이 운동에 참여하는 자들은 철저한 복음의 실천자들이이다. 둘째, 폭력은 비 그리스도인들의 수단으로 이해한다. 셋째, 폭력은 무능력과 좌절의 표현이며 하나님을 배반하는 것으로 이해한다. 넷째, 초기 비폭력 무저항의 경향에서 비폭력 저항으로 바뀌어 비폭력도 저항권으로 이용할 수 있다. 다섯째, 비폭력 저항운동에서 더 나아가 평화운동으로 군비축소, 군대폐지 운동으로 발전한다.

보편적 병역의무의 시작과 확산은 1733년 프로이센의 프리드리히 빌헬름 1세의 징병법이다. "나라의 모든 주민들은 군대를 위해서 태어났다"고 하면서 군대가 국민의 교육장이 되었다. 처음 병역의무는 시민 혁명 후 계몽주의 근대국가가 출현하면서 나타난다. 그 당시 무기소유권이 귀족에서 시민의 손으로 넘어가게 되면서 병역의무는 국민의 주권에 의한 방위권의 개념으로 출발하게 된다. 그러면서 일반적 병역의무가 확산이 되고 이에 따라 병역의무와 군복무 거부 현상이 나타나기 시작했다. 위에서 살펴보았듯이 일반적 병역의무의 거부는 비폭력적 절대평화주의의 기독교 전통에서 시작한다. 퀘이커 제도의 영향을 받은 크롬웰 헌법 1647년에서 군복무 강요는 인간의 기본권 "양심의 가르침"을 침해하는 것으로 인정함으로 점차적으로 일반적 병역의무의 거부와 폐지하려는 움직임이 일어났다. 특히 제1차 세계대전 중과 후에 시작되었는데 그 당시 상대방을 죽이는 것을 거부하는 병사를 처형하게 되자 병역 거부자에 대한 법률적 보호가 요구되었다.

따라서 최근 미국, 영국, 오스트레일리아, 뉴질랜드 등에서도 병역의무 폐지(모병제)가 대체적인 흐름이다.[379] 대부분의 유럽 사회주의 국가에서는 병역거부가 받아들여지고 있으며 민역으로 대체하고 있다(체코와 루마니아는 예외며 스위스는 아직도 병역거부를 범죄시 한다). 독일은 현재

379) 김두식, 『칼을 쳐서 보습을』, 189-205.

군복무가 약 14-5개월이며 헌법에서 병역거부를 기본권으로 명시하고 있다. 독일 헌법 4조 3항에 "누구도 양심에 반해서 무기를 가지고 병역에 나가도록 강제되어서는 안된다"고 명시되어 있다. 병역거부권은 곧 양심의 자유라는 기본권이 구체화된 것으로 볼 수 있다. 병역의 대안으로 민역을 제시하고 있는데 독일 헌법 3조 1항에 의하면 "병역의무는 군복무 혹은 민역을 통해서 달성 된다."

2) 정당한 폭력 : 대부분 국가폭력일 경우

314년 알르레 회의(The Council of Arles) 이후 그리스도인들의 병역과 전쟁수행이 정당화 되었다. 암브로스(Ambrose)는 "성직자와 수도자들은 무기를 가까이 해서는 안 된다. 전쟁은 악이다. 그러나 전쟁행위는 언제나 정당해야 한다."(De fide christiana, II, PL 16, 587-590)며 정당한 폭력은 가능함을 명시하고 있다. 또한 4-5세기 서양 신학과 철학의 아버지, 최초의 정당한 폭력론의 옹호자인 어거스틴(S. Augustinus)에 의하면 "전쟁의 목적은 언제나 평화의 재건이어야 한다. 직접 목적은 합당한 정의의 추구여야 한다. 전쟁은 그리스도적 사랑이란 내적 자세와 함께 치러져야 한다. 사랑은 선한 사람들에 의한 사랑의 전쟁을 배척하지 않는다. 전쟁은 정당해야 한다. 전쟁은 국가의 권위 아래 수행되어야 한다. 전쟁 중의 행위는 정당해야 한다. 적에게 한 약속은 지켜야 한다. 복수, 잔학행위는 피해야 한다."[380] 폭력에 대한 이러한 정당성은 법적 권위자(왕)에 의해서 실행되는 폭력(전쟁)과 개인적 차원에서 행해지는 폭력을 구분하고 전자는 정당한 것이고 후자는 정당화될 수 없다는 것을 의미한다. 또한 절대평화주의자 예수의 가르침은 완전하고자 하는(only to those who would be perfect) '성직자'에게만 적용되는 것이지 모두(일반국민)에게 적용되는 것이 아니다. 이러한 폭력에 대한 정당화는 로마제국에 대한 여러 민족의 침입과 대응이라는 현실 속에서 내려진 해석과 결론이라고 할 수 있다.

380) M. Honecker. *Grundriß der Sozialethik*, 413.

토마스 아퀴나스(Thomas Aquinas, 1225-1274)는 '신학대전(summa theologiae)'에서 전쟁에 나서는 것은 언제나 죄인가라는 질문 속에서 자신의 입장을 밝히고 있다. "칼을 가진 자는 다 칼로 망한다."(마26:52)라는 예수의 말을 인용하여 '명령이나 법적 권한 없이 무장을 하고 피를 흘리게 하는 자'라고 해석하면서 예수는 '개인적인' 무기 사용만 금지했다고 주장하고 있다.[381] 또한 "악한 자를 대적하지 말라"(마5:39)를 공동선(common good)을 위해서 또한 공동선의 적대자를 위해서는 '자비로운 가혹함'을 가지고 전쟁에 참가할 수 있는 것으로 해석하여 상대방을 악에서 구하기 위하여 전쟁에서 상대방을 죽일 수 있다는 의미를 가지고 있다. 그러므로 사회적 적대자들에게는 폭력이나 전쟁을 행사할 수 있는 것으로 폭력을 정당화 한다. 토마스 아퀴나스가 내세우는 정당한 전쟁이 될 수 있는 3가지 근거와 이유를 제시하면 다음과 같다.[382] 첫째, 전쟁은 정통성 있는(정당한) 정부의 권위(just authority)에 의해서 수행될 때에만 정당할 수 있다. 개인이나 소수 집단이 일으키는 전쟁은 정당한 전쟁이 될 수 없다.(빈라덴, 백범 김구의 독립군도 안 됨) 둘째, 정당한 전쟁에는 정당한 이유(just cause)가 있어야 한다. 곧 전쟁은 악에 대한 보응이어야 한다. 셋째, 정당한 전쟁은 정당한 의도(right intention)를 가지고 있어야 한다. 올바른 의도란 반듯이 선을 장려하고 악을 회피하는 것이어야 한다. 전쟁 참여자들이 자기 욕심을 채우기 위해 전쟁을 수행할 때는 정당성을 상실한다는 것이다.

16세기 종교개혁자인 마틴 루터(M. Luther)에 의하면 그리스도인은 피할 수 없는 전쟁에만 참여할 수 있다. 초기 루터는 "자기 자신을 위해서는 산상수훈에 따라서 살아야 한다. 타인을 위해서만 폭력을 사용할 수 있다"(1521-1526)고 언급하지만 나중에는 (불의에 물리칠 때) "자기 자신을 위해서도 폭력을 이용해야만 한다"(1527-1546)고 정당한 방어로서의 폭력을 인정하고 있다.[383]

381) 김두식,『칼을 쳐서 보습을』, 140-141.
382) 김두식,『칼을 쳐서 보습을』, 144-145.
383) M. Honecker. *Grundriß der Sozialethik*, 414-415; 박충구, 『한국사회와 기독교 윤리』,

이러한 정당한 폭력이 근대에 와서 제 2차 세계대전(1939?-1945)에 의한 독일과 연합군의 전쟁이다. 독일 국가사회주의(National Sozialismus)의 히틀러(A. Hitler) 정부는 "유태인이 중심이 된 공산혁명의 불길로부터 서구문명을 구하려고 우리는 전쟁을 한다."고 선언한다. 99.9%의 독일교회와 독일기독교인들이 국가사회주의(National Sozialismus)의 히틀러(A. Hitler) 전쟁을 승인한 것이다. 이에 대하여 미국을 비롯한 연합군은 '유태인을 잔혹하게 학살하고 세계평화를 위협하는 나치정권을 응징하기 위해서'라는 명분을 주장하고 전쟁을 선언한다. 그러나 나치정권의 유태인에 대한 잔혹한 행위의 참상은 실제로 전쟁 이후에 밝혀놓은 것이며 오히려 제 2차 세계대전 중 연합군 지도부는 나치의 대학살을 언론에 알려지지 않도록 했다는 사실이 최근 자료에서 공개되고 있다. 즉 연합군의 전쟁참여와 대학살과는 아무상관 없다고 할 수 있다.

현대에 들어서는 베트남 전쟁과 2003년 이라크 전쟁과 기독교 국가에 의한 전쟁을 생각해 볼 수 있다. 우리나라가 그러한 전쟁에 참전할 때의 명분은 자유와 평화를 위한 정당한 전쟁이라는 것이다. 닉슨(R. M. Nixon)은 "우리의 신앙의 확신은 십자군의 열정과 결합되어야 한다. 그것은 우리의 것을 지키기 위해서만이 아니라 세계를 변혁시키기 위해서 ... 그리고 평화를 위한 전쟁의 승리를 얻기 위해서다"라고 전쟁의 정당성을 명확히 하고 있다.

정당한 폭력으로서의 전쟁의 특성을 살펴보면 첫째, 제 1, 2차 세계대전 때 대부분의 기독교 국가가 전쟁을 수행할 때의 입장을 보면 '전쟁은 필요악(necessary war theory)이다'는 이론을 내세운다. 둘째, 부정적 의미의 폭력(Violence)과 정당하고 긍정적 의미의 강력(Force)으로서 정의를 위한 힘으로 구별하고 있다. 셋째, 조건적 국가폭력(조건: 정의로운 전쟁에서)을 용인하고 있다. 셋째, '전쟁의 정당성'(jus ad bellum)과 '전쟁에서의 정당성'(jus in bellum)을 나눈다. 예를 들면, 베트남 '미라이(My Lai)에서 미군에 의한 567명에 대한 무고한 양민 학살이나 한국전쟁에서의

---

170-171.

노근리 학살은 전쟁에서의 정당성 문제이지 전쟁의 정당성 문제가 아니다.

### 3) 거룩한 폭력

거룩한 폭력은 일반적으로 국가폭력(신의 전쟁, Holy War: 전쟁의 신성화)을 의미하는데 기독교인이 불신자들에게 행하는 폭력은 성전이 된다는 의미이다. 대표적인 거룩한 폭력이 십자군 전쟁이다. 이 전쟁은 1096년 성지를 수호하고 순례자를 보호하는 수도사들로 구성된 성전기사단의 지원을 받아 유럽의 귀족들로 시작되어 1229년에서야 끝난 전쟁으로서 일회에 끝난 전쟁이 아니라 100년이 넘도록 진행된 중세 유럽의 대사건으로서 2천만 명 이상의 사상자가 나왔다. 교황 우르반 II세(Urban II, 1035-1099)는 "과거에 믿는 자들에 대한 개인적 악의를 가지고 싸우고, 잘못했던 사람들이여! 불신자들을(이슬람교도들) 쳐부술 수 있기를 바란다. 당신들의 일은 하나님의 일이다. 지금까지 강도였던 사람들이여, 군인이 되기를 바란다 ... 당신들은 영원한 보수를 받을 것이다"[384]라고 전쟁을 유도했다. 십자군 전쟁은 신앙적 열망을 정치적 욕망과 결합시킨 중세교회의 실패작이라고 할 수 있다.

또한 1630년 미국 매사추세츠 플리머스에 도착한 청교도들과 뉴잉글랜드인들에 의해 아메리카 인디언 학살이 이루어진 것도 거룩한 폭력의 사건이다. 일부 청교도인들 스스로 저주받은 원주민인 아메리카 인디언을 없애도록 '모세처럼 하나님에게서 파견된 사람들'이라 선언하였다.

군인 850만 명과 민간인 1260만 명이 사망한 1차 세계대전(1914-1918) 당시 독일과 독일교회의 입장은 하나님의 이름 아래의 전쟁이라고 선언하면서 독일 군인들의 허리띠에 '하나님이 우리와 함께 계신다(Gott mit uns)' 라는 문장을 새기고 참전했다. 교회는 정식으로 전쟁을 승인했으며 베를린 교회는 "우리 민족은 하나님을 다시 찾았고, 방패와 피난처이신

384) 김두식, 『칼을 쳐서 보습을』, 61.

그 분에게 말한다. 우리는 전쟁터도 성령의 열매로 무르익어 우리 앞에 놓여 있다고 말할 수 있다"라고 고백했다. 독일의 석학인 아이스펠트(O. Eisfeldt)의 책 "전쟁과 성서(Krieg und Bibel)"에 거룩한 전쟁의 정의를 다음과 같이 규정하고 있다. "민족적 요구들의 충족을 위해서 또는 구체적 이익을 얻기 위해 수행하는 전쟁은 성서적 종교와 견줄 수 없는 모순 속에 있다. 그러나 이와는 달리 신성모독과 불의에 대항하여 도덕적 선의 보존을 위해 일어나는 이 전쟁을 우리는 하나님의 전쟁이라고 판단한다."[385]

현대에 와서 계속되는 미국과 이슬람 나라간의 전쟁(2001)도 거룩한 전쟁의 표현이라고 할 수 있다. 보수적 공화당의 부시(J. Busch)는 기독교와 이슬람교간의 대립구도를 만들어 2001.9.11 사건을 극우이슬람국가들의 기독교 나라에 대한 악마의 테러로서 '성전'으로 분위기 조성하고 성조기 달기와 전쟁 옹호적 예배를 드리고 2002년을 '전쟁의 해'로 인식하고 선포했다. 또한 1977년에서 1987까지 이슬람 국가사이에서 일어난 전쟁인 이란 대 이라크 전쟁에서 이란과 이라크가 서로 각각 자신들의 전쟁을 성전(Holy War)이라 주장하였다. 이 전쟁에서 대부분 가난한 사람들이 희생되었다. 거룩한 전쟁의 특징을 살펴보면 첫째, 폭력을 그리스도교적으로 신성화 하여 하나님을 위한 폭력은 가능하다고 보고 하나님이 원하시는 전쟁이라고 확신한다. 따라서 전쟁에 참여하여 죄를 용서받고 구원을 얻는다는 도식 속에서 거룩한 전쟁을 합리화 한다. 둘째, 세속화된 그리스도교와 정치권력의 교회조직이 정치(폭력)에 도구화 되어 그리스도와 하나님을 '전쟁신'으로 위장하고 십자군은 '무장한 순례자'로 미화하고 있다. 셋째, 기독교의 정치권력에 대한 지배욕을 드러내는 왜곡된 전쟁이념이다. 넷째, 그리스도교로 위장한(그리스도교 신앙을 이용한) 국가폭력이다. 다섯째, 타종교 문화권에 속한 국가에 대한 전쟁도발의 타당성을 타종교에 초점을 맞추어 다른 종교인들에 대한 극도의 혐오감을 조성하여 타 종교인을 '하나님 나라의 원수'로 규정한다.

---

385) O. Eisfeldt, *Krieg und Bibel*, (Tübingen: Mohr Siebeck, 1915), 45.

4) 저항으로서 폭력

저항권으로서 폭력은 폭력의 신성화와 정당화는 반 기독교적이며, 또한 비폭력과 무저항은 감상주의라는 관점에서 출발한다. 종교개혁자 뮌처(Th. Muentzer)에 의하면 저항권으로서 폭력은 눌린 자를 해방하고 사회를 개량하는 방법으로 사용할 수 있다. 독일의 신학자이며 목사인 본회퍼는 나치 히틀러 정권에 저항하여 고백교회를 결성하였다. 그리고 "미친 운전사에게 운전대를 맡길 수 없다. 그를 운전석에서 끌어내야 한다."며 히틀러 암살 계획에 참여하였지만 실패로 돌아가서 1944년 총살형을 당하게 된다. 또한 남아메리카 엘살바도르 주교였던 오스카 로메로 주교(0scar R. Romero, 1917-1980)는 "총 잡기를 거부하는 것은 불의가 온 땅에 퍼져있고 가난한 자들이 착취당하고 배고파 죽어가도 멍청하게 서있는 것과 다름없다"며 억눌린 자들의 반 폭력(Counter-Violence) 현상은 항상 억누르고 착취하는 자들의 폭력의 결과라는 것이다. 가톨릭 신자이면서 일본 총독 이등박문(伊藤博文)을 만주 하얼빈 역에서 암살한 안중근 의사는 "내가 한 일은 내 개인을 위한 것이 아니라, 조선의 독립과 동양의 평화를 위한 것"이라며 저항의 표현으로서 폭력을 나타내 주고 있다.

저항으로서 폭력의 특징은 첫째, 폭력사용에 대한 현실적 상황을 인식하며 인정하고 있다. 오히려 폭력의 신성화와 정당화는 반 기독교적이며 비폭력과 무저항은 감상주의라고 비판한다. 둘째, '한계상황'에서 저항으로서 폭력을 인정한다. 즉 국가와 국가의 대립으로 인한 폭력사용이 문제가 아니라 불의한 국가와 사회에 대해서 개인이 한계상황에서 저항할 때 저항도구로서 폭력을 인정한다. 셋째, 폭력을 자유하게 하는 폭력과 속박하는 폭력으로 구분하여 저항으로서 폭력은 한계상황에서 저항함으로 자유하게 되는 의미를 담고 있다.

## 4. 폭력에 대한 오늘의 현실과 과제

오늘날 폭력의 사용문제는 단순히 국가 간에 일어나는 분쟁을 해결하기 위한 수단으로서 논쟁되기 보다는 가정에서의 폭력과 개인의 욕구를 채우기 위한 폭력에 기독교인은 없는지, 그리고 혁명적 변혁을 위한 폭력 사용에 기독교인들이 참여할 수 있는가라는 문제에 다다르게 된다. 즉 인간의 존엄과 권리가 거의 손상되고 있는 상황에서 폭력으로 고통 받고 있는 가정, 강자와 약자, 지배와 착취의 구조로 간접적인 폭력이 이루어지고 있는 현실, 국가권력이 소수의 이익만을 위한 것이 될 경우, 자국민의 보호와 복지를 위한 권력이 되지 못할 경우, 강대국과의 권력적 유대를 위하여 자국민을 경제적으로 착취하는 국제적 경제 구조에 동의하는 권력이 될 경우, 그리고 외부의 적으로부터 자국민을 보호 한다는 병역의무와 인간의 욕심으로 인한 폭력에 가까운 생태계의 파괴에 대하여 과연 기독교인은 어떻게 반응하며 책임을 가져야 할 것인가? 교회는 오늘의 현실에서 궁극적으로 평화를 위한 노력을 해야 하지만 폭정과 억압에 대해서는 당연히 저항해야 하며 억압받는 이들 편에 서서 연대해야 할 책임이 있다.[386] 그러나 그것은 폭력적인 방법이 아닌 비폭력적인 방법으로 이루어져야 할 것이다. 마틴 루터 킹이 언급한대로 수단은 이미 목적을 이루는 과정 중에 있기 때문에 파괴적인 수단이 결코 건설적인 목적을 달성할 수 없기 때문이다.

성서의 핵심은 샬롬(평화)에 대한 증거라고 할 수 있다. 히브리어 샬롬은 단순히 소극적인 차원의 비폭력 또는 전쟁 없는 평화가 아니라 비폭력을 넘어선 보다 적극적인 평화, 즉 조화로움, 온전함, 건강, 번영을 의미하며 더 나아가 하나님의 창조질서 그대로의 자연스러운 형태를 뜻한다.[387] 이 평화는 모든 피조물이 죽음에서 벗어나 생명으로 보존되는 것을 의미하며 하나님의 선하신 창조와 조화를 이루는 공동체 안에서 실현

386) J. Moltmann, *Politische Theologie-Politische Ethik* (München: Gruendewald,, 1984), 170 이하

387) 박원기, 『기독교 사회 윤리』, 119

가능하기 때문에 억압과 폭력이 존재하는 공동체와는 전혀 다른 새로운 공동체다. 그러므로 기독교인들은 세상의 지배자에게 순종해야 하지만 그 지배자의 권위가 하나님으로부터 오는 것이며 평화를 사랑하시는 하나님이 모든 국가위에 임재 하신다는 하나님의 주권을 인정하기 때문에 지배자가 억압적이고 부정할 때 그를 비판할 수 있어야 한다.

그렇다면 오늘의 현실 속에서 기독교가 말하는 비폭력을 넘어선 평화란 무엇을 의미하는가? 첫째, 개인의 평화 (내적인 평화)다. 기독교의 특징은 평화의 사람이 되는 것이다. 그것은 하나님을 받아들인 사람의 특징이다. "평화를 이루는 사람은 복이 있다. 그들이 하나님의 자녀라고 불릴 것이다."(마5:9) 평화를 이루는 사람은 평화를 만드는 사람(peacemaker)이며 평화를 유지하는 사람(peacekeeper)을 의미한다. 둘째 이웃과의 평화다. 이 세상은 나 혼자만의 세상이 아니다. 하나님이 아담을 창조하시고 혼자 있는 것이 마음에 걸려 그의 짝 이브를 창조하셨듯이 함께 더불어 사는 것이 인간의 모습이다. 따라서 자신 개인의 이기심으로 다른 사람을 착취하거나 폭력을 행사할 때 인간은 상호간에 망가지기 시작한다. 그러므로 이웃과의 평화 유지는 개인적인 차원을 넘어 공동체적 관점에서 삶을 유지할 때 가능하다. 셋째, 사회적, 국가적 평화추구다. 전쟁이 없는 것은 소극적 평화를 의미한다. 전쟁은 없지만 부정의가 있는 사회라면 그것은 거짓평화이다. 적극적 평화는 전쟁이 없고 사회적 정의가 존속하는 사회일 때 가능하다. 진정한 평화는 정의의 열매이기 때문이다. 넷째, 자연과의 평화다. 이것은 하나님이 인간에게 주신 땅의 정복과 살아 있는 모든 동식물의 지배 권한이 인간의 이기적 욕심에 의한 파괴가 아니라 그것들을 하나님이 창조하신 그 모습대로 아름답게 유지하고 돌보고 지킬 수 있도록 인간에게 맡기신 것이다. 그럴 때 자연이 계속적으로 인간에게 삶을 유지할 수 있도록 생명의 힘을 줄 것이다. 따라서 인간은 하나님이 맡기신 자연과의 평화를 유지해야 할 것이다. 마지막으로 하나님과의 평화다. 이것은 영적인 평화로서 그리스도의 십자가와 부활에 근거한 하나님과 세상의 화해(롬5;1-2, 골1:20)이며 모든 평화의 근거가 되는 하나

님의 창조질서의 회복이다.[388)]

* 토론거리

1) 현재 우리 주위에 일어나는 폭력들을 열거해 봅시다.
2) 기독교 역사에 나타난 폭력의 반응들을 근거로 폭력에 대한 자신의 입장들을 이야기해 봅시다.
3) 폭력이 없는 세상을 만들기 위해 각자 현재 위치에서 할 수 있는 일이 무엇인지 생각을 나누어 봅시다.

* 주요 읽을거리

- J. Ebach. 김형기 옮김, 『성서와 폭력』, 서울: 대한기독교서회 1988,
- J. Ellul, 최종고 역, 『폭력-기독교적 반성과 전망』, 서울: 현대사상사 1974.
- S. Zizek, 이현우 외 옮김, 『폭력이란 무엇인가』, 서울: 난장이 2011.
- L. Nikolaevich Tolstoy, 『국가는 폭력이다』, 서울: 달팽이 2008.

---

388) 박원기, 『기독교 사회 윤리』, 121.

김은수, 김형길, 신명숙, 이신형, 현경식
공저

1판1쇄 인쇄 / 2012년 01월 일
1판1쇄 발행 / 2012년 01월 일

발행처/ 전주대학교 출판부
발행인/ 고건
등록번호/ 제43호
등록일자/ 1985년 11월 20일
전북 전주시 완산구 첨잠로 303
우편번호/ 560-759
전화/ 063-220-2189
FAX/ 063-220-2067
인쇄/ 전주칼라인쇄사 T.063-244-1097

값 15,000원 * 잘못된 책은 바꾸어 드립니다.

ISBN 978-89-8448-151-0 90230